Routledge Revivals

A History of Egypt from the End of the Neolithic Period to the Death of Cleopatra VII B.C. 30

Sir E. A. Wallis Budge (1857-1934) was Keeper of the British Museum's department of oriental antiquities from 1894 until his retirement in 1924. Carrying out many missions to Egypt in search of ancient objects, Budge was hugely successful in collecting papyri, statues and other artefacts for the trustees of the British Museum: numbering into the thousands and of great cultural and historical significance. Budge published well over 100 monographs, which shaped the development of future scholarship and are still of great academic value today, dealing with subjects such as Egyptian religion, history and literature.

This volume, first published in 1902, is the final volume of eight by Budge dealing with different periods in the history of Egypt. The narrative ranges from the end of the reign of Ptolemy IV, c. 210, to the death of Cleopatra VII in c.30 B.C. This is a fascinating and important work, which is still of great value to those interested in Egyptology and archaeology.

A History of Egypt from the End of the Neolithic Period to the Death of Cleopatra VII B.C. 30

Vol. VIII: Egypt Under the Ptolemies and Cleopatra VII

E. A. Wallis Budge

Routledge Revivals
Routledge
Taylor & Francis Group

First published in 1902
by Kegan Paul, Trench, Trübner & Co. Ltd

This edition first published in 2013 by Routledge
2 Park Square, Milton Park, Abingdon, Oxon, OX14 4RN

Simultaneously published in the USA and Canada
by Routledge
711 Third Avenue, New York, NY 10017

Routledge is an imprint of the Taylor & Francis Group, an informa business

Publisher's Note
The publisher has gone to great lengths to ensure the quality of this reprint but points out that some imperfections in the original copies may be apparent.

Disclaimer
The publisher has made every effort to trace copyright holders and welcomes correspondence from those they have been unable to contact.

A Library of Congress record exists under LC control number: 02029270

ISBN 13: 978-0-415-81097-5 (hbk)
ISBN 13: 978-0-203-06878-6 (ebk)
ISBN 13: 978-0-415-81254-2 (pbk)

Books on Egypt and Chaldaea

VOL. XVI. OF THE SERIES

A HISTORY OF EGYPT

FROM THE END OF THE NEOLITHIC PERIOD TO THE DEATH OF CLEOPATRA VII. B.C. 30

VOL. VIII.

EGYPT UNDER THE PTOLEMIES AND CLEOPATRA VII.

PUBLISHERS' NOTE

In the year 1894 Dr. Wallis Budge prepared for Messrs. Kegan Paul, Trench, Trübner & Co. an elementary work on the Egyptian language, entitled "First Steps in Egyptian," and two years later the companion volume, "An Egyptian Reading Book," with transliterations of all the texts printed in it, and a full vocabulary. The success of these works proved that they had helped to satisfy a want long felt by students of the Egyptian language, and as a similar want existed among students of the languages written in the cuneiform character, Mr. L. W. King, of the British Museum, prepared, on the same lines as the two books mentioned above, an elementary work on the Assyrian and Babylonian languages ("First Steps in Assyrian"), which appeared in 1898. These works, however, dealt mainly with the philological branch of Egyptology and Assyriology, and it was impossible in the space allowed to explain much that needed explanation in the other branches of these subjects—that is to say, matters relating to the archæology, history, religion, etc., of the Egyptians, Assyrians, and Babylonians. In answer to the numerous requests which have been made, a series of short, popular handbooks on the most important branches of Egyptology and Assyriology have been prepared, and it is hoped that these will serve as introductions to the larger works on these subjects. The present is the sixteenth volume of the series, and the succeeding volumes will be published at short intervals, and at moderate prices.

Books on Egypt and Chaldaea

EGYPT

UNDER THE

PTOLEMIES AND CLEOPATRA VII.

BY

E. A. WALLIS BUDGE, M.A., LITT.D., D.LIT.

KEEPER OF THE EGYPTIAN AND ASSYRIAN ANTIQUITIES
IN THE BRITISH MUSEUM

ILLUSTRATED

LONDON
KEGAN PAUL, TRENCH, TRÜBNER & CO. LTD.
PATERNOSTER HOUSE, CHARING CROSS ROAD
1902

LONDON:
PRINTED BY GILBERT AND RIVINGTON, LIMITED,
ST. JOHN'S HOUSE, CLERKENWELL, E.C.

PREFACE

In the present volume the History of Egypt has been continued from the end of the reign of Ptolemy IV. to the death of Cleopatra VII. Tryphaena, i.e., from about B.C. 210 to B.C. 30, and a brief sketch of Nubian history from the end of the XXVIth Dynasty to the establishment of a native Negro Dynasty at Meroë has been added. The Ptolemaïc Period is to the Egyptologist more interesting than important, especially those aspects of it which illustrate the transformation of Egypt into a Hellenized state, and the gradual growth of Greek influence in the country. On the other hand, it must never be forgotten that, although the Ptolemaïc kings and the court and army were Greeks and spoke Greek, the religion of the country continued to be purely Egyptian, and the language of the priesthood and of the people was Egyptian. Publicly the Ptolemies were Egyptians, and many of them were crowned with all the ancient rites and ceremonies at Memphis; and they worshipped the ancient gods and offered up sacrifices to them, and they even followed the example of the Pharaohs of old in marrying their own sisters and nieces, a course which must have been extremely repugnant to the ideas of their Greek subjects, and which could only have been followed for political purposes. With great tact the Ptolemies carried out the wishes of the Egyptian priesthood, but they took care not to allow the priests to take any important part in the administration of the country, which was carried on by Greek officials and ministers. So much has been said about the evil lives of the Ptolemies, that it is sometimes forgotten that they were not a series of weak and wholly disreputable rulers, but a group of powerful monarchs under whose sway Egypt was as great and as rich as she was even under the great kings of the XVIIIth Dynasty. The development of the Egyptian army and fleet under the first four Ptolemies was little short of marvellous, and trade and commerce sprang up wheresoever the ships of Egypt went, and even under the weakest Ptolemies the Egyptian Empire was almost as great as it was under the greatest of the Pharaohs. In a way the Ptolemies cared greatly for the country which a strange fate had called upon them to rule, and for the various peoples who formed its inhabitants; this showed itself in several ways, but it is sufficient to refer to the Egyptian History of Manetho, which was compiled by order of Philadelphus, and to the translation of certain Books of the Hebrew Scriptures into Greek, and to the toleration which the Greeks displayed towards Egyptian gods. The private vices of the Ptolemies in no way concerned the people whom they ruled, for they did not interfere with the administration of the country, which was carried on with great benefit to Egypt and the Egyptians; the intelligent interest which the Ptolemies took in literature and art, and the love which they displayed for learning of every kind, prove that they cannot have been the wholly abandoned profligates which writers like Josephus and the author of the Third Book of Maccabees would have us believe.

Concerning the history of that remarkable personality Cleopatra VII. the hieroglyphic inscriptions afford us scant information, but there is abundant proof forthcoming to show that she took every step in her power to make the Egyptians believe that she was a legitimate descendant of the old Pharaohs, and that the blood of Åmen-Rā ran in her veins. By the bas-reliefs which she caused to be sculptured in the temple at Hermonthis she told all beholders that her son by Caesar (Ptolemy XVI.) was in reality the offspring of the god Åmen-Rā, who had taken the form of Caesar and had visited her, and she was, clearly, very anxious that every one should regard her son Caesarion as the son of Åmen-Rā. Cleopatra's wit and ability were as great and as subtle as those of Queen Åāḥ-ḥetep and Ḥātshepset the Great, and she seems to have been their superior in the art of governing; she was by far the cleverest of all the descendants of the Ptolemies, and to the love of literature which she inherited from her father Ptolemy XIII. she added a good practical knowledge of several languages, which enabled her to converse with people of many nationalities. She possessed shrewd business qualities, and, according to Herod, was capable of driving a good bargain, and her sweet voice and charm of manner and conversation secured her many friends and disarmed many foes. Arrogant, reckless, extravagant, and vicious, are epithets which have been applied to her freely and with much show of reason, but when all is said that can be said on the subject, the love of power appears to have been her ruling passion, and it must be admitted, that although she squandered money she squandered it in a way which proved that she understood the value of pomp and ceremony in the ruling of Eastern peoples.

I am indebted to Mr. H. A. Grueber, Assistant Keeper in the Department of Coins and Medals, British Museum, for selecting a number of coins of the Ptolemaïc Period for illustration, and to Mr. F. G. Kenyon, M.A., Assistant Keeper in the Department of Manuscripts, British Museum, for the names of a number of valuable works by authorities on the Ptolemaïc Period. Finally, my thanks are due to Messrs. Gilbert and Rivington, and especially to Mr. G. E. Hay and to Mr. F. Rainer, of their staff, for the care and attention which they have taken in printing the volumes of this work.

E. A. WALLIS BUDGE.

CONTENTS

PAGE

Chapter I.—Reign of Ptolemy V. Epiphanes. Agathocles and Tlepolemus. Agathocles and his sister Agathocleia slain. Tlepolemus prime minister of Egypt. Ptolemy V. proclaimed king. The Rosetta Stone and its inscriptions in hieroglyphics, demotic, and Greek. Egyptian titles of Ptolemy V. The buildings of Epiphanes at Philae. His personal character. Reign of Ptolemy VI. Reign of Ptolemy VII. Philometor. Egyptians defeated by Antiochus IV. Quarrel between Ptolemy VII. and Ptolemy IX. Persecution of the Jews by Antiochus IV. The petition of Onias. The Temple-Fortress of Onion. Buildings of Ptolemy VII. The temple at Dêr al-Medîneh. The Temple of Hathor. Endowment of the Temple of Isis. Reign of Ptolemy VIII. Reign of Ptolemy IX. Cleopatra II. and Cleopatra III. Revolt in Alexandria. Tryphaena becomes queen of Syria. Buildings of Ptolemy IX. The Temples of Apet, Medînet Habu, Edfû. Great antiquity of the temple of Edfû. Temple of Isis at Philae. Cult of Isis at Philae. The Obelisk of Philae.

PAGE

Temple of Dâbûd. Internal and foreign policy of Ptolemy IX. His life and character. Reign of Ptolemy X. Quarrel between Ptolemy X. and his mother. Flight of Ptolemy X. to Cyprus. Defeat of the Jews in Syria. Murder of Cleopatra IV. Life and character of Ptolemy X. His buildings at Denderah and in the Oasis of al-Khârga. Reign of Ptolemy XI. Alexander I. His murder. His life and character. Ptolemy XII. sent to Cos. His death. End of the legitimate line of the Ptolemies. Reign of Ptolemy XIII., the "Piper." Murder of the Alexandrian envoys. Ptolemy XIII. goes to Ephesus. His throne is restored to him. His life and character. His buildings. His fictitious conquests. Cleopatra VII. 1

Chapter II.—The reign of Cleopatra VII. Tryphaena, and Ptolemy XVI. Caesarion. Birth of Cleopatra. Will of Ptolemy XIII. Auletes. Joint reign of Cleopatra VII. and Ptolemy XIV. Cleopatra flies from Egypt. Ptolemy XIV. collects an army. The murder of Pompey. Cleopatra receives assistance from Julius Caesar. Caesar's loan to Auletes. Caesar with difficulty seizes and takes possession of Alexandria. Cleopatra obtains admission to Caesar by a stratagem. Caesar becomes her slave. The ascent of the Nile. Cleopatra goes to Rome. Murder of Caesar. Cleopatra's return to Egypt. She meets Mark Antony, and he becomes her slave. Antony marries Octavia. Herod and Cleopatra. Cleopatra and Octavia. Antony's luxurious life. War declared against Cleopatra. Battle of Actium. Octavian arrives in Egypt. Antony stabs himself and dies. Cleopatra and Octavian. Death of Cleopatra and her maidens. Her life

PAGE

AND CHARACTER. HER BEAUTY NOT INCOMPARABLE. HER LOVE OF LITERATURE AND KNOWLEDGE OF LANGUAGES. HER RECKLESS EXTRAVAGANCE. HER PHYSICAL CHARACTERISTICS. HER BUILDINGS AT DENDERAH AND HERMONTHIS. CAESARION THE SON OF ÅMEN. EGYPT BECOMES A ROMAN PROVINCE . 88

CHAPTER III.—PTOLEMAÏC PERIOD—SUMMARY. EGYPT HELLENIZED. GREEK THE LANGUAGE OF EGYPT. ÅSÅR-ḤĀPI OR SERAPIS. MARRIAGE WITH SISTERS AND NIECES. EGYPTIAN GODS BROUGHT BACK FROM PERSIA AND MESOPOTAMIA. GREAT POWER OF EGYPT UNDER THE PTOLEMIES. EXTENT OF EGYPT'S EMPIRE. LIMIT OF GREEK INFLUENCE. GROWTH OF JEWISH INFLUENCE. TAXATION IN EGYPT. THE GREEK TRADER IN EGYPT. GREEK AND EGYPTIAN GODS. LITERATURE IN THE PTOLEMAÏC PERIOD. THE DEMOTIC SCRIPT. ART IN THE PTOLEMAÏC PERIOD. THE EGYPTIAN HISTORY OF MANETHO. THE ALEXANDRIAN LIBRARY AND MUSEUM. THE PTOLEMIES AND LITERATURE. PTOLEMAÏC MARRIAGES 122

CHAPTER IV. — THE NUBIAN KINGDOM AFTER THE XXVITH DYNASTY. THE NUBIAN KINGDOM AND PTOLEMY II., PTOLEMY III., AND PTOLEMY IV. ÅRQ-ÅMEN OR ERGAMENES. NUBIA AND ITS PROVINCES. THE DODEKASCHOINOS. HIERASYCAMINUS. THE GOLD MINES OF WÂDÎ ULÂḲÎ. THE REIGNS OF PI-ĀNKHI RĀ-SENEFER AND PIĀNKHI MERI-ÅMEN-SA-NIT. THE REIGN OF ÅSPELTA. THE STELE OF THE EXCOMMUNICATION. THE REIGN OF PIĀNKHI-ALURU. THE REIGN OF ḤERU-SA-ÅTEF AND HIS CONQUESTS. THE REIGN OF NÅSTASENEN. HIS WARS AND CONQUESTS IN NUBIA AND THE EASTERN SÛDÂN. WAR AGAINST CAMBYSES (?). LIST OF CONQUERED PROVINCES. SENKA-ÅMEN-SEKEN AND HIS PYRAMID AT GEBEL BARKAL. ÅRQ-ÅMEN AND HIS EDUCATION

PAGE

at Alexandria. The temple at Dakkeh. The temple of Ȧri-Ḥes-nefer at Philae. Miscellaneous Nubian kings. The Meroïtic inscriptions. Ȧtcha-khar-Ȧmen. His buildings at Dâbûd. Revolt of the Nubians under Candace and invasion of Egypt. Defeat and flight of Candace. Nubian kings at Meroë. End of the kingdom of the descendants of the priest-kings of Ȧmen. The negro kings of Meroë . 141

Index . . 171

LIST OF ILLUSTRATIONS

PAGE

1. Coin of Ptolemy V. Epiphanes 2
2. Ptolemy V. making offerings to Khnemu . . 3
3. The Rosetta Stone 15
4. Ptolemy burning incense 19
5. Scene from a doorway of Ptolemy V. at Philae . 21
6. Ptolemy VII. and his wife Cleopatra making offerings 25
7. Bas-relief of Rameses II. reproduced at Philae by the order of Ptolemy VII. 31
8. Ptolemaïc Pylon at Karnak 34
9. Plan of the Temple of Kom Ombo 35
10. Ptolemy VII. dedicating certain lands to Osiris and Isis 37
11. Ptolemy IX. piercing a foe 44
12. Ptolemy IX. and the god Osiris spearing a foe 45
13. Columns at Philae 50
14. The Little Gate of the First Cataract . . . 52
15. Ptolemy X. performing a religious ceremony . . 60
16. Ptolemy X. and Cleopatra making offerings to Horus 62

PAGE
17. The Temple of Denderah, front view 66
18. Temple of Denderah, outside wall 67
19. Ptolemy XI. and Menthu 71
20. Stele of Th-I-em-ḥetep 77
21. Ptolemy XIII. slaughtering foes 85
22. Cleopatra VII. Queen of Egypt 111
23. Ptolemy XVI. burning incense 117
24. Pharaoh's Bed 119
25. Statue of an official 139
26. Stele of the Excommunication 146
27. A Pyramid at Meroë 150
28. Stele of Ḥeru-sa-ȧtef 152
29. Senka-Ȧmen slaying foes 162
30. Nubian king and queen in a shrine 166
31. Another Nubian king and queen 167

EGYPT

UNDER THE

PTOLEMIES AND CLEOPATRA VII.

CHAPTER I.

THE PTOLEMAÏC PERIOD.

8. 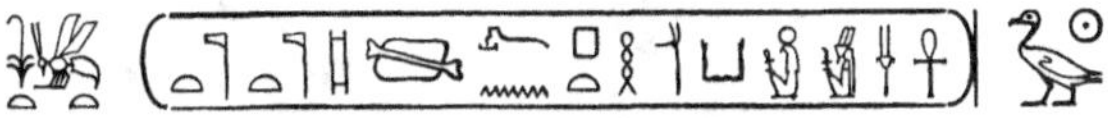

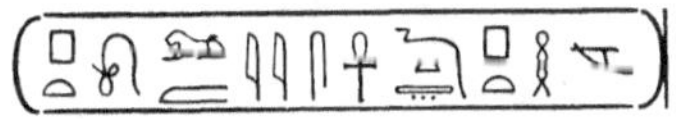 King of the South and North, NETERUI-MERUI-[A]TUI-ĀĀ-SETEP-EN-PTAḤ-USR-KA-RĀ-ÅMEN-SEKHEM-ĀNKH,[1] son of the Sun, PTUALMIS-ĀNKH-TCHETTA-PTAḤ-MERI.

PTOLEMY V., surnamed EPIPHANES, was the son of Ptolemy IV., by his sister and wife Arsinoë. He was born B.C. 210, and was made co-regent the following year; he ascended the throne on the death of his father in 205, and died by poison administered by one of his officials in 182. The hieroglyphic inscriptions

[1] I.e., "Of the gods lovers of the father the heir, chosen of Ptaḥ, "the strength of the *ka* (or, double) of Rā, living form (or, power) "of Åmen."

of Ptolemy V. give us no information about the circumstances under which he came to the throne, and for these and other important matters concerning his reign we have to rely upon the works of classical writers. According to Polybius (xv. 25, Shuckburgh's Translation) three or four days after the death of Ptolemy Philopator Agathocles and Sosibius caused a platform to be erected, and summoned a meeting of the footguards and the household, as well as of the officers of the infantry and cavalry. Mounting the platform

Ptolemy V. Epiphanes.

they announced the deaths of the king and queen, and proclaimed the customary period of mourning for the people. They next placed a diadem upon the head of the child Ptolemy Epiphanes, and proclaimed him king, and read a forged will, in which the late king nominated Agathocles and Sosibius guardians of his son, and they exhorted the officers to be loyal to the boy. They next brought in two silver urns, one of which they declared contained the ashes of the king —which was true—and the other those of Arsinoë—which was not true.

When the people learned that Arsinoë was dead there was great excitement among them, and her miserable death "excited such a passion of pity and sorrow that the "city was filled with sighs, tears, and irrepressible lamen-

Ptolemy V. making offerings to Khnemu, lord of Qebḥet and Senmut.

"tation." When Agathocles had deposited the urns in the royal mortuary, and had given orders for the laying aside of mourning, he gave the army two months' pay, and made them take the oath customary at the proclamation of a new king. He made Philammon, who had been the actual murderer of Arsinoë, governor of Cyrene, and he placed the boy-king under the care of his own mother, Oenanthe, and of the infamous Agathocleia; Pelops, the son of Pelops, he sent to Antiochus in Asia, to ask him to maintain friendly relations with Alexandria; and Ptolemy, the son of Sosibius, he sent to Philip of Macedon, to arrange a marriage between the royal families of the two countries. Ptolemy, the son of Agesarchus, he sent to Rome, and Scopas, the Aetolian, he sent to Greece to find recruits, his object being to send the soldiers already in the city to garrison duty in various parts of the country, and to employ the new recruits about the palace and in Alexandria. Agathocles then gave himself up to a life of debauchery, and "he devoted the "chief part of the day and night to drunkenness and "all the excesses which accompany drunkenness, sparing "neither matron nor bride, nor virgin, and doing all "this with the most offensive ostentation. The result "was a widespread outburst of discontent; and when "there appeared no prospect of reforming this state of "things, or of obtaining protection against the violence, "insolence, and debauchery of the court, which on the "contrary grew daily more outrageous, their old hatred "blazed up once more in the hearts of the common "people, and all began to recall the misfortunes which "the kingdom already owed to these very men. But "the absence of anyone fit to take the lead, and by "whose means they could vent their wrath upon "Agathocles and Agathocleia, kept them quiet. Their "one remaining hope rested upon Tlepolemus, and on "this they fixed their confidence."

As long as Ptolemy IV. was alive Tlepolemus remained in retirement, but upon his death he again assumed the governorship of Pelusium. When he saw that Agathocles was monopolizing the supreme power, being afraid of the evil which might come upon him he began to collect both troops and money, and to shape his actions in such a way that the guardianship of the young king might devolve upon him. At the banquets which he gave frequently he purposely abused Agathocles and his sister, and when Agathocles learned these things he began to trump up charges of treason against him, and to declare that he was inviting Antiochus to come and seize the government. The object of Agathocles was to inflame the common people against Tlepolemus, but he failed utterly, for the populace had long fixed their hopes on Tlepolemus, and were only too delighted to see the quarrel growing hot between them. At length Agathocles summoned a meeting of the Macedonian guards, and taking his own sister and the young king, he went in before them and stood up to address them. "At first he feigned not to be able to say what he "wished for tears; but after again and again wiping "his eyes with his chlamys he at length mastered his "emotion, and taking the young king in his arms, "spoke as follows: 'Take this boy, whom his father "on his death-bed placed in this lady's arms' (point- "ing to his sister), 'and confided to your loyalty, men "of Macedonia. That lady's affection has but little "influence in securing the child's safety; it is on you "that that safety now depends; his fortunes are in "your hands. It has long been evident to those who "had eyes to see, that Tlepolemus was aiming at "something higher than his natural rank; but now he "has named the day and hour on which he intends to "assume the crown. Do not let your belief of this "depend upon my words; refer to those who know the "real truth and have but just come from the very "scene of his treason.'"

With these words he brought forward Critolaus, who deposed that he had seen with his own eyes the altars being decked, and the victims being "got ready by the common soldiers for the cere- "mony of a coronation." When the Macedonian guards heard this they hooted Agathocles out of the building, which he left amid sounds of contempt and derision, hardly knowing how he did so. Agathocles then foolishly took Danae, the mother-in-law of Tlepolemus, from the temple of Demeter, and had her dragged unveiled through the city, and threw her into prison; but this act only enraged the people more. He also caused one of the bodyguard called Moeragenes, who was suspected of being in communication with Tlepolemus, to be arrested, and he would have been examined with torture but for some unforeseen matter which made it necessary for Nicostratus, the secretary of Agathocles, to leave the torture chamber, whereupon the torturers and the scourgers slipped out after him, and eventually Moeragenes himself escaped. Moeragenes fled half-naked into a tent of Macedonian guards, and he besought them with tears in his eyes to seize that moment and to wreak vengeance upon Agathocles without delay. The passions of the Macedonians having been roused, they went and discussed the matter with the men of their own and of other regiments, and in less than four hours every soldier had agreed that the moment had come for action.

Meanwhile an intercepted letter informed Agathocles that Tlepolemus would be at Alexandria shortly, and the spies said that he had already arrived; Agathocles, distracted at the news, went to his wine at the usual hour, and kept up the carouse, whilst his mother Oenanthe went in great distress to the temple of Demeter and Persephone, and begged these goddesses, with bowings of the knee and strange incantations, to help her. The ladies of the family of Polycrates tried to console her, but she abused them, and ordered her female attendants to drive them away, and to strike them with their staves if they refused to go. When night fell the whole city was filled with tumult, torches, and hurrying feet, and the open spaces round the palace, the stadium, and the street were filled with a motley crowd, as well as the area in front of the

Dionysian Theatre. When Agathocles was informed of what was happening he roused himself, and accompanied by his family, went to the king, and taking him by the hand, he proceeded to the covered walk which ran between the Maeander garden and the Palaestra. By this time the crowd had collected in such numbers that every foot of ground was occupied, and every roof and doorstep filled with human beings. As day began to break the mob began to call for the king. The Macedonian guards seized a part of the palace, and as soon as they learned where the king had gone they went to the covered walk and burst open the doors, and cried out with loud voices that the king must be brought to them. Agathocles begged his guards to go and tell the Macedonians that he resigned the guardianship of the king, and all the offices, honours, and emoluments which he held; everyone refused to do this except Aristomenes, who went and gave the message, and was nearly stabbed to death for his pains. The Macedonians eventually sent him back to fetch the king, or else to come no more himself.

When Agathocles saw that they were determined on a course of action he thrust his hands through the latticed door, while Agathocleia did the same with her breasts, which she said had suckled the king, and begged for their lives, but finding that his long and piteous appeals produced no effect, he sent out the king with the bodyguards. The Macedonians set the king on a horse, and his appearance was greeted with shouts and hand clappings; he was then led to the stadium and seated in the royal stall. The crowd delighted in the sight of the child, but they also wanted vengeance, and Sosibius, a son of the elder Sosibius, asked him if he would "surrender to the "populace those who had injured him or his mother." The young king having nodded assent, Sosibius told some of the bodyguard to announce the king's decision, and then took the child home to his own house which was close by, for the child was frightened at the unaccustomed faces and the uproar of the crowd, and needed attention and nourishment. The king's message was received with cheers and clapping of hands, and the soldiers went to search for Agathocles and his sister. In due course Agathocles was dragged along bound hand and foot, and he was at once killed; next came Nicon his relative, and after him Agathocleia stripped naked with her two sisters; and following them the rest of the family. Last of all, men brought Oenanthe, whom they had torn from the temple of Demeter and Persephone, riding naked upon a horse. "They were all given up to the populace, "who bit, and stabbed them, and knocked out their "eyes, and, as soon as anyone of them fell, tore him "limb from limb, until they had utterly annihilated "them all: for the savagery of the Egyptians when "their passions are roused is indeed terrible. At the "same time some young girls who had been brought "up with Arsinoë, having learnt that Philammon, the "chief agent in the murder of that Queen, had arrived "three days before from Cyrene, rushed to his house; "forced their way in; killed Philammon with stones "and sticks; strangled his infant son; and, not "content with this, dragged his wife naked into the "street and put her to death."

Tlepolemus now became prime minister of Egypt, and in some ways he was a capable man. He was young, and according to Polybius (xvi. 21), aspiring and ambitious, and possessed great ability as a general, and high natural courage, and he knew how to get on with soldiers; he lacked diligence and sobriety, and was a poor financier. He was fond of amusements, and squandered money recklessly, and bestowed extravagant gifts upon the officers and soldiers of the palace guard. "He was utterly incapable of saying "no, and bestowed anything there was at hand on any "one who said anything to please him." The result of this was that the supreme power in the state came into the hands of Aristomenes, who "was an Acarnanian, "and though far advanced in life when he obtained "supreme power, he is thought to have made a most "excellent and blameless guardian of the king and "kingdom" (Polybius xv. 31). As soon as Ptolemy IV. was dead Antiochus the Great and Philip V. of Macedon thought that a favourable moment had come for them to enlarge their dominions at the expense of Egypt, and that no one about the boy-king would be able to defend his interests against their attack. Philip at once seized upon the Cyclades and a number of places which had always been regarded as Egyptian possessions (Polybius iii. 2), but somehow failed to keep the promise he had made to Antiochus III. to support by his fleet at sea the efforts of the Syrian army by land. Meanwhile Antiochus had seized upon Palestine and Coele Syria, and in order to stop his progress Tlepolemus and Aristomenes were glad to send an army against him under the leadership of Scopas the Aetolian, who is described by Polybius (xiii. 2) as having disgusted his paymasters by his cupidity, and who is said to have drawn from the king of Egypt 10 minae per day in addition to his military pay as commander-in-chief. In due course Scopas marched into Syria against Antiochus; he at first gained some small successes, chiefly against the Jewish nation (Polybius xvi. 39), but in the end he was beaten by his opponent, who forthwith took Batanaea, Samaria, Abila, and Gadara, and soon afterwards the city of Jerusalem surrendered to him (B.C. 198). Thus Egypt lost her possessions of Palestine and Coele Syria, and would, no doubt, have lost much more had it not been that the advisers of the boy-king Ptolemy V. thought it well to appeal to Rome for help against Philip V. and Antiochus III. Some writers[1] take the view that the Romans sent M. A. Lepidus to Egypt in response to this appeal, and say that he became the king's guardian and tutor, but no satisfactory evidence can

[1] Compare Justin, xxx. 2, 3; xxxi. 1.

be brought forward in support of this view. The Romans did, however, send ambassadors to Antiochus to warn him not to attack further any of the possessions of Egypt, but meanwhile the king of Syria had made a treaty with Ptolemy,[1] and had agreed to give him his daughter Cleopatra to wife, and to restore to Egypt Coele Syria, Samaria, Judaea, and Phoenicia.

During the years which immediately followed Egypt was ruled by Aristomenes, and under his wise direction the prosperity of the country began to return, and the authority of a central government made itself felt throughout the country. But this state of affairs was not pleasing to everyone, and among the malcontents was Scopas, the money-loving general who had been sent against Antiochus. This man had endeavoured to make the Alexandrians revolt against the authority of Aristomenes, but he was arrested and taken to the council chamber by Ptolemy, the son of Eumenes, and charges of conspiracy and sedition were read against him by the king, and by Polycrates, and by Aristomenes; he was condemned not only by the council, but by the envoys of the foreign nations who were present. Scopas vainly attempted to make the council listen to the pleas which he put forth in his defence, but, "owing "to the senseless nature of his proceedings he was "taken along with his friends to prison. There after "nightfall Aristomenes caused Scopas and his family "to be put to death by poison. As in the lifetime of

[1] Josephus, *Antiquities*, xii. 4, § 1; Polybius, xviii. 51.

"Scopas his love of money had been notorious, for his "avarice did in fact surpass that of any man in the "world, so after his death was it made still more "conspicuous by the enormous amount of gold and "other property found in his house; for by the as- "sistance of the coarse manners and drunken habits of "Charimortus[1] he had absolutely pillaged the kingdom" (Polybius xviii. 55).

The attempt of Scopas to overthrow the government seems to have convinced the advisers of Ptolemy V. that the time had come when the king should be established in his kingdom, and though according to precedent he was not sufficiently old, they decided in their minds that "the kingdom would gain a certain degree of "firmness, and a fresh impulse towards prosperity, if "it were known that the king had assumed the "independent direction of the government" (Polybius xviii. 56). They therefore made all ready for the *'Ανακλητήρια*, i.e., the "festival of proclaiming a sovereign," and the ceremony was performed with the greatest splendour and success (B.C. 196); to this result the ability of Polycrates largely contributed. In the very year in which the king took the rule of the country into his own hands, the decree, which was inscribed in the hieroglyphic and demotic characters

[1] From a Greek inscription published by Mr. H. R. Hall (*Classical Review*, 1898, p. 276), which must belong to the year B.C. 207, we learn that this same Charimortus was the strategos of the elephant hunts which were conducted on the African coast of the Red Sea for Ptolemy IV.

and in Greek upon the famous "Rosetta Stone," was promulgated. This monument is of the greatest importance, for it has not only given us valuable information concerning the condition of Egypt in the reign of Ptolemy V., but has afforded the clue to the decipherment of the hieroglyphic inscriptions.[1] The inscription is dated on the 18th day of the second month of the season Pert, of the ninth year of Ptolemy V., when Aetos, the son of Aetos, was priest of Alexander and other deified Macedonians; and Pyrrha, the daughter of Philinos, was Athlophoros of Berenice; and Areia, daughter of Diogenes, was Canephoros of Arsinoë Philadelphus; and Eirene, daughter of Ptolemy, was priestess of Arsinoë Philopator. It sets forth that the whole of the priesthood throughout the country had assembled at Memphis to celebrate the festival of the "receiving of the sovereignty" by Ptolemy, surnamed Epiphanes Eucharistus;

[1] The first facsimile of the inscriptions on the Rosetta Stone, which is now preserved in the British Museum, was published by the Society of Antiquaries of London in 1802. See Brugsch, *Inscriptio Rosettana*, Berlin, 1851; Brugsch, *Die Inschrift von Rosette*, Berlin, 1850; Chabas, *L'Inscription hiéroglyphique de Rosette*, Paris, 1867; Revillout, *Chrestomathie Démotique*; a handy transcript of the Greek text is given by Strack, *Dynastie der Ptolemäer*, p. 240, No. 69; and English renderings will be found in Sharpe, *The Rosetta Stone*, London, 1871; *Records of the Past*, vol. iv. p. 71 ff.; and Mahaffy, *The Ptolemaïc Dynasty*, p. 152 ff. A short form of the hieroglyphic text is given by Bouriant in *Recueil*, tom. vi. p. 1 ff., from a limestone stele, which was found at An-Nûbârîyeh, النوباريه, near Damanhûr, and which is now in the Egyptian Museum at Cairo.

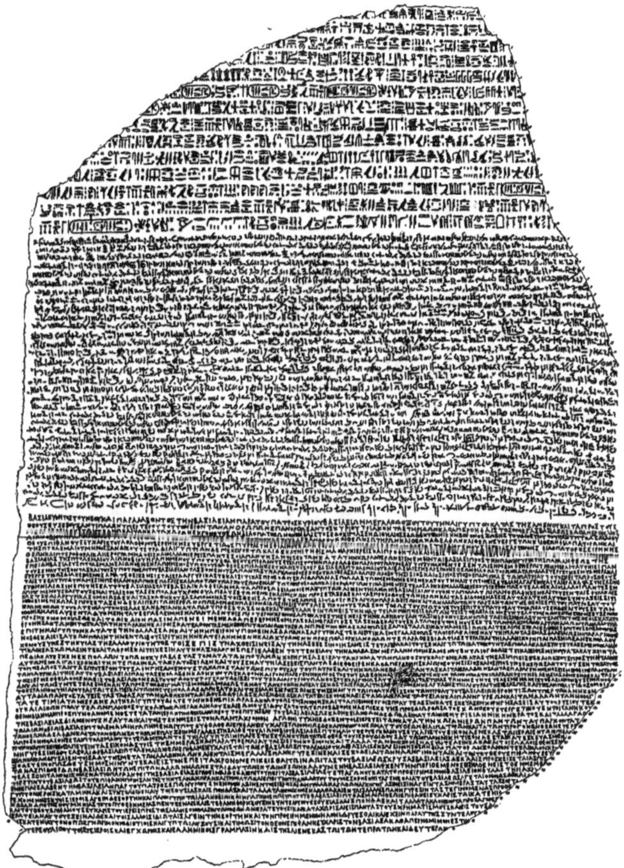

The Rosetta Stone. British Museum, No. 32.

that inasmuch as the king was well disposed towards the gods, and had offered revenues to the temples; and had remitted wholly some taxes and had lightened others; and had released prisoners; and had granted amnesty to those who rebelled; and had provided ships and an army to protect the country and its temples; and had taken by assault the city of Lycopolis, which had fallen into the hands of rebels, and had punished the ringleaders; and had remitted certain taxes on the temple property and had lightened others; and had given gifts to the shrines of the Apis and Mnevis Bulls, and made arrangements for their burials; and had restored the temples and sanctuaries of the gods throughout the country—because the king had done all these things they determined to increase the honours paid to him and his ancestors, and to set up a statue of Ptolemy in every temple.

The latter part of the inscription describes how these statues are to be dressed, and adored, and carried about in procession, and decrees that the king's birthday and day of coronation shall be observed as festivals, etc., and concludes with an order that the decree shall be inscribed upon a stele in hieroglyphics, demotic, and Greek, and that a copy of it, also on stone, shall be set up in every temple of the first, second, and third class throughout the land. What the Egyptian titles chosen by the king on his accession were cannot be said, but from the inscriptions on his monuments it appears that his Horus name was, "The Boy who riseth like the king of the South upon the throne of his father;" and that as lord of the shrines of Nekhebet and Uatchet, and the Horus of gold he called himself "Mighty "one of two-fold strength, making strong the two "lands, making beautiful Ta-mert (Egypt), beneficent "of heart before the gods," and (2) "Giver of life to "men, lord of thirty-year festivals."[1] On one relief he is styled "Beautiful, living god, emanation of Rā, son "of the lords of Khemennu"[2] (Hermopolis), and on another, "son of the White Crown, child of the Red Crown, nursling of the goddess Ur-ḥekat."[3]

About three years after his coronation at Memphis (B.C. 193), which seems to have been conducted on the lines laid down in ancient times, and which proves that Ptolemy V. submitted to the custom of the country, he went to Raphia to meet the Syrian princess Cleopatra, 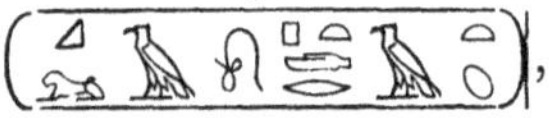, the daughter of Antiochus,

1 
; Lepsius, *Denkmäler*, tom. iv. pl. 18.

2 . *Ibid.*

3 
. *Ibid.*

Ptolemy arrayed in priestly apparel burning incense.

king of Syria, and married her there. Coele Syria and Palestine were given to her as her dowry, but her father garrisoned them with his own troops, and these provinces were practically lost to Egypt; moreover, though Ptolemy V. took the greatest care to maintain friendly relations with the Romans, who pretended that they were fighting Antiochus on behalf of the king of Egypt, they helped him in no way to recover any of the possessions which he had lost by sea and by land. In the latter part of his reign the king shook himself free from the wise influence of Aristomenes, and surrounded himself with sycophants, and finally, being unable to endure the presence of this faithful servant, he caused him to commit suicide. Ptolemy then allowed Polycrates to aid him in his vices, and it is said that this man took the greatest care to prevent him from giving any attention to the army and public affairs.

The remains of the buildings of Ptolemy V. in Egypt are not numerous, and consist chiefly of restorations at Philae, where he added to the temple of Ȧr-ḥes-nefer, built by his father and Ȧrq-Ȧmen, king of Nubia, and finished the temple of Ī-em-ḥetep, 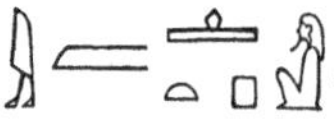, the Asclepios of the Greeks. At Philae also is found a duplicate of the famous decree of the 9th year of Ptolemy V. as found on the Rosetta Stone, but it lacks the Greek version. The scarcity of monuments in this reign is probably due to the fact that the rebellion in Upper Egypt against the rule of the Ptolemies which

Scene from a doorway at Philae.

Ptolemy V. Epiphanes making offerings to the company of the great gods.

broke out in the sixteenth year of the reign of Ptolemy IV. was not put down until the nineteenth year of the reign of Ptolemy V., and we are justified in assuming that the Nubian king Årq-Åmen, or a successor, was master of the country for about twenty-eight years. Into this period would fit very well the time of the rule of the two native kings at Thebes who, according to M. E. Revillout, were called Ḥeru-khuti and Ānkh-em-khu, and who reigned altogether twenty years.[1]

Of the personal life and character of the king less is known than of many of the Ptolemies, but he seems to have been morally weak, indolent, and vicious, and an example quoted by Polybius (xxii. 7) shows that his word was not to be trusted, and that he was cruel. The nobles who had revolted at Lycopolis (B.C. 186) surrendered at discretion, but were treated in the most cruel manner, and when Polycrates suppressed another revolt the same thing took place. Pledges had been given to Athinis, and Pausiris, and Chesuphus, and Irobastus, but when they appeared at Saïs Ptolemy, regardless of all pledges, had them tied to carts and dragged off, and then put to death with torture. According to Polybius he took no actual part in the war, but this writer attributes the fact to the "dishonest advice" of Polycrates. Be this as it may, the rule of Epiphanes became very unpopular, and the loss of Coele Syria and Palestine, and of many of the

[1] See *Revue Égyptologique*, tom. ii. p. 145.

possessions of Egypt in the Mediterranean, made the people of the country discontented.

In 182 he began to make preparations for a war against Seleucus IV. Philopator, the son and successor of Antiochus the Great, with the intention of wresting Coele Syria from him, but as soon as the Egyptian nobles and the officers knew that they would be expected to find the means for the campaign they took an opportunity of poisoning their king. Ptolemy left at least two sons, both of whom ascended the throne, and a daughter called Cleopatra. The decline of the power of Egypt, which had begun under Ptolemy IV., continued under his successor, and with the accession to the throne of Ptolemy VI. the period which is marked by the downfall of the Macedonian rule in Egypt began.

PTOLEMY VI., surnamed EUPATOR, was the eldest son of Ptolemy V., and appears to have been associated with his father in the rule of the kingdom some years before his death in 182; he seems to have reigned alone for a very few months, or perhaps even a few weeks only, and nothing whatsoever is known about him.

9. 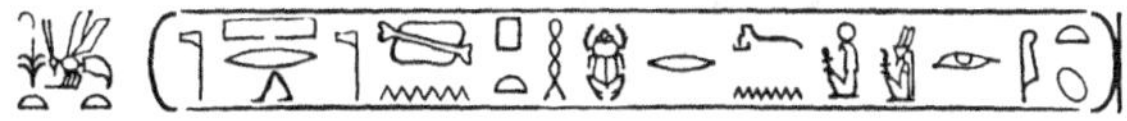
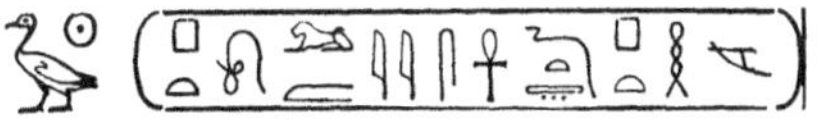 King of the South and North, NETERUI-PERUI-ĀĀ-EN-PTAḤ-KHEPER-SETEP-EN-ÅMEN-ÅRI-MAĀT-RĀ, son of the Sun, PTUALMIS-ĀNKH-TCHETTA-PTAḤ-MERI.

PTOLEMY VII., surnamed PHILOMETOR, was the son of Ptolemy V. and the Syrian princess Cleopatra; at the time of his father's death in 182 he was a mere child, and his mother ruled the country during his minority. She must have been a woman of great ability, for she managed to preserve friendly relations between Egypt and the kings of the neighbouring nations, and the well-being and prosperity of the country suffered in no way during her rule. In 175 Seleucus Philopator succeeded in releasing his brother Antiochus IV. Epiphanes, who in 188 had been given as a hostage to the Romans, by sending Demetrius, his son, in his place, and whilst the former hostage was on his way to Syria, Seleucus was murdered by Heliodorus, who seized the throne. The rebel did not, however, occupy the throne long, for Antiochus gained the mastery over him in that same year, and became king of Syria. Two years later Cleopatra seems to have thought the boy-king old enough to be crowned, and the coronation ceremonies were performed, either just before or just after her death, B.C. 173. As soon as Cleopatra was dead, the inevitable quarrel arose about the revenues of Coele Syria and Phoenicia, which had formed her dowry; her son naturally wished to retain them, and Antiochus IV. as naturally wished them to come to him. The advisers of the young king, Eulaeus and Lenaeus, whose sympathies were with the Egyptians, are said to have urged Ptolemy VII. to go to war about the matter, and he prepared to do so, but whilst he was getting his forces together Antiochus seized the provinces in dispute, and in the battle which

Ptolemy VII. offering a crown, and Queen Cleopatra presenting sistra to the gods.

took place near Pelusium the Egyptians were routed with great loss, and their king only saved himself by flight.

Soon afterwards Antiochus took Pelusium and marched quickly up to Memphis, which he seized, and proclaimed himself king of Egypt; about this time Ptolemy VII. fell into his hands, and though he treated him honourably the young man was to all intents and purposes a prisoner. Meanwhile there was a younger brother of Ptolemy VII. at Alexandria, who was also called Ptolemy, who was living with their sister; this very young man, hearing that his brother was a prisoner at Memphis, collected an army, and prepared defences in and about Alexandria, and proclaimed himself king of Egypt. When Antiochus IV. came and attacked the city, this Ptolemy succeeded in beating him off, and thus the capital of the country was saved. Antiochus next appointed Ptolemy VII. viceroy of Memphis, and having stationed a garrison of Syrians in Pelusium, retreated to Syria. But when Ptolemy at Alexandria took upon himself to defend Alexandria, he proclaimed himself king of Egypt, and so it fell out that there were two kings of Egypt called Ptolemy reigning at the same time. The younger Ptolemy was called by the Alexandrians "Physcon," because of his unwieldy appearance, and it is he who became known later as PTOLEMY IX., Euergetes II.

As soon as Antiochus had withdrawn from Egypt the two brothers came to terms, and made an arrangement which satisfied themselves and their sister. When Antiochus heard what had happened he attacked Egypt once more, and would, no doubt, have made himself master of the country had not M. Popillius Laenas ordered him back to Syria. In 170 the brothers agreed to reign jointly, but in 163 a quarrel broke out between them, and Ptolemy IX. drove his brother out of Alexandria. Ptolemy VII. fled to Rome for protection, and the Senate sent him back to Egypt with envoys who had full power to re-establish him on his throne, and to appoint Ptolemy IX. to the kingdom of Cyrene. But after a very short time Ptolemy IX. left his new kingdom and went to Rome, and succeeded in persuading the Senate to make him master of Cyprus as well as of Cyrene; he was not, however, permitted to go to Cyprus directly, but was sent back to Cyrene to wait for the Roman envoys who had been sent to obtain the consent of his brother the King of Egypt. Whilst he was waiting he collected a large number of troops apparently with the idea of invading Egypt, but he was obliged to use them in putting down a rebellion in his own country, Cyrene. Later he again visited Rome, and the Senate sent envoys to establish him in Cyprus, but when they arrived in the Island they found Ptolemy of Egypt in possession, with a large army; Ptolemy of Cyrene was besieged straightway in Lapethus, and was soon obliged to surrender, when his brother sent him back to Cyrene, telling him to be content with that kingdom (B.C. 155).

Whilst the dispute over Cyprus was proceeding, Demetrius Soter of Syria tried to get possession of the Islands; to punish him Ptolemy VII. gave his support to Alexander Balas and, when this man had made himself master of Syria, gave him his daughter Cleopatra to wife (B.C. 150). When he heard that Demetrius was coming with an army to depose Alexander Balas, Ptolemy VII. collected an army and marched to the help of his son-in-law, but when he arrived at Ptolemaïs an attack was made upon his life by one Ammonius, an intimate friend of Alexander Balas. Ptolemy was convinced that the attack was made with the knowledge of his son-in-law, and became quite certain of it when Alexander refused to punish his friend; he thereupon transferred his help to Demetrius and gave him his daughter Cleopatra, whom he had taken away from Alexander. Ptolemy marched to Antioch, where he was received with gladness and proclaimed king of Syria; he, however, established Demetrius on the throne. Shortly afterwards Alexander Balas appeared with an army, and Ptolemy VII. and his new son-in-law went out to do battle with him; the allied kings were victorious, but Ptolemy VII. was thrown from his horse, and his skull was so badly fractured that he died a few days after (B.C. 146). Polybius describing his character (xxxix. 18) says, "If "any king before him ever was, he was mild and "benevolent; a very strong proof of which is that he "never put any of his own friends to death on any "charge whatever; and I believe that not a single man "at Alexandria either owed his death to him. How-

"ever, in the course of a series of successes and "prosperity his mind became corrupted; and he fell a "prey to the dissoluteness and effeminacy characteristic "of the Egyptians; and these vices brought him into "serious disasters."

In connexion with the reign of Ptolemy VII. must be mentioned the persecution of the Jews, which was begun by Antiochus IV. on his way back from Egypt; it, no doubt, resulted in the settlement in Egypt of a large number of Jews who would otherwise have remained in Jerusalem. Having seized the city, he slew many of those in it who were in favour of Egyptian rule, and when he had taken from it a large sum of money he went on to Antioch. Two years later he returned, and having obtained possession of the city by treachery he broke the covenant which he had made with the Jews, and stripped the Temple of everything of value. He took away the golden candlesticks, and the golden altar of incense, and the table for shew-bread, and the altar of burnt offering, and even the veils, which were made of fine linen and scarlet. He forbade the sacrifices, and slew men and women, and carried into captivity 10,000 people; he burnt down the finest buildings, and having thrown down the city walls he built in the lower part of the city a citadel, which he fortified with high walls and towers, and put into it a garrison of Macedonians. He then set up an idol upon Yahweh's altar, and slew swine upon it, and made the people build altars and sacrifice swine upon them also. He forbade circumcision and other rites, and those who observed the laws of their religion were beaten with rods, and their bodies torn to pieces, and many were crucified; the mothers who had their children circumcised were hung upon crosses with their children about their necks. Every copy of the Book of the Law was destroyed, and those with whom sacred writings were found perished miserably (Josephus, *Antiquities*, xii. v.).

Allowing for exaggeration, it is certain that the Jews suffered greatly at the hands of Antiochus, and there is small wonder that many of the inhabitants of Palestine went down to live in Egypt. Among those who fled was a young man called Onias, the son of Onias, a high priest, and nephew of Onias, who also had been high priest, and who had been put to death by Antiochus at the instigation of Lysias his general; when Antiochus had slain the high priest he appointed to the office a man called Alkimos, or Iakamos, who did not belong to the family of the high priest. Onias was kindly received by Ptolemy VII., and he told the king that if he would let him build a temple somewhere in Egypt where the Jews could worship God according to their own customs, they would fight against Antiochus more readily, and that he would bring most of the Jews over to his side. Josephus says that Onias made his request in writing (*Antiq.* xiii. 3 § 1), and purports to give a copy of Ptolemy's answer, which is as follows:—"King Ptolemy

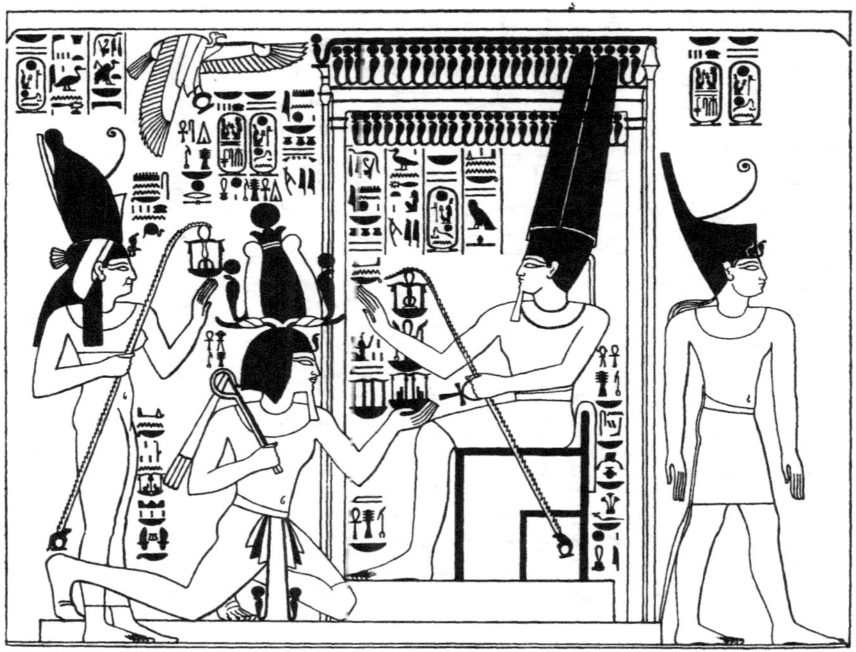

Scene from a bas-relief of Rameses II. reproduced at Philae by the order of Ptolemy VII.

"and Queen Cleopatra to Onias send greeting. We "have read the petition, wherein thou desirest leave "to be given to thee to purge that temple which is "fallen down at Leontopolis, in the Nomus of Helio-"polis, and which is named from the country Bubastis; "on which account we cannot but wonder that it should "be pleasing to God to have a temple erected in a place "so unclean, and so full of sacred animals. But since "thou sayest that Isaiah[1] the prophet foretold this "long ago, we give thee leave to do it, if it may be "done according to your law, and so that we may not "appear to have at all offended God herein." Thereupon Onias built a "fortress and a temple, not like to that at Jerusalem, but such as resembled a tower"; the building was 60 cubits high, and had a girdle wall of burnt brick with gates of stone. The altar was like that at Jerusalem, and, among other things, had upon it a lamp, which was hammered out of a piece of gold, and suspended by a gold chain. This place was called Onion, and was, according to Josephus (*Wars*, vii. 10, § 3), 180 furlongs from Memphis.

It seems pretty clear that Ptolemy's object in allowing this temple to be built was political, and that he recognized the great importance to his interests of drawing away the Jews from Palestine is evident. Onion was a flourishing place and an

[1] "In that day shall there be an altar to the Lord in the midst of the land of Egypt, and a pillar at the border thereof to the Lord."—Isaiah xix. 19.

important centre of Jewish life and activity in Egypt for several generations, and it received a certain amount of financial support from the Ptolemies. According to Josephus (*Wars*, vii. x. § 4), Onion was first pillaged by Lupus, governor of Alexandria in the reign of Vespasian, and the temple was shut up by him; his successor Paulinus completed the evil work which Lupus had begun, and not only looted the sanctuary, but drove away the priests and worshippers, and "made it entirely inaccessible, insomuch that there "remained no longer the least footsteps of any divine "worship that had been in that place." From the founding of Onion to its destruction was a period of 343 years. According to M. Naville,[1] Onion was built on the site of the place called in the time of Rameses III. "The House of Rā to the north of Ȧnnu" (Heliopolis), , and it is represented by the modern Tell el-Yahûdîyeh, تلّ اليهوديّة, which is quite close to Shibîn al-Ḳanâṭîr, a station on the line between Cairo and Manṣûra. The Romans appear to have called the place "Scenae Veteranorum." It is doubtful if Josephus is right in identifying Onion with Leontopolis, and as he mentions the place in connexion with Bubastis he seems to have confused some shrine of Sekhet, who was worshipped under the form of a lioness-headed woman, with an old sanctuary of Rā.

[1] For the excavations made on the site of Onion see *The Mound of the Jew and the City of Onias*, by E. Naville, London, 1890.

Of his activity as a builder Ptolemy VII. left many evidences in Upper Egypt. He carried out repairs at Karnak on one of the pylons, and we have there reliefs in which he is seen making offerings to Ḥeḥu

Ptolemaïc Pylon at Karnak.
From a photograph by A. Beato, Luxor.

, Ḥeḥet , Kek , Keket , Ȧmen , Ȧment ,

Nu, , and Nut, ; and in company with his wife Cleopatra he makes offerings to the goddess Sesheta , and to the god Osiris.[1] Elsewhere he is seen dedicating a figure of Maāt and a palette to Ptaḥ and the goddess Maāt. At Esneh he is seen offering incense and pouring out libations to Osiris, and he is usually accompanied by his wife; on a relief he is seen presenting a jar of unguent to Nit (Neith) , and to Ka-ḥrȧ .[2] At Edfû he continued the work which had been begun by Ptolemy III., and which seems to have been at a standstill from the 16th year of the reign of Ptolemy IV. until that of Ptolemy VII. At Kom Ombo are a few reliefs in which Ptolemy VII. is seen making offerings to the

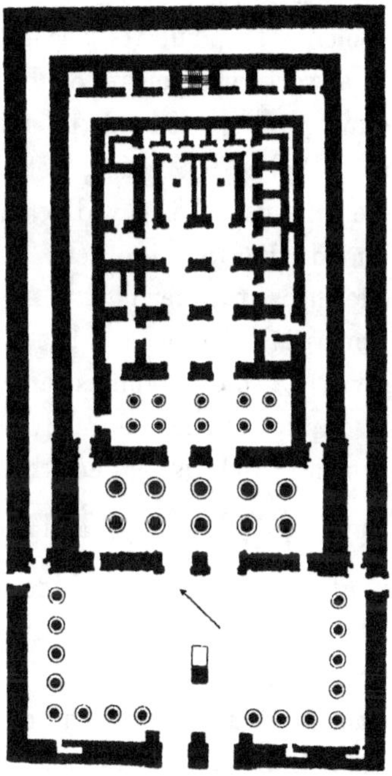

Plan of the Temple at Kom Ombo.
(After J. de Morgan.)

[1] See Lepsius, *Denkmäler*, iv. pl. 21.

[2] *Ibid.*, pl. 23 *b*.

gods Ḥeru-ur (Aroëris) and Khensu,[1] and at Philae he built largely. But before the buildings on the latter place are mentioned the king's works at Dêr al-Medîneh in Western Thebes must be referred to. The beautiful little temple Dêr al-Medîneh was founded by Ptolemy IV., but its decoration remained unfinished. The work was continued by Ptolemy VII., apparently during the period of the joint reign of Ptolemy VII. and Ptolemy IX., i.e., between 170 and 163, for we see on one of the walls a relief in which are represented the two brothers and their sister, who are offering up offerings. All three are worshipping Ȧmen-Rā, Hathor, and the eight gods whose names are given in hieroglyphics above. In the hieroglyphic inscription which is above the scene we find that Ptolemy VII. is called the "twin" or "kinsman of Apis," 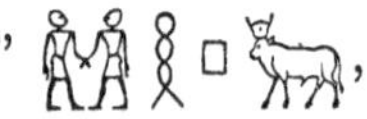, and that Cleopatra is called the "wife of the twin (or, kinsman, ḥeter) of Apis;" now it appears that both brothers used this title, and we cannot consider it as indicating that the man who bore it was born on the same day as the Apis Bull. We may also note in passing that the inscription supplies us with the names and titles of the king as Horus,[2] as lord of the shrines

[1] See Lepsius, *Denkmäler*, iv. pl. 23 *c* and *d*.

[2] 

of Nekhebet and Uatchet,[1] and as the Horus of gold.[2]

At Philae he founded the temple of Hathor, which was completed by his brother, Ptolemy IX., and he added largely to the temple of Isis which had been founded by Ptolemy II. The right tower of the second pylon of this temple is built over a huge

Ptolemy VII. dedicating certain lands to Osiris and Isis of Philae.

mass of the living granite rock upon which are inscribed six lines of the hieroglyphic text of a

decree, dated on the first day of the third month of the season Shemu, of the 24th year of the reign of Ptolemy VII., recording the gift to the temple of a large quantity of land which was situated between Philae and Aswân on the east bank of the river. Above the inscription is a figure of the king, followed by that of his wife, making an offering of a field, 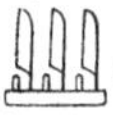, to Osiris and Isis of Philae, and an offering of incense to Isis and her son Horus.[1] At Dâbûd, a place on the west bank of the Nile about thirteen miles south of Philae, Ptolemy VII. restored or added to a temple which was built near the town called Ta-ḥet, , in the Egyptian inscriptions, by the Nubian king who was named (TĀA-EN-RĀ-SETEP-EN-NETERU), son of the Sun, (ÅTCHAKHAR-ÅMEN, living for ever, beloved of Isis)

.

Over the second pylon of the temple is a Greek inscription[2] of Ptolemy VII. Dâbûd marks the site of the ancient city of Parembole, which was a kind of border fortress between Egypt and Nubia. It is difficult to explain the presence of work by Ptolemy VII. at Dâbûd, but we must not assume that he conquered the country, as some have done.

[1] For the text see Lepsius, *Denkmäler*, iv. pl. 27.

[2] See Strack, *Dynastie der Ptolemäer*, p. 249.

PTOLEMY VIII., surnamed according to some EUPATOR II., and NEOS PHILOPATOR according to others, was the son of Ptolemy VII. by his wife and sister Cleopatra, and when his father died he was a young child (B.C. 146). Notwithstanding this fact Cleopatra boldly proclaimed her son king of Egypt, and began to govern the country in his name. When Ptolemy IX. heard what had been done, he collected an army and marched upon Alexandria, but no fighting took place, for Roman envoys intervened and adjudged the throne of Egypt to Ptolemy IX., and decreed that he should marry his brother's widow. To this he agreed, and it is said that on the day in which the marriage was solemnized Ptolemy VIII., Eupator or Neos Philopator, was murdered by his uncle. Thus it fell out that Ptolemy VIII. was only king nominally, and the period of his shadowy rule cannot have exceeded a few months; no Egyptian inscriptions of this king are known, but Strack attributes[1] two in Greek to his time.

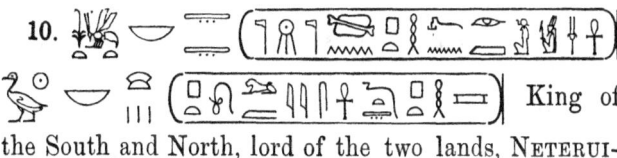

10. 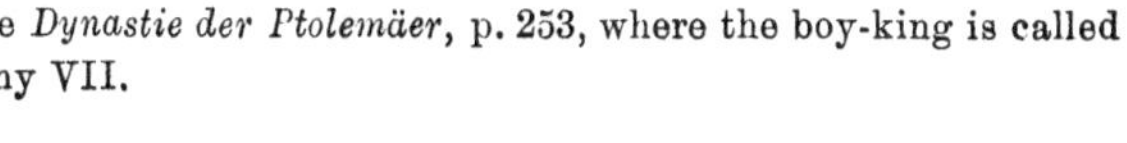
 King of the South and North, lord of the two lands, NETERUI-

[1] See *Dynastie der Ptolemäer*, p. 253, where the boy-king is called Ptolemy VII.

ĀĀ-EN-PTAḤ-SETEP-EN-ÀRI-MAĀT-RĀ-ÀMEN-SEKHEM-ĀNKH, son of the Sun, lord of crowns (or, risings), PTUALMIS-ĀNKH-TCHETTA-PTAḤ-MERI.

In accordance with the directions of the Roman envoys, and the wish of a considerable party in Alexandria, PTOLEMY IX., surnamed EUERGETES, ascended the throne of Egypt as sole monarch of the country in 146. We have already referred to the principal events of the earlier portion of his life, and how on two occasions he owed his life and his position to his brother's extremely forgiving nature, and how finally he seems to have accepted the inevitable and to have lived in peace, outwardly at least, in the kingdom of Cyrene, which his brother, with the concurrence of the Roman Senate, had set apart for him. When his brother died the same influence removed the difficulty which arose through Cleopatra's having proclaimed her son king of Egypt, and set Ptolemy IX. safely on his brother's throne, and gave him the widow to wife. The marriage appears to have been a purely formal affair, and is to be compared with the marriages which were brought about by the priests in ancient times between those who had obtained the supreme power by conquest and the ladies of the royal houses of Thebes and the priestesses of Àmen, in order to produce a reason for the occupation of the throne by those who, in the opinion of the legitimate heirs, had no right thereto. Many of the Nubian, and Libyan, and Saïte kings of

Egypt had made official marriages in this way, and they had for many centuries been recognized throughout all Egypt as being strictly in accordance with the views both of the priesthood and the people.

As soon as Ptolemy IX. Euergetes became sole king of Egypt he proceeded to take vengeance upon all those who had sided against him before he came to the throne. Large numbers of prominent and wealthy citizens were seized and put to death, and their property was confiscated, and the mercenary troops were allowed to roam through the city and to plunder almost when and where they wished. The king himself was cruel and vindictive, and the outrages of every sort which he and his troops perpetrated were so numerous that at length large numbers of the inhabitants of Alexandria fled from the city in alarm. At the same time he devoted himself to a life of pleasure, and, if we may trust the statements of writers like Justin, made himself thoroughly hated and feared by all classes of the community. A year or two after his marriage with Cleopatra, the widow of Ptolemy VII., he married his niece, who was also called Cleopatra, and who was the daughter of his official wife Cleopatra by her former husband. He is said to have divorced his official wife Cleopatra, and to have given great offence to his subjects by the act, but it is difficult to accept this statement, especially in the face of the evidence of some of the inscriptions, on which he mentions both Cleopatra his *sister* and Cleopatra his *wife*.[1] It is impossible to assign a date to such inscriptions because we have no evidence on the subject in the texts, but they belong presumably to the early years of the reign of Ptolemy IX. as sole king, and, at all events, to the period which preceded his quarrel with his sister.

As years went on the acts of violence and of cruelty on the part of the king and his mercenaries did not diminish, and at length the discontent of the populace of Alexandria broke out in the form of a revolt (about B.C. 130), during which his palace was burnt down, and he had to seek safety in flight; he managed to escape to Cyprus with his son Memphites, and there he had the mortification of learning that the Alexandrians had made his sister Cleopatra queen of Egypt. To revenge himself upon her he murdered the boy Memphites, and having cut off his head and his hands he packed them in a box and sent them to his sister-wife in Alexandria, and timed their arrival so that they might reach her on her birthday. The partisans of the queen were, of course, enraged beyond measure at this act, and they made preparations for war, but the queen's arms did not prosper, and about two years later Ptolemy IX. was back again in Alexandria, and resumed the rule of the country. Cleopatra his sister meanwhile fled to the court of Demetrius II., king of

[1] Compare *βασιλεὺς Πτολεμαῖος καὶ βασίλισσα Κλεοπάτρα ἡ ἀδελφὴ καὶ βασίλισσα Κλεοπάτρα ἡ γυνή*; Strack, *Dynastie der Ptolemäer*, p. 253, No. 103.

Syria, to whom she appealed for help. The sympathy of Demetrius took the form of sending an army to Pelusium, but for some reason or other, probably treachery, the expedition was a failure, and the army returned whence it came. Ptolemy IX. retorted by lending his support to the claims of a son of Alexander Balas, called Alexander Zabinas, who was a pretender to the Syrian throne, and as a result Zabinas succeeded in ousting Demetrius II. and became king of Syria under the title of Alexander II. A short time afterwards he incurred the displeasure of his patron, and, strange to relate, Ptolemy IX. became reconciled to his sister, who at once returned to Egypt and took up her old position, and Ptolemy transferred his favour and support from Alexander II. to Antiochus Grypus, the son of Demetrius II., to whom he gave his daughter Tryphaena. By means of the army with which Ptolemy IX. provided him Antiochus Grypus took possession of the throne of Syria, B.C. 127, and thus a daughter of the king of Egypt became queen of Syria. The last years of the life of Ptolemy IX. appear to have been spent in comparative peace, and except the petty revolts which seem to have taken place all over Egypt there was little to trouble him. He died in 117, according to some documents, in the 54th year of his reign, which was dated by their writers from the year when he was first declared king at Alexandria, B.C. 170, and he left a family consisting of two sons and three daughters.

The repairs and restorations of Egyptian temples by Ptolemy IX. may now be mentioned. On the west side of the temple of Khensu at Karnak he set up a small building now known as the Temple of Ȧpet, i.e., of the

Ptolemy IX. piercing a foe in the presence of Ḥeru-Beḥuṭet, lord of Philae.

great hippopotamus goddess Ȧpet, , who is described as the "mother of the gods, lady of heaven, mistress "of the two lands, the august goddess dwelling in "Thebes." The walls of the chambers are ornamented with a series of reliefs in which we see the king and his wife Cleopatra adoring Åpet, Åmen-Rā, and a large number of other gods, and making offerings to them. One of the most important of these is the god Osiris-[1]

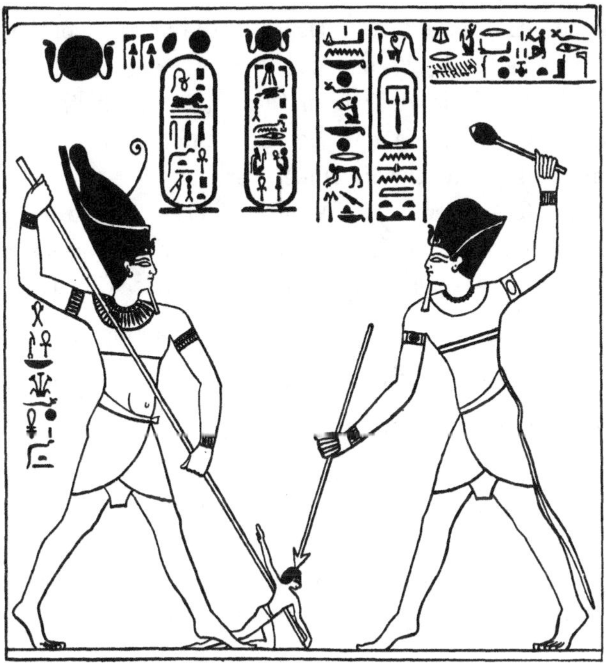

Ptolemy IX. and the god Osiris spearing a foe.

Unnefer, who is depicted in the act of giving a crown to the king; the goddess Åment, 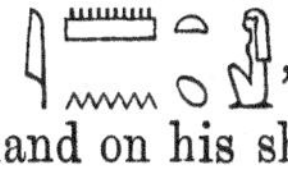, stands behind the king and rests her hand on his shoulder,

[1] In these texts this god's name is often spelt  UASÅR.

and behind the god stand Menthu, Tem, Shu, Tefnut, Seb, Nut, Thenenet, 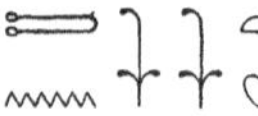, Ȧnit, , Osiris, Isis, Ḥeru-ur, Nephthys, Horus, Hathor, and Sebek.[1] Elsewhere the king is making offerings, apparently at the bier of Osiris in the presence of Isis, Nephthys, Kek, Keket, and the other gods of this group, and it is clear from these that the birth, life, and death of Osiris were commemorated here at stated intervals during the Ptolemaïc Period.

At Medînet Habu, in Western Thebes, we find reliefs of Ptolemy IX., and here the king and his "royal sister, "the princess, the lady of the two lands, Cleopatra," , are seen making offerings to Khensu, Thoth, the goddess Ḥemāuat within Ȧa-tcha-mutet, , i.e., the Coptic ϫⲏⲙⲉ, near Medînet Habu. · The reliefs at this place show us that the king's Horus name was Ḥunnu,[2] and that as lord of the shrines of Nekhebet and Uatchet he styled himself "Seher ȧb taui," i.e., making quiet the heart of the two lands,"[3]

1 See *Denkmäler*, iv. pl. 29.

2 The full titles which follow are: 

.

3 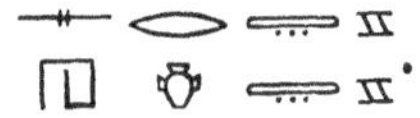.

and that as the Horus of gold he called himself, "Mighty one of two-fold strength, lord of thirty-year festivals like his father Ptaḥ-Tanen, the father of the gods, prince like unto Rā."[1]

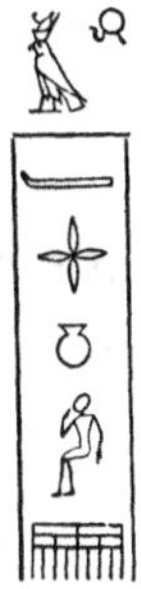

HUNNU, the Horus name of Ptolemy IX.

A little to the north-west of the large temple of Medînet Habu is a small temple, now called Ḳaṣr al-'Agûz,[2] which Ptolemy IX. built to commemorate his ancestors, and on the reliefs we see the king adoring two of them, one a Ptolemy, and the other an Arsinoë. At Dêr al-Baḥarî we find his name and that of his wife Cleopatra; and at El-Kâb he caused a temple to be hewn out of the living rock, but the inscriptions of Ptolemy X. indicate that in his time certain repairs were necessary.

At Edfû Ptolemy IX. brought to an end successfully the building of the temple which had been begun by Ptolemy III. From an inscription on the west wall of the temple we learn that the foundations of the temple were laid in the tenth year of Ptolemy III., i.e., in 237; the walls of the temple proper took about 25 years to build, i.e., they were not finished until the tenth year of Ptolemy IV., B.C. 212.

1 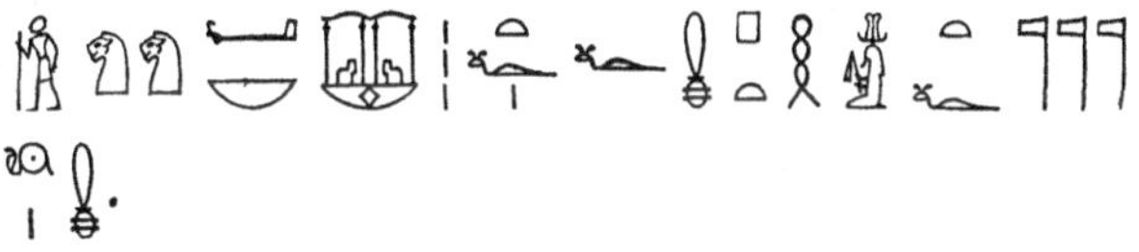

2 I.e., "the Castle of the Old Woman."

The decorations of the walls took six years to complete, and by 207 the great door had been fixed in its place. From that year until the nineteenth year of the reign of Ptolemy V. nothing was done to the building, for the simple reason that the whole of Upper Egypt was in the hands of rebels. Under Ptolemy VII. the work was pressed forward, and in the twenty-eighth[1] year of Ptolemy IX. (B.C. 142) the ornamentation of the temple was declared to be complete. Thus the building of the temple proper of Edfû went on under five reigns, and occupied about ninety-five years, but subsequent Ptolemies added chambers to it, and carried out repairs, and continued the ornamentation of its doors and walls; the last additions made were two brass mounted leaves of the door, which were dedicated by Ptolemy XIII. and his wife Cleopatra V. Tryphaena in the twenty-fifth year of the king's reign, i.e., about B.C. 57. Thus from first to last, the temple and its outer chambers, wall, etc., were not completed under less than 180 years. At the festival of the dedication by Ptolemy IX. the figure of the god Horus, to whom the temple was dedicated, was carried round about in a solemn procession, and was shown all the magnificent works which the Ptolemies had carried out to please him, and according to the inscriptions on the walls, the god was stupefied at the beauty of his dwelling.

[1] All these dates are derived from the paper by Dümichen, *Bauurkunde der Tempelanlagen von Edfu*, in *Aeg. Zeitschrift*, 1870, pp. 1–13.

The texts very cleverly point out that the temple of the Ptolemies at Edfû occupied the site of an older one, which had been dedicated to the god in primeval times. The first temple, which was built far away back in the time when the gods lived on the earth, was constructed according to a plan that had been made in heaven and then dropped down to earth near the city of Memphis; the master craftsman was I-em-ḥetep, the son of Ptaḥ, the great god of Memphis, and father and son united their powers, and produced the first temple at Edfû in one of the earliest periods of Egyptian history. All this indicates that the site at Edfû was holy ground, probably as far back as the time when the Followers of Horus arrived there and drove out the people who were living in its neighbourhood.

At Kom Ombo Ptolemy IX. rebuilt a wall in the large hall of the temple, and in the reliefs which he added we see him accompanied by his sister-wife Cleopatra, and his wife Cleopatra, making offerings[1] to Sebek, Ḥeru-ur (Aroëris), Sent-nefert, 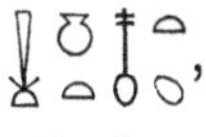, and P-neb-taui, the wife and son of Sebek, respectively, 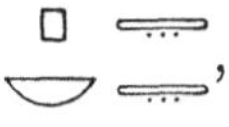, Hathor, Maāt, Tefnut, Seb, "prince of the gods," , Isis, Nephthys, Khensu, and other gods. In the small hall with columns he carried out repairs and added reliefs and ornamentations to the walls, and the Greek inscription which is found in it says that the hall was

[1] See J. de Morgan, *Kom Ombo*, p. 195 ff.

dedicated to Aroëris (Ḥeru-ur), and Apollo, and the other gods of that sanctuary by the king and queen, and the cavalry and infantry that were stationed in the district of Ombos.

Columns at Philae.
From a photograph by A. Beato, Luxor.

At Philae the king appears as a devotee of the goddess Isis, "lady of Abaton and mistress of the Island of Philae," where he restored and decorated the temple of Isis on a large scale. In the reign of

Ptolemy IX. the temple of Isis was a very popular shrine, and large numbers not only of worshippers but of officials and others broke their journey there, and demanded from the priests hospitality, which they received but never paid for. Monasteries and religious institutions in the East have from time immemorial been liable to this infliction, and the Egyptian sanctuaries formed no exceptions to the rule. At Philae the matter became so serious that at length the priests made representations to the king, and pointed out that the expense of entertaining such officials and others was large, and that the revenues of the temple at Philae were becoming exhausted. Ptolemy IX. caused a reply to be sent to the priests saying that he granted their petition, and then promulgated a decree in which the strategos was ordered to prevent the abuse of hospitality by visitors to Philae in future. Copies of the epistle of the priests, and the king's favourable reply, and his decree[1] were inscribed on the rectangular pedestal of one of the two obelisks which stood one on each side of the entrance to the fore-court of the temple of Isis at Philae. The obelisk belonging to this pedestal was thrown down on the ground at some unknown period, and it was found lying among the ruins, fortunately unbroken, by Mr. J. W. Bankes in 1815. By his suggestion and at his expense the obelisk and pedestal, which are both of red granite, were removed

[1] Convenient transcripts of these will be found in Strack, *Dynastie der Ptolemäer*, p. 253.

from their site under the supervision of G. Belzoni, and brought to England and set up on Mr. Bankes' estate at Kingston Hall in Dorsetshire. Some claim was laid to the obelisk by M. Drovetti, but as Muḥammad 'Ali gave leave for it to be removed to England the claim was not valid.[1] The obelisk is of special interest, because it is inscribed on each of its

The First Cataract (Little Gate) at the time of the Inundation.
From a photograph by A. Beato, Luxor.

four sides with a column of hieroglyphics, and it was at first thought that these were the equivalent of the Greek inscription on the pedestal, which is, however,

[1] A "geometrical elevation" of the obelisk and pedestal and copies of the inscriptions were published by John Murray for Mr. J. W. Bankes in 1821; a copy of this work will be found in the British Museum (Press-mark, 654-i-4).

not the case; the monument was of great value to Champollion, who succeeded in deducing from it the phonetic values of a number of characters which were until that time unknown, and this assisted him in his work of decipherment.

Proceeding southwards, we find that Ptolemy IX. dedicated a granite shrine in the Egyptian temple which stood near the modern village of Dâbûd, and he built the hall in front of that which Ptolemy IV. added to the little temple of Ȧrq-Ȧmen at Dakkeh, in Nubia. We thus see that Ptolemy IX. carried on extensive building operations all over Upper Egypt and a short distance south of Philae. For the sanctuary of Ȧmen-Rā at Thebes he appears to have had no regard, and there is no evidence that he was at any pains or expense to restore the ancient sanctuaries in the Delta. If we judge by the remains of his buildings and the inscriptions on them we must come to the conclusion that he was a friend of the native Egyptians and of their religion, and it is interesting to note how actively the cult of Osiris and of the gods of his train was revived during the reign of this king. Moreover, special care seems to have been taken by him to bring into prominence the old gods of every place where he built or restored a temple.

About the true character of Ptolemy IX. it is extremely difficult to arrive at a just conclusion, and the same may be said of his home and foreign policies. He was careful to keep on good terms with the Roman

Senate, and he must have had powerful friends among the members of that body, or he would never have obtained the help of Rome in his quarrels with his brother. Polybius takes the view (xxxi. 18) that the Romans with profound policy availed themselves of the mistakes of others to augment and strengthen their own empire, under the guise of granting favours and benefiting those who committed the mistakes, and that they acted in this manner when they interfered in the quarrel of the two brothers. With the king of Syria the relations of the king of Egypt must frequently have been strained, for Ptolemy IX. would never forget that Palestine and Syria had been the possessions of Egypt for centuries, and such a remembrance could not make for peace. He waged no war of any importance, and he made no great conquest, and therefore when the inscriptions speak of him as the "chief of the nine foreign nations of the bow," , and the gods are made to promise him the sovereignty over all foreign lands, and to declare that they will set all his enemies beneath his feet, we must remember that phrases of the kind are merely copied from ancient texts and that they are not literally true.

Enough has been said above about buildings to show that Ptolemy IX. was animated with friendly feelings towards the priesthood, and his architectural undertakings were so numerous that he must have been favourably impressed with the religion of Egypt; but why he should have omitted to restore the ancient temples of the Delta, and of Heliopolis, Abydos, and Thebes it is impossible to say. In common with his ancestors he possessed a love for learning, and he maintained the great Alexandrian Library in a worthy manner; when we remember that Aristarchus of Samothrace, the grammarian and critic, was his tutor, it would be strange indeed if the king had not acquired some respect for learning. Indeed, he himself possessed some literary ability, and wrote a collection of Memoirs in twenty-four books. At one time it is said that he frightened away the greater number of the professors and scholars from Alexandria by means of his atrocious acts, but in spite of this the Library increased and flourished; he seems at all times to have been on good terms with literary men, and in the latter years of his reign a considerable number of them must have lived in his capital.

According to Strabo and Justin, Ptolemy IX. was a very wicked man, and his cruelties made him an object of intense hatred and fear. Polybius tells us (xxxi. 18) that when the dispute between the two Ptolemy brothers was being discussed at Rome Canuleius and Quintus supported Menyllus, the ambassador of the elder Ptolemy, by protesting that "the younger "Ptolemy owed his possession of Cyrene and his very "life to them, so deep was the anger and hatred of the "common people to him." His excesses earned for him the contempt of all classes, and it is more than probable that, during the fits of debauchery in which he at one time indulged frequently, he really did the atrocious things and ordered the perpetration of the acts of wanton cruelty with which he is charged by the Greek writers. According to Polybius (xxxiv. 14), he had almost exterminated the native Alexandrians, for, being troubled with seditions, he frequently exposed the common people to the fury of the soldiery and caused their destruction. This class of people the writer describes as a "mongrel race," yet, he adds, "they were originally Greek, and have retained some "recollections of Greek principles." The other two classes into which he divides the Alexandrians are:—1. native Egyptians, and 2. mercenary soldiers. The former he considered "an acute and civilized race," and the latter he regarded as men "who have learnt "to rule rather than obey owing to the feeble character "of the kings."

It is impossible to acquit Ptolemy IX. of many of his crimes,[1] but in passing judgment upon him

[1] "Ptolemy Physcon, the brother of Philometor, began his reign "most wickedly; for charging many with plots against his life, he "put them all to death, with most cruel torments, others for pre- "tended crimes invented by himself he banished, and confiscated "their estates: by which cruelties, in a short time, his subjects "were so enraged, that they all hated him mortally; however, he "reigned fifteen years. But in Egypt, king Ptolemy for his "cruelty, was hated by all his subjects: for his manners were not "to be compared with his brother Philometor's; for he was of a "mild and gentle nature, but the other fierce and cruel; and

at this late period of the world's history we must remember that his critics were Greeks who had not as much sympathy with the Egyptians as he had, and who did not understand the Egyptians as well as he did, and that many of his deeds which were abhorred by the Greeks were not regarded with detestation by the Egyptians. When he was called to the throne by the Alexandrians in 171 the descendants of Lagus

"therefore the people longed for a change, and earnestly waited "for a fit opportunity to revolt. At the time when Ptolemy, "(after the solemn manner of the Aegyptians), was enthroned at "Memphis, his queen Cleopatra was delivered of a son, at which "he exceedingly rejoiced, and called him Memphites, because he "was born in the city of Memphis, at the time of his solemn "inauguration. But while he was celebrating his son's birthday, "he forgot not his usual cruelty, for he ordered some of Cyrene, "(who had brought him into Ægypt), to be put to death, because "they rebuked him something too freely, upon the account of the "strumpet Irene. Ptolemy, for his cruelty, murders, filthy lusts, "and deformed body, (whence he was called Physco), was hated by "all. But Hierax his general being an expert soldier, and popular "in all general assemblies, and a man of a great spirit, took upon "him the government: for when Ptolemy wanted money, and the "soldiers for want of pay were ready to revolt to Galaestes, he put "a stop to their mutiny by paying off their arrears out of his own "purse. The Aegyptians altogether condemned Ptolemy when "they saw him so childish in his speeches, drowned in filthy "lusts, and his body emasculated by intemperance" (Diodorus, *Extracts*, Bk. xxvi., Nos. 98, 102, 103, 109, 110). On the other hand, we read, "When Marsyas was brought before the king, and "all concluded that he would forthwith put him to some cruel "death, Ptolemy pardoned him, beyond all men's expectation: "for now he began to repent of his former cruelties, and "endeavoured to regain the people's love and favour by acts of "clemency" (*Idem.*, Bk. xxxiv., No. 17).

had occupied the throne of Egypt for about 140 years, and whilst their followers had remained Greeks they themselves had with each generation become more and more like the Egyptians. We see from the inscriptions of the reign of Ptolemy IX. that the gods of Greece were assimilated with those of Egypt, and that the temples which he built or restored were erected in honour not of Greek but of Egyptian gods. His individual acts may have been cruel, and his life one series of debaucheries, but there was at least no invasion of Egypt proper during his reign; and the nation must have been prosperous, otherwise the works connected with the building and restoration of temples could not have gone on in Upper Egypt. On the whole, his reign was successful and peaceful, and the country did not again enjoy so long a period of comparative repose until it had become a province of the Roman Empire.

11. 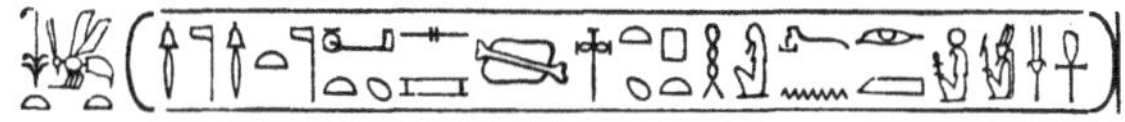

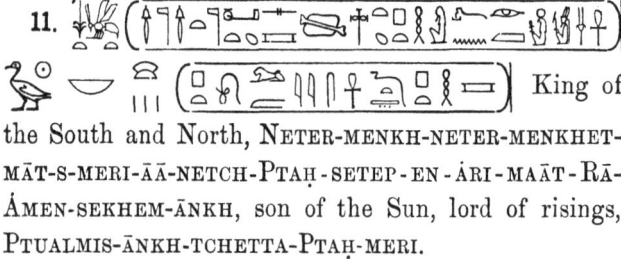

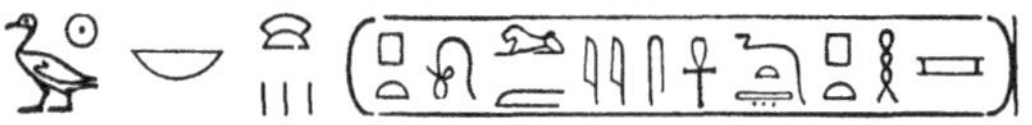 King of the South and North, NETER-MENKH-NETER-MENKHET-MĀT-S-MERI-ĀĀ-NETCH-PTAḤ-SETEP-EN-ȦRI-MAĀT-RĀ-ȦMEN-SEKHEM-ĀNKH, son of the Sun, lord of risings, PTUALMIS-ĀNKH-TCHETTA-PTAḤ-MERI.

PTOLEMY X., SOTER II., surnamed LATHYRUS, was the son of Ptolemy IX. by his wife and niece Cleopatra;

his exact age at the time when he ascended the throne (B.C. 117) is unknown, but he cannot have been a very young man when his father died. According to Justin (xxxix. 3) and Pausanias (i. 9), Cleopatra, surnamed COCCE, made an arrangement with her husband whereby she was to rule Egypt after his death, and in virtue of this, and with the consent of the people of Alexandria, the queen became sole mistress of the country after the death of Ptolemy IX. Cleopatra wished to associate with herself in the rule of the kingdom her youngest son Ptolemy XI., Alexander I., but this the people would not permit, and she was obliged to relinquish her project, and to elect his brother Ptolemy X., Soter II., as her co-regent. Ptolemy X. had married his sister Cleopatra some years before his co-regency, but for some reason his mother insisted on his putting her away and taking his younger sister SELENE to wife in her place. At the same time she sent her son Ptolemy XI. to Cyprus (B.C. 114) and gave him the rank of king, and apparently permission to consider the Island as his own kingdom absolutely. For some years Cleopatra and her eldest son governed Egypt in harmony, but the above-mentioned writers and Josephus (*Antiq.* xiii. 10, 2, 4) tell us that they eventually quarrelled seriously over the policy which was to be followed in respect of the Jews. Cleopatra had made two Jews called Chelcias and Ananias commanders in the army of Egypt, and she took no action in military matters without consulting them, and it was not likely therefore that she would support her son's attempt to send help to Antiochus Cyzicenus, who was at that time engaged in fighting the Jews in Syria. Chelcias and Ananias were the sons of Onias, "who built the "temple in the prefecture of Heliopolis, like that at

Ptolemy X. performing a ceremony in connexion with drawing the Ḥennu Boat of the god Seker round the Sanctuary.

"Jerusalem," and were supported by a rich and powerful party, which, naturally, took the part of the queen against her son. The breach between the co-regents widened, and at length Cleopatra succeeded in persuading the Alexandrians that her life was in danger through a conspiracy on the part of her son, and Ptolemy X. had to leave Egypt and take up his abode in Cyprus. Cleopatra then summoned her younger son, Ptolemy XI., to Egypt and appointed him co-regent, whereupon Ptolemy X. made himself master of Cyprus, and succeeded in maintaining a firm hold upon the Island for many years, in spite of his mother's attempts to dethrone him.

Whilst Ptolemy X. was in Cyprus the inhabitants of the city of Ptolemaïs sent and asked him to help them against Alexander Iannaeus, the king of the Jews, who was besieging them with a large army; it was useless to appeal either to Antiochus Philometor or to Antiochus Cyzicenus, for each was fighting the other for the crown of Syria. Ptolemy, being persuaded that he would be helped by the people of Gaza and by Zoilus, who was master of Strato's Tower and Dora, got his fleet ready, and sailed for Syria, where he landed his army 30,000 strong at Sycamine. Meanwhile, however, the people of Ptolemaïs had been induced by one Demetrius to change their opinions, and they would have nothing to do with Ptolemy. But notwithstanding this Alexander Iannaeus raised the siege and withdrew his army, and set to work to destroy Ptolemy's army by fraud, as he could not do it by force. He wrote to Cleopatra secretly and invited her to march against her son, but at the same time he induced Ptolemy by a promise of 400 talents of silver to drive away Zoilus and to give his territory to the Jews. At length, however, the double-dealing of Iannaeus became known to Ptolemy, and he straightway attacked him, and besieged Ptolemaïs, and set out to lay waste Judea. Iannaeus collected an army of 50,000 or 80,000 men, and went to meet Ptolemy with them. Ptolemy first took Asochis, a city of

Ptolemy X. and his wife Cleopatra making offerings to the god Horus.

Galilee, and captured 10,000 slaves and much spoil, and then attacked Sepphoris, but lost many men in the attack. The armies of Ptolemy and Iannaeus next fought a pitched battle at Saphoth, near the Jordan, (B.C. 103); the soldiers on both sides fought with great bravery, but at length the Jews yielded and fled, and they were pursued and killed until the arms of their pursuers were wearied and their iron weapons blunted. Some say that Iannaeus lost 30,000 killed, and others 50,000, but in any case the slaughter was great. Ptolemy then laid waste the country and took Ptolemaïs, and Josephus says (*Antiq.* xiii. 12) that when he came to villages filled with women and children he had them strangled, and cut up in pieces, and boiled, and devoured as sacrifices, so that the people might imagine that his soldiers were cannibals and be the more afraid of them. This is probably an utterly mendacious statement.

At this juncture Cleopatra became afraid lest her son should invade Egypt, and she therefore sent an army to besiege Ptolemaïs. Meanwhile Ptolemy made an attack on Egypt, but failed, and so retreated first to Gaza and finally to Cyprus. The troubles in Syria were, however, not at an end, and Cleopatra and her son Ptolemy X. still found themselves at variance, the former supporting Antiochus Grypus, who had married the Egyptian princess Tryphaena, and the latter aiding Antiochus Cyzicenus.

About B.C. 101 Cleopatra was murdered by her son Ptolemy XI., whom, it is said, she was planning to kill. Soon after this murder a great riot or rebellion broke out in Alexandria for some unknown cause, and the matricide was obliged to fly with his wife and daughter first to Lycia and secondly to Cyprus, but he was pursued by troops from Egypt, and was either killed in a fight by land or sea, or murdered by Chaereas (B.C. 88). As soon as the death of Ptolemy XI. became known the Alexandrians recalled Ptolemy X. from Cyprus, where he had reigned in comparative peace from 107 to 89 (or 88), or for a period of about eighteen years. His reign as sole king of Egypt lasted for seven and a half years, i.e., until B.C. 81, and during this period the only serious disturbance which took place was in connexion with the revolt of the Thebaïd. The causes which brought about this revolt are unknown, but the rising, no doubt, took place in connexion with the growing power of the Nubian kingdom, of which two of the kings, Ȧrq-Ȧmen and Ȧtchakhar-Ȧmen, had styled themselves kings of the South and North, and had applied to themselves the titles which at that time belonged to the Ptolemies alone. Preparations seem to have been made for the rebellion some time before it took place, for the city of Thebes resisted the forces of Ptolemy X. for two whole years, and it was not until the third year of the revolt that it was put down. When the city fell it seems to have been given over to pillage and destruction, and its people were well nigh blotted off the earth; the temples were, of course, pillaged, and it seems that Ptolemy's troops took vengeance of a most terrible character upon them. To all intents and purposes the city as such ceased to exist.

About one year after Ptolemy returned from Cyprus to rule Egypt Lucullus was sent, or at all events came, to the country with the view of obtaining the help of the Egyptian fleet, but although he was received by the king with great respect and ceremony he did not succeed in persuading him to take any part in the Mithradatic war (Plutarch, *Lucullus*, § 2 and 3). Ptolemy remained on terms of friendship with the Athenians, who, according to Pausanias (i. 9), set up bronze statues of himself and his daughter Berenice as a mark of their appreciation of the kindnesses which he had shown them.

The descriptions of the character of Ptolemy X. given by ancient writers do not agree; some regard his life and acts as good when compared with those of his mother and brother, whilst others consider that theirs have been considerably misrepresented and blackened in order that his may appear in a more favourable light. It is quite clear that he was not one of the worst of the Ptolemies, and if we were to judge only by his temple-buildings in Egypt, it would be difficult not to describe him as a good and gracious king.

The building operations undertaken by him were limited to Upper Egypt. At the temple of Denderah,[1] which was dedicated to the goddess Hathor, his name appears in connexion with some of the crypts; at

[1] The Arab name Denderah, like the Coptic **ⲦⲈⲚⲦⲰⲢⲈ**, is derived from the old Egyptian name 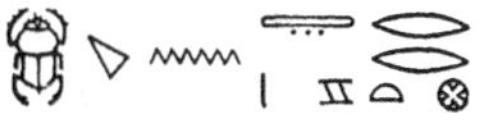, or 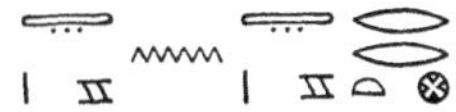 TA-EN-TA-RERT.

Madamût, near Thebes, he made some additions to the temple, wherein, among other deities, the goddess Åpet was worshipped; at Medînet Habu he restored the temple and a pylon built by Tirhâḳâh, a Nubian king of the XXVth Dynasty, and added inscriptions thereto;[1] he restored and added new inscriptions to the rock temple built by Ptolemy IX. at El-Kâb; and

The Temple at Denderah.
From a photograph by A. Beato, Luxor.

at Edfû he carried out works on a large scale. On the reliefs on the walls here we see him, accompanied by the "queen, the lady of the two lands, Cleopatra," 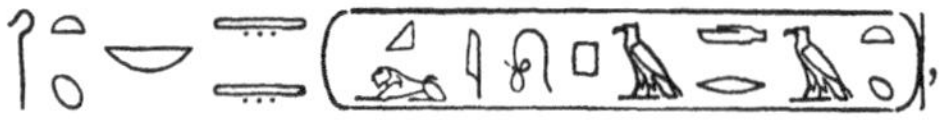, making offerings to Horus of Beḥuṭet, to Horus, the great one on

[1] See Lepsius, *Denkmäler*, iv. pl. 40.

his pedestal, to Khensu, and to the lioness-headed goddess Seqebet, 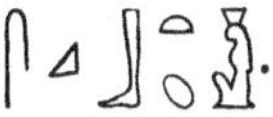. On the first pylon of the temple of Isis at Philae is a relief in which the king is seen to be making an offering to the goddess Isis of a field, 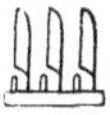, i.e., an estate for the endowment of the temple, and he is there accompanied by Cleopatra

Part of the outside wall of the Temple of Denderah.
From a photograph by A. Beato, Luxor.

his mother and Cleopatra his wife. At Kalâbshah figures of the king appear in the reliefs of a small temple, which he appears to have built, near the great temple, and a number of broken, inscribed slabs lying in several places prove that his repairs on the large temple were not inconsiderable. At the Oasis of

Khârga are the remains of a small temple, now known as Ḳaṣr al-Gehda,[1] which was built by Ptolemy III., but on the fragments of the walls which remain may still be seen the cartouches of Ptolemy IV. and of Ptolemy X. The repairs and additions made to the temples mentioned above were probably all carried out during the period of Ptolemy Xth's joint rule with his mother Cleopatra, i.e., between B.C. 117 and 106, for it is most unlikely that after his return to Egypt in 88 he would carry out such works in Upper Egypt, especially as he was for more than two years engaged in crushing a rebellion at Thebes.

12.

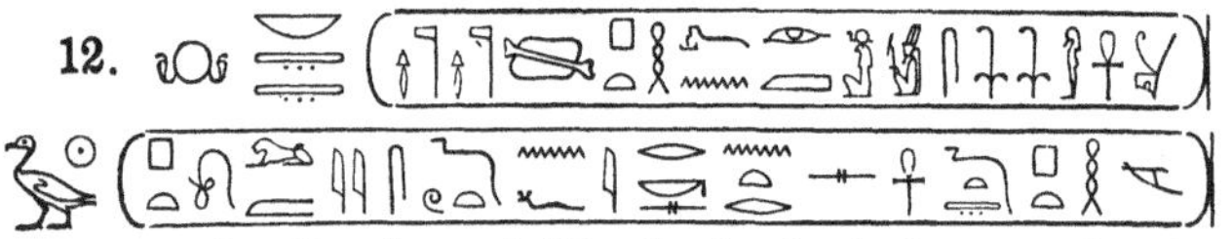

King of the South and North, lord of the two lands, NETERUI-MENKHUI-ĀĀ-PTAḤ-SETEP-EN-ÅRI-MAĀT-RĀ-ÅMEN-SENEN-ĀNKH-EN,[2] son of the Sun, PTUALMIS-TCHETU-NEF-ÅRK-SENTERES-ĀNKH-TCHETTA-PTAḤ-MERI.[3]

PTOLEMY XI., surnamed ALEXANDER I., was the younger son of Ptolemy IX., Euergetes II., by his wife

[1] See Ball, *Kharga Oasis*, p. 68.

[2] I.e., "Of the two well-doing gods the heir, chosen one of Ptaḥ, doer of the law of Rā, living image of Åmen."

[3] I.e., "Ptolemy, who is called Alexander, living for ever, beloved of Ptaḥ."

Cleopatra. After his father's death his mother wished to associate him with her in the rule of the kingdom, but the Alexandrians would not allow her to carry out her plan, and she was obliged to make his brother Ptolemy X. co-regent. Ptolemy XI. was sent to Cyprus in 117, and in 114 he began to call himself king of Cyprus, presumably with the consent and approval of his mother. About B.C. 106 his brother, having been accused of plotting against his mother's life, had to flee from Egypt, whereupon Ptolemy XI. was promptly recalled, and made co-regent in his brother's stead. About this time he adopted a Horus name and titles in which he incorporated the names of the gods Ptaḥ and Apis,[1] and styled himself the "pacifier of the heart of the two lands,"[2] and the "great-hearted one."[3] In 103 his brother overran Judea, and Cleopatra, fearing that he would invade Egypt, placed Ptolemy XI. in command of the Egyptian fleet and ordered him to go and attack Phoenicia by sea, whilst she despatched an army against her eldest son to overthrow him by land. The queen must have been anxious about the result of her expedition, for she took care to despatch "the "greater part of her riches,[4] her grandchildren, and her

1 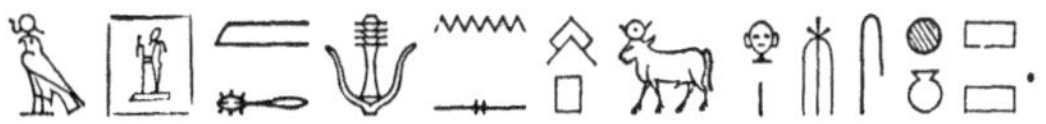

2 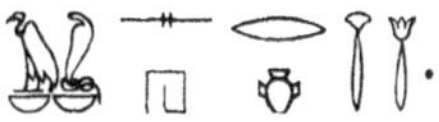

3 

4 Josephus, *Antiquities*, xiii. 13, § 1.

"testament to the people of Cos" before she set out on it. A year or two later dissension broke out between Cleopatra and Ptolemy XI., as formerly it had broken out between her and his elder brother, and he thought it wise to leave Egypt; Cleopatra being, it seems, afraid that her two sons would join forces and depose her, sent to her younger son a messenger, who succeeded in inducing him to return to Egypt. The relations between mother and son did not improve on his return, and it is said that Ptolemy XI. was afraid of being put to death by his mother, and therefore planned and caused to be carried out her murder, which took place about B.C. 101. It appears that the news of the murder of Cleopatra did not become generally known for some time, but when it was ascertained by the Alexandrians that the queen was really dead and that the younger son and his wife were ruling in her stead there was great discontent among them. Cleopatra was, it is true, an unscrupulous and a masterful woman, but she possessed at the same time great ability, and was popular with the army, and at length the soldiery, voicing the general dissatisfaction of the people, declared that they would not have Ptolemy XI. as king, and he had to fly from Alexandria. After an unsuccessful attempt to regain his position in Egypt by force, the troops which he had raised for the purpose were defeated in a fight at sea, and he himself was obliged to fly to Lycia. When his brother was recalled from Cyprus to rule over Egypt, Ptolemy

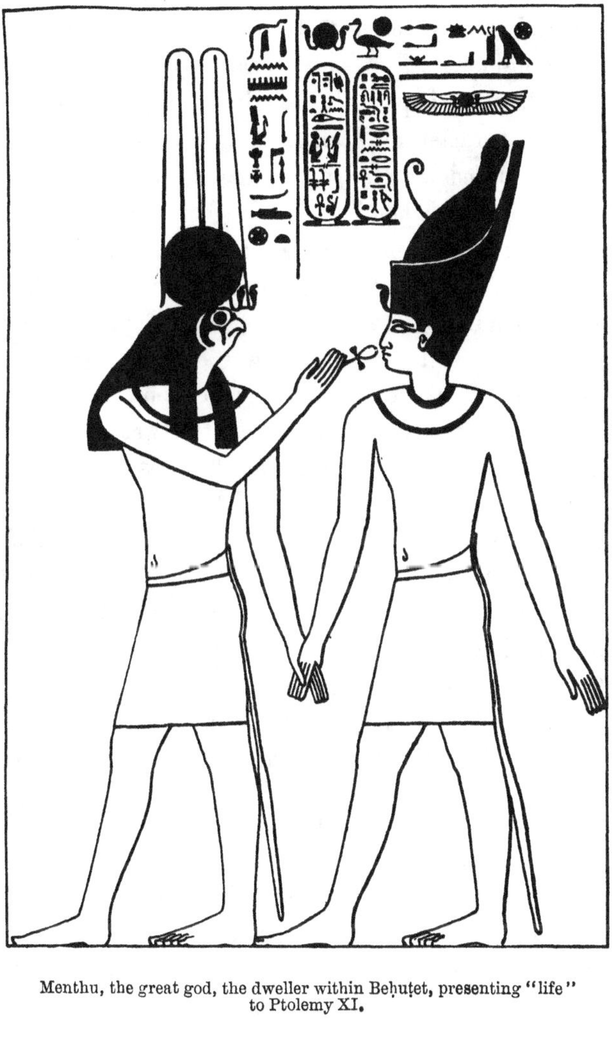

Menthu, the great god, the dweller within Beḥuṭet, presenting "life" to Ptolemy XI.

XI. tried to invade the Island with a number of fresh troops, but they were defeated and he was either killed in the fight at sea or put to death by Chaereas, about B.C. 89. It is impossible to arrive at any just estimate of the character of Ptolemy XI. because we have no exact knowledge of the part which he took in the rule of the kingdom when he was co-regent with his mother, and because ancient writers have not furnished any account of his acts when he was sole king. It is, however, tolerably certain that he played a subordinate part as co-regent, and that he was obliged to concur in the policy of his mother, whether he approved or not; all that can be said of him is that if he was less wicked than his predecessors he certainly did less good.

The building operations which were carried out by him were practically limited to the temple of Edfû, where he completed one of the courts and added reliefs to it, and built a portion of the great girdle wall which measured 240 cubits, by 90 cubits, by 20 cubits, by 5 cubits at the foundations, i.e., the wall measured about 410 feet by 85 feet, by 31 feet, and it was about 6 feet thick at the foundations. In the reliefs we see the god Menthu, 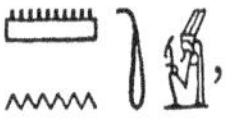, hawk-headed, touching the lips of the king with the symbol of life, and Thoth bearing a tablet for him; elsewhere he kneels before Rā-Harmachis and Isis, whilst Nekhebet and Uatchet bring him the crowns of the South and North respectively, and the goddess Sesheta, , decrees for him countless festival periods.[1] When we consider the large number of the years of the co-regency of Ptolemy XI. it is remarkable that his architectural works are so few. It is, of course, possible that a number of buildings carried out for him have been destroyed, but it is unlikely, especially when we remember how much of the work of Ptolemy XIII. has been preserved. We can therefore only conclude that, for some reason or other, the works on the temples, which usually went on almost automatically under the Ptolemies in Upper Egypt, were suspended at Philae and other sacred sites during the reign of Ptolemy XI.

During the reign of Ptolemy XI., Ptolemy Apion, the natural son of Ptolemy IX., surnamed Physcon, died, and bequeathed the kingdom of Cyrene, to which his father had appointed him, to the Romans. His death is said to have taken place about B.C. 97. As far as can be seen the successors of his father allowed their right to the country to lapse, and the Romans took no steps to profit by the generosity of the Egyptian prince.

The next occupant of the throne of Egypt was PTOLEMY XII., who was surnamed ALEXANDER II.; he was born about 105, and was the son of Ptolemy XI. Alexander I. by an unknown mother. When quite a child, i.e., between 103 and 101, he was sent away from Alexandria to the Island of Cos by his grandmother Cleopatra III., who feared an attack on Egypt by her son Ptolemy X.; with the child she sent most of her

[1] See Lepsius, *Denkmäler*, iv. pl. 45.

treasure, thinking that Cos would be a safer place for both than Egypt. Here the boy remained until about B.C. 88, and when the island was captured by Mithradates the Great he became the prisoner of that famous man, who treated him honourably and kindly. Shortly afterwards, he managed to make his escape from Mithradates, and fled to Sulla for protection, and he lived in Rome with him until the death of Ptolemy X. Lathyrus. As soon as this event took place Cleopatra-Berenice III., the daughter of Ptolemy X., who is known as "Queen, lady of the two lands, princess, great of favour," 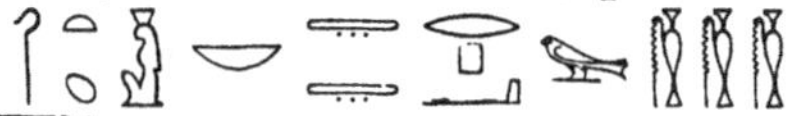 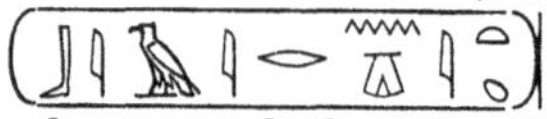, began to rule the country as sole monarch, but the Alexandrians were dissatisfied at this state of affairs, and it is said that an influential party among them sent representations to Rome and asked that Ptolemy XII. Alexander II. might be sent to rule over them. Meanwhile Ptolemy XII. had made himself a great favourite with Sulla, and as soon as the request was made it was granted, but in order to soothe the feelings of Cleopatra-Berenice III. an arrangement was made whereby the new king was to marry his stepmother. When Ptolemy XII. arrived in Egypt he did what was expected of him, and married his stepmother; but when the king and his wife had reigned jointly for nineteen days the queen was murdered by her husband, and the soldiers were so greatly enraged at this cruel act that they rose up against Ptolemy XII., and, having dragged him through the town, they put him to death without mercy.

With the death of Ptolemy XII. the legitimate line of the Ptolemies came to an end. Certain ancient writers[1] have preserved a tradition to the effect that an Alexander, who was king of Egypt, bequeathed by will his country and its possessions to Rome, but modern historians are divided in their opinions as to which Alexander is the testator referred to, some believing him to be Ptolemy XI. Alexander I., and others Ptolemy XII. Alexander II. The eminent authority Strack[2] is evidently in favour of regarding Ptolemy XII. Alexander II. as the testator, and until proof to the contrary is forthcoming this view must be accepted. After the murder of Ptolemy by the Alexandrian soldiery the Romans made no attempt to enter into the inheritance of the kingdom of Egypt, which is said to have been left to them, probably because they were uncertain as to the validity of the testament, and because they felt that Egypt must fall into their hands at no distant date. Meanwhile the shameful murder of Cleopatra-Berenice III. by Ptolemy XII., and the murder of himself by the soldiery had put an end to all legitimate claimants to the throne of Egypt, and the next successor to the kingdom was Ptolemy XIII., who is commonly known as Auletes.

[1] See Clinton, *Fasti Hellenici*, vol. iii. p. 392

[2] *Op. cit.*, p. 64.

13. 
, King of the South and North, lord of the two lands, P-NETER-ENTI-ĀĀ-EN-NEḤEM-PTAḤ-SETEP-EN-ÅRI-MAĀT-EN-RĀ-ÅMEN-SEKHEM-ĀNKH,[1] son of the Sun, lord of crowns, PTUALMIS-ĀNKH-TCHETTA-PTAḤ-ÅST-MERI.[2]

PTOLEMY XIII., who was surnamed PHILOPATOR PHILADELPHUS, and called himself NEOS DIONYSOS, and was nicknamed by the people AULETES or the "piper," was a natural son of Ptolemy X. His claims to the throne of Egypt, like those of his brother[3] Ptolemy, who was also a natural son of Ptolemy X., were considered unimportant as long as a legitimate heir could be found, but after the murder of Ptolemy XII. a sufficiently powerful party formed itself at Alexandria, and succeeded in causing the people generally to acknowledge Ptolemy XIII. as king. He was born about 95, he became king of Egypt in 80, and died in 51. He married two wives, the first being his sister (?) Cleopatra V., surnamed Tryphaena, who is described in the hieroglyphic inscriptions as "lady of the two lands," 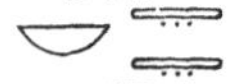
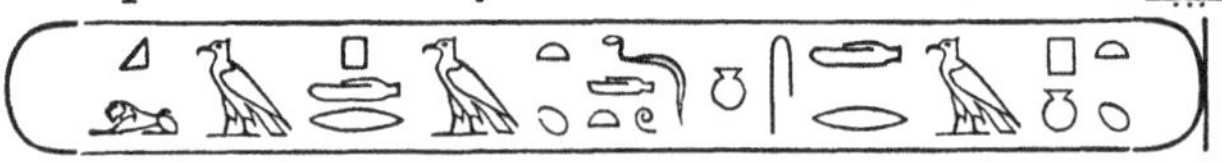,

[1] I.e., "Heir of the god who delivereth, the chosen one of Ptaḥ, performer of the Law of Rā, living image of Åmen."

[2] I.e., "Ptolemy, living for ever, beloved of Ptaḥ and Isis."

[3] He was made king of Cyprus in 80, and died in 58.

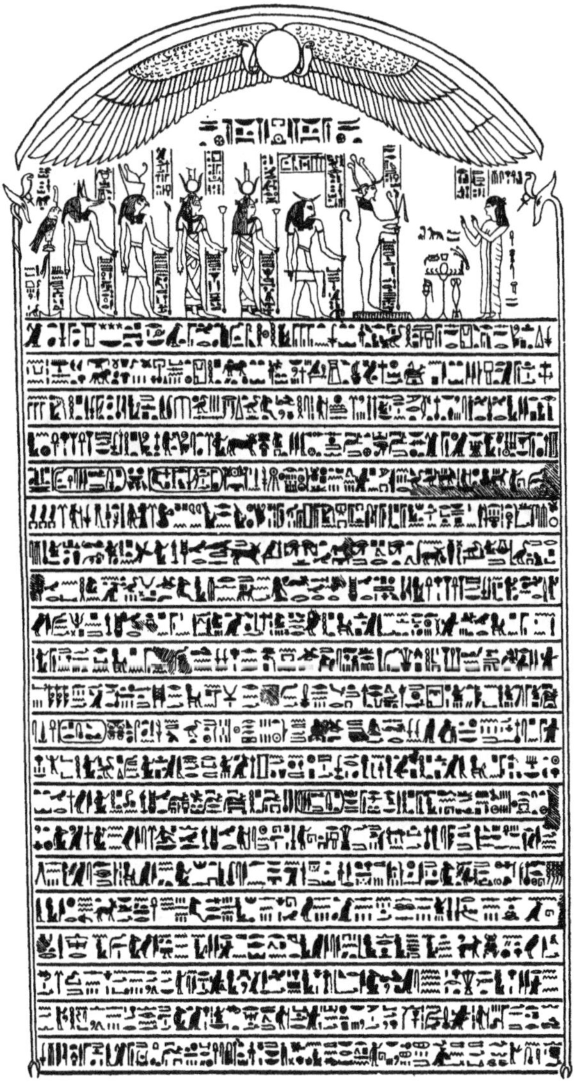

Sepulchral stele of the lady Th-I-em-ḥetep, the sister and wife of Pi-shere-en-Ptaḥ, and high priestess of Memphis, who flourished in the reign of Ptolemy XIII. Philapator III. Philadelphus II. Neos Dionysos. The deceased is seen adoring Seker-Osiris, Apis-Osiris, Isis, Nephthys, Ḥeru-netch-tef-f, Anubis, etc.

and the second being a lady of unknown name and antecedents. He appears to have married Cleopatra V. Tryphaena in 78, and she probably died about 69 or 68; by her he had two daughters, namely, Cleopatra VI. Tryphaena, and Berenice IV. By his second wife he had four children, namely, Arsinoë IV., who was born between 68 and 65, and was murdered in 41; Ptolemy XIV., who was born in 61 and who married his sister Cleopatra VII.; Ptolemy XV., who was born two years later, and who also married his sister Cleopatra VII.; and Cleopatra VII., who was born in 69, and who married her two brothers Ptolemy XIV. and Ptolemy XV. in 51 and 47 respectively, and who also was the mistress of Julius Caesar and of Mark Antony.[1]

As soon as Ptolemy XIII. ascended the throne he took steps to put himself in a favourable light before the Roman Senate in order to secure the recognition, if not confirmation, of his position by that body; but the matter was a difficult one, for the Romans appear to have regarded Egypt as a country which they could claim when they pleased, and they were in no hurry to ratify the appointment of a king who had been placed upon the throne by the soldiery of Alexandria. In 59 he succeeded in gaining recognition from Julius Caesar. According to Dion Cassius

HUNNU-NEFER, the Horus name of Ptolemy XIII.

[1] Strack, *Dynastie der Ptolemäer*, pp. 69 and 70.

(xxxix. 12), he gave large bribes to various Romans in power, but in order to obtain money for this purpose he was obliged to resort to violence, and to compel the Egyptians to pay additional taxes. This caused him to be hated in his own country, and he had many enemies in Rome because he would not yield up Cyprus to the Romans. At length the strife between the king and his people became so serious that he fled to Rome (B.C. 58), where he told the Senate that he had been expelled from his country. Meanwhile the Alexandrians thought he was dead, and as his queen Cleopatra V. Tryphaena died during his absence, they made his daughter Berenice IV. their queen, and when they learned the truth they sent one hundred envoys to Rome to represent their case, and to tell the Senate how cruel and unjust their king had been to them.

When Ptolemy heard of the coming of the envoys, he plotted their destruction, and caused numbers of the deputies to be killed on the road, and many to be assassinated in Rome itself, and he so terrified the remainder that they did not carry out the object of their mission. The report of what Ptolemy had done became noised abroad, however, and a party in the Senate, headed by M. Favonius, tried to bring the guilty agents to justice, but Ptolemy bribed right and left, and though a great outcry was made the number of people condemned was very small. Ptolemy had been received into the house of Pompey, and was greatly helped thereby. When he first arrived in

Rome he was fortunate enough to gain the support of Cicero, and it was chiefly through the speech which the famous orator made on his behalf that the Senate passed a decree ordering his restoration, which was to be carried out by P. L. Spinther, governor of Cilicia. But when the murders of the envoys became known, the Romans consulted the Sibylline Books as to the course which they should follow, and the answer they gave was to the effect that friendship was not to be denied to the king of Egypt if he asked for it, but they were not to give him troops to help him, otherwise they would have to endure fatigues and dangers.[1] On this the Romans became divided in their opinions, and some wanted Spinther to take Ptolemy back without an army, and others to send him back with two lictors, under the charge of Pompey, which the king himself had asked for as soon as he learned what the Sibylline Books had answered. To neither of these propositions did the Senate agree, and at length Ptolemy left Rome and went to Ephesus, where he lived in the temple of Diana. Now whilst he was in Rome his daughter Berenice had been made queen in the room of her mother, and the Alexandrians had obtained for her two husbands (B.C. 56), the first being Seleucus Kybiosaktes, and the second Archelaus, the son of the general of Mithradates. Berenice sent away Seleucus after a very

[1] *Ἂν ὁ τῆς Αἰγύπτου βασιλεὺς βοηθείας τινὸς δεόμενος ἔλθῃ, τὴν μὲν φιλίαν οἱ μὴ ἀπαρνήσασθε, μὴ μέντοι καὶ πλήθει τινὶ ἐπικουρήσητε. Εἰ δὲ μὴ, καὶ πόνους και κινδύνους ἕξετε.* (Dion Cassius, xxxix. 15.)

few days, but she approved of Archelaus and reigned with him for a few months.

About this time Ptolemy XIII. made friends with A. Gabinius, the governor of Syria, and being supported by the warm recommendations of Pompey, succeeded in obtaining his help. Pompey, in spite of the decree of the Senate, and of the words of the Sibylline Books, wrote and told Gabinius to reinstate Ptolemy in Egypt, whereupon Gabinius set aside his projected expedition against the Parthians, and began to march upon Egypt (Dion Cassius, xxxix. 57 ff.). Gabinius reached Pelusium without difficulty, and soon after defeated the Egyptians of the Delta in two battles on land and one at sea. In due course the soldiery of Alexandria was beaten, and Archelaus, the husband of Berenice, was slain; Gabinius thus became conqueror of Egypt, and he used his right of conquest to restore Ptolemy XIII. to the throne. Service of this sort had to be heavily paid for, and it is said that Gabinius was rewarded for his help and friendship with a gift of 6000 or 10,000 talents. The restoration of Ptolemy XIII. took place early in 55, and the first use he made of his power was to slay his daughter Berenice and a considerable number of the wealthiest citizens of Alexandria, partly to gratify his lust for revenge, and partly to obtain money wherewith to reward Gabinius and others who had helped him. He lived for about three and a half years after his restoration, and during this period riots were of frequent occurrence in the country; they were, however, promptly put down by the Roman soldiers, and Ptolemy XIII. was able to live, comparatively, in peace.

The character given to this king by ancient writers is a very bad one, and there seems to be no doubt that, as Strabo says (xvii. 1. § 11), he was one of the three worst of the Ptolemies. He was addicted to every kind of vice and debauchery, and in fits of drunken passion he seems to have perpetrated some terrible crimes. He is said to have called himself Neos Dionysos as an excuse for his drunkenness, and the people nick-named him "Auletes" or "Piper," on account of his love for playing upon the flute. He must have been a skilled performer on the instrument, for at the concerts which he established he competed with professionals for the prize; actions of this kind may have been very entertaining to the spectators, but they hardly contributed to the maintenance of the dignity of the occupant of the throne of the Pharaohs of old. He can be best described as a clumsy prototype of Nero.

During the reign of Ptolemy XIII. the repair and decoration of several temples was carried out. At Denderah he was connected with the ornamentation of some of the crypts, and the bas-reliefs and sculptures which belong to his reign are of considerable interest; at Coptos he dedicated a large black basalt altar to the god of the city, Åmsu, or Min, and his name was found upon a number of blocks[1] there in the temple,

[1] See Petrie, *Coptos*, p. 22.

for which his ancestor, Ptolemy II., had done so much. His name is found on the walls of the temple at Karnak, and on those of the temple of Madamût, and also on the remains of the temple of Ȧpet, built by Ptolemy IX. and Ptolemy X. An inscription on the pylon and colonnade of the fore-court of the temple at Edfû relates that the copper-plated doors were hung on the first day of the fourth month of the season Shat, in the 25th year of the reign of Ptolemy XIII., and of his wife Cleopatra V. Tryphaena, i.e., B.C. 57. This inscription is of very great interest, for it shows that, as has been said before, the work on the temples went on almost automatically, and almost without reference to the king. At the time when this inscription was cut Ptolemy XIII. was in Rome, whither he had been obliged to fly from the fury of the Alexandrians,[1] and he therefore knew nothing about the erection of the doors, and was certainly not present at the dedication ceremony, if one was performed. On one of the pylons are scenes in which the king is seen slaying his foes in the presence of Horus of Beḥuṭet and Hathor, and hauling with chains into position two pillars and two obelisks.

At Kôm Ombo the king added a "hypostyle

[1] "Having thus conciliated popular favour, he endeavoured, "through his interest with some of the tribunes, to get Egypt "assigned to him as a province, by an act of the people. The "pretext . . . was, that the Alexandrians had violently expelled "their king, whom the Senate had complimented with the title of "ally and friend of the Roman people." Suetonius, *Caesar*, xi.

pronaos," wherein was a number of columns about 6½ feet in diameter; as the name of Cleopatra V. Tryphaena occurs often in the inscription it is clear that this portion of the temple must have been built before her death, which took place

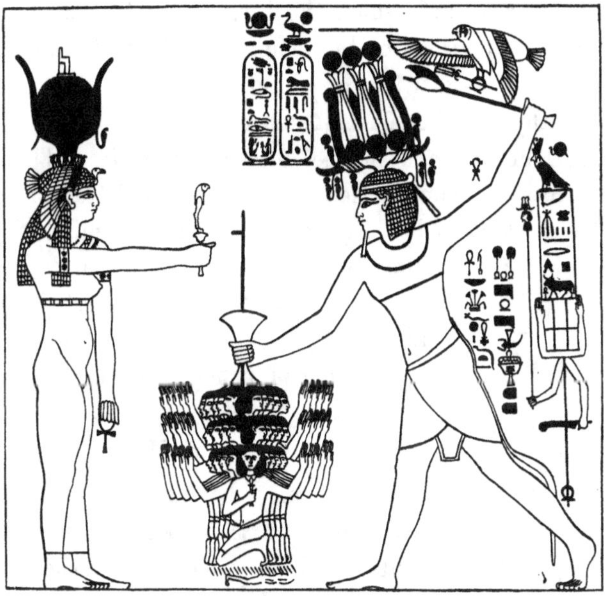

Ptolemy XIII. Auletes slaying his foes in the presence of Isis, who holds in her right hand a papyrus sceptre surmounted by a figure of Horus.

B.C. 69. In the bas-reliefs here the king is seen offering a bow and two arrows to the goddess Sepṭ, [hieroglyphs],[1] while the local gods Ḥeru-ur (Aroëris), and

[1] See Lepsius, *Denkmäler*, iv. (Ptolemy XIII.).

Nekhebet-Uatchet, who is represented by a snake-headed vulture, and Ḥorus-Sept, , and Thet-sen-nefer, , and Pe-neb-taui, , promise in the text to give him sovereignty and the gifts which are usually given to kings by the gods. In the bas-reliefs which the king added to the pylon and other portions of the temple of Isis at Philae he stands in an attitude of adoration before Osiris, Isis, Nephthys, Hathor, Ḥeru-netch-tef-f, Horus of Beḥuṭet, and Khnemu, and in one large scene he is clubbing his foes in the presence of Isis, Horus, and Hathor in the most orthodox Egyptian manner. Behind the king is one of his Horus names inscribed on a standard supported by his *ka*, , or double, and resting upon a pair of hands and arms, in one of which he holds a sceptre and in the other the feather of Maāt, . His club is furnished with a semi-circular axe-head, and the goddess Isis presents to him a small hawk-headed figure mounted upon a papyrus sceptre. Some of the figures which appear on the walls at Philae in honour of Ptolemy XIII. were sculptured over inscriptions that date from the reign of Ptolemy V. Epiphanes; the priests who permitted such an act of vandalism must have been very jealous for the honour

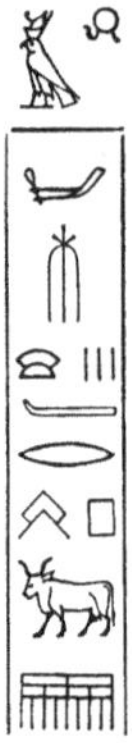

TCHESER-MES-KHĀU-ḤE[T]ER-ḤĀP, a Horus name of Ptolemy XIII.

of their king! The cartouches of Ptolemy XIII. have been found at several places in the neighbourhood, but there is no evidence that his representatives did anything to any temple except add bas-reliefs in which figures of himself and his cartouches were the most prominent characteristics.

When he died (B.C. 51) he left his kingdom by will to his daughter Cleopatra VII., and to his elder son PTOLEMY XIV., surnamed Dionysos, who was to marry his sister; three years later (B.C. 48) a violent dispute broke out between the brother and sister, who had reigned jointly until that time, and Cleopatra was obliged to leave Egypt. In 47 Caesar sent troops to support her claims, and as a result her brother's forces were defeated with great slaughter. Ptolemy XIV. was accidentally drowned in crossing a river whilst trying to escape. The same year Cleopatra married her second brother, who was at that time a boy of about eleven years of age; he reigned jointly with her as PTOLEMY XV. for about two years, when he was murdered by Cleopatra, who wished to make way for her son PTOLEMY XVI., who was surnamed CAESAR, and who is also known as CAESARION. The details of these events, which are only briefly noticed in this paragraph, are described more fully in the following chapter.

CHAPTER II.

CLEOPATRA VII. AND PTOLEMY XVI. CAESAR.

14. 
 Queen, lady of the two lands, QLÅUAPAṬRAT, divine daughter, her father loving.

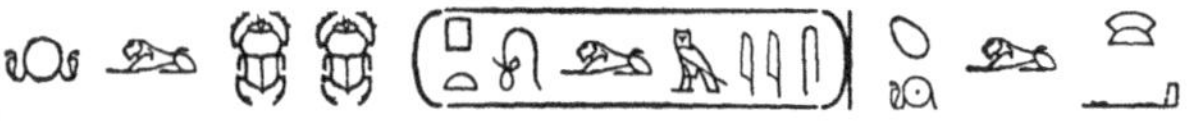
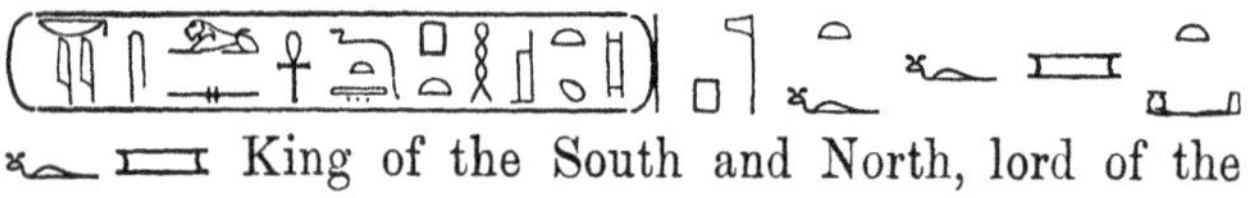 King of the South and North, lord of the two lands, PTUALMIS, son of the Sun, lord of risings, KISERES-(CAESAR)-ānkh-tchetta-Ptaḥ-Ȧst-meri, the god his father loving, his mother loving.

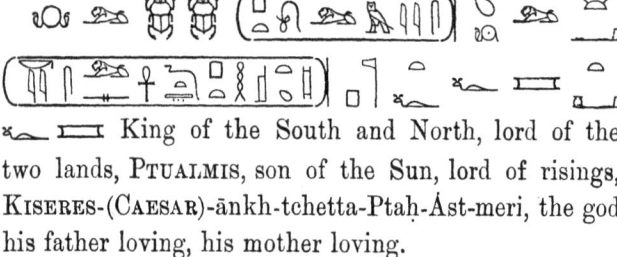

CLEOPATRA VII. TRYPHAENA was the daughter of Ptolemy XIII. Auletes, by a woman whose name and antecedents are unknown; she was born in the winter of 69. Sometime before her father died he made a will to the effect that the elder of his two sons and the elder of his two daughters were to be his heirs, and for the more effectual performance of his intention in the same will he conjured the Roman people by all the gods, and by the league which he had entered into at Rome, to see his will executed. One of the copies of his will was conveyed to Rome by his ambassadors to be deposited in the treasury, but since the public troubles prevented this, it was lodged with Pompey; another was left sealed up and kept at Alexandria.[1] Thus at the age of seventeen Cleopatra became co-regent with her brother Ptolemy XIV., whom she married, and she seems at once to have followed the example of the great Ptolemaïc queens, and to have made herself virtually sole monarch of Egypt.

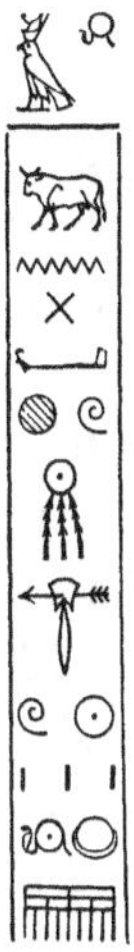

KA-NEKHT-KHU-ṬATU RĀ ĀĀḤ, the Horus name of Ptolemy XVI.

As she began, so she went on, for although she always had a man associated with her nominally in the rule of the country, his views were only allowed to assume a practical form when they agreed with hers, and she was the real master of the country. On account of the youth of Ptolemy XIV., who was eight years younger than his sister, he had been placed under the care of Achillas, who was to educate him, and of the eunuch Pothinus, who had charge of his financial affairs.[2] When the brother and

[1] Caesar, *De Bello Civili*, iii. chap. 108.
[2] Appian, *B. C.* ii. 84.

sister had reigned jointly for two or three years, a dispute broke out, it is said, between Cleopatra and the eunuch Pothinus; Ptolemy XIV. supported his chancellor against his sister, and in the end Cleopatra had to fly from Egypt. She went to Syria, where she seems to have had friends, and in a very short time she collected an army, at the head of which she intended to march to Egypt in order to bring her brother to reason. The ease with which the Ptolemaïc queens and princesses raised armies suggests that they always had a large supply of ready money at hand.

Meanwhile Ptolemy XIV. gathered together a large army, and pitched his camp near Mount Casius on the Egyptian border, where he waited for his sister to attack him. He had in his army a large number of Pompey's soldiers[1] whom Gabinius had brought over from Syria to Egypt, and left in Alexandria as a guard for the young king's father, and it was, no doubt, owing to the presence of these that Ptolemy XIII. enjoyed comparative peace in his capital during the last three and a half years of his reign. Whilst Ptolemy XIV. was encamped here Pompey, having been defeated at the Battle of Pharsalia, decided to fly with his wife Cornelia to Egypt for help, for its "sovereigns, although children, were "allied to Pompey by their father's friendship."[2] He sailed for Pelusium[3] with 2000 armed men, and sent

[1] Caesar, *De Bello Civili*, iii. 103. [2] Appian, *B. C.* ii. 83.
[3] Dion Cassius, xlii. 3.

before him messengers asking Ptolemy XIV. to allow him to take refuge in Alexandria. The messengers were interviewed by the king's ministers, who sent back to Pompey an invitation to come to Egypt, but meanwhile hatched a plot to kill him on his arrival. Achillas, the king's tutor, and Lucius Septimius,[1] who had at one time commanded a company under Pompey, were sent out in a small, mean-looking coast boat to meet Pompey and to bring him to shore, and though wondering that he had not been met with more ceremony, he entered the boat, which was rowed towards the shore. Having addressed the remark, "Do I not know thee, comrade?" to his late officer, Septimius stabbed him, and his companions finished the murder.[2] This foul deed was done on the advice of Theodotus, an orator of Samos, who intended to curry favour thereby. The servants of Pothinus cut off Pompey's head and kept it for Caesar, but when Caesar's soldiers came Pothinus and Achillas were put to death; whether Caesar killed them because they had murdered Pompey or for some private reason is not clear.[3] Theodotus the orator was put to death with torture by Brutus in Asia.

Meanwhile Cleopatra had pitched her camp at no great distance from that of her brother, but the hostile

[1] Appian calls him Sempronius (ii. 85); see Dion Cassius, xlii. 4.

[2] He was murdered before he landed, ἀπέκτειναν αὐτὸν, πρὶν καταπλεῦσαι; Dion Cassius, xlii. 4.

[3] See Caesar, *De Bello Civili*, iii. 112; Appian, *op. cit.*, ii. 90; Plutarch, *Pompey*, 80; and Plutarch, *Caesar*, 49.

armies seem never to have fought a decisive battle, and in the following year she received support from Julius Caesar, who landed in Alexandria with 3200 men. As the fasces were carried before him the Alexandrians thought that he had come to claim the country on behalf of Rome, and stirred up riots for some days successively, in which many of his men were killed. To protect himself he had other legions brought from Asia, and when these arrived he set to work to restore peace in the country, first, because the dispute between Cleopatra and her brother belonged to the jurisdiction of the Roman people, and of him as Consul, and secondly, because a league had been made with Ptolemy, the late king, under sanction both of a law, and a decree of the Senate.[1] There was, of course, another reason, and that a private one, for his interference, viz., Caesar had lent to Ptolemy XIII. some 17,500,000 sesterces; of this large sum he had remitted to the king's sons 7,500,000 sesterces, but he determined to be paid the remaining 10,000,000.[2] When Pothinus knew Caesar's intention, he sent to Pelusium for the army and appointed Achillas commander-in-chief and stirred up revolt generally;[3] in due course the army arrived at Alexandria, and it was found to consist of some 20,000 men, besides a "collection of highwaymen," freebooters, convicts, and runaway slaves, and 2000 cavalry.

[1] Caesar, *op. cit.*, 107. [2] Plutarch, *Caesar*, 48.
[3] Dion Cassius, xlii. 36.

Achillas seized Alexandria, except that part of the city where Caesar was, and straightway fierce fighting took place in the city in many places at the same time; in the end Caesar gained the day and set fire to the twenty-two decked vessels which formed the guard ships of the port, and to the fifty triremes and quinqueremes. Caesar next seized the island of Pharos, because it would give him the power to prevent ships from entering the port, and to obtain men and supplies.[1] About this time, whilst fights were taking place at Alexandria on land and sea, and whilst many buildings were set on fire wilfully, a quantity of wheat and, according to Dion Cassius (xlii. 38) many valuable books[2] were burnt. The course of events was, however, practically determined by Cleopatra herself, for having heard that Caesar was extremely susceptible to the attractions of women, she determined to obtain an interview with him, although according to Plutarch (*Caesar*, 48) it was Caesar who sent for Cleopatra. To carry out her purpose she took Apollodorus, the Sicilian, with her, and entering a small boat she went to the palace in the late evening, and as it was impossible for her to escape notice in any other way, she got into a bed sack and laid herself out at full length, and Apollodorus, tying the sack together with

[1] Caesar, *op. cit.*, 112.

[2] Καὶ τοῦ σίτου καὶ τῶν βίβλων (πλείστον δη καὶ ἀρίστων ὥς φασι) γενομένων καυθῆναι; see also Plutarch, *Caesar*, 49.

a cord, carried her through the doors.[1] Caesar, it is said, was much delighted with the daring nature of the escapade, and listened willingly to the beautiful woman who pleaded her cause "with words that charmed and in a low seductive voice" until dawn; by this time he had become Cleopatra's slave, and thus Caesar, who had attempted in the name of the Roman people to judge righteously between the claims of the brother and sister, became the advocate and partizan of Cleopatra.[2]

As soon as Ptolemy XIV. realized that Caesar was his sister's lover he became furious, and snatching his crown from his head he cried out that he had been betrayed; the Egyptians rose in a body, and attacking Caesar in the place where he was from all sides they all but overcame his troops, and he was, according to Dion Cassius, in such a state of bodily fear that he promised to give them what they wanted. Soon afterwards he called together a public meeting, and having read the will of their father to the four children of Ptolemy XIII., he gave Cyprus to Arsinoë and her brother Ptolemy XV. This, however, did not settle the trouble, for the eunuch Ganymedes took Arsinoë to the Egyptians, who proclaimed her queen, and new disturbances began. At the instigation of

[1] Plutarch, *Caesar*, 49.

[2] Dion Cassius, xlii. 35, *Ἧς γὰρ δικαστὴς πρότερον ἠξιοῦτο εἶναι, τότε ταυτῇ σενεδίκει.*

Ganymedes Achillas was slain,[1] and Ganymedes himself took command of the Egyptian forces; thereupon fierce fights broke out everywhere in the city and on the shore. In one of these Caesar and several of his men fell or were driven into the sea, and he only escaped the infuriated Egyptians by swimming away from the shore; he was wearing his purple cloak and carrying papers when he fell into the sea, but he managed to cast away the cloak, and grasping the papers in his left hand he swam with his right and so saved his life. The Alexandrians captured his cloak and hung it up as a trophy.[2] For some months Caesar was hard pressed, for the reconciliation which he had brought about between brother and sister had broken down, and the young king went over to the party that was opposed to Cleopatra and Caesar. Finally, however, a decisive battle was fought on the banks of the Nile, and Caesar all but annihilated the Egyptians; a few of these made their escape, among them being the king, but he was drowned in crossing an arm of the river.

Caesar spent nine months in this strife, and at the end of it he made a journey up the Nile with Cleopatra, escorted by 400 ships, and they explored the country together.[3] At this time he gave Egypt to Cleopatra,

[1] Dion Cassius, xlii. 39 ff.

[2] Appian, ii. 90.

[3] According to Suetonius (*Caesar*, 51), he would have gone with her in dalliance as far as Ethiopia in her luxurious boat, had not the army refused to follow him.

and made her contract a nominal marriage with her younger brother Ptolemy XV., and thus whilst ostensibly living with her brother-husband and reigning jointly with him, she was actually sole ruler of the country, and was in close and frequent intercourse with Caesar.[1] When Caesar went to Rome he invited her to follow him and she did so, together with her nominal husband and her son by Caesar, who is known as Ptolemy XVI., and was surnamed Caesarion, and is said to have resembled Caesar both in person and in gait. Doubts have been thrown on the paternity of Caesarion, but Mark Antony declared in the Senate that Caesar had acknowledged the child to be his, and that several of Caesar's friends, among them Caius Oppius and Caius Matias, knew that it was so.[2]

Cleopatra stayed with Caesar in Rome until he was murdered, and then she returned to Egypt with her nominal husband and son, and devoted herself to assisting Dolabella with ships and men. About B.C. 41 Mark Antony sent messengers to her, ordering her into his presence that she might give an explanation of her acts in the matter of the war, but many summonses were sent to her before she condescended to obey. When she did at length appear she "sailed up the

[1] The situation is neatly summed up by Dion Cassius (xlii. 44), *῞Ωστε πρόσχημα μὲν, ὡς καὶ τῶ ἀδελφῷ συνοικοῦσα, καὶ τὴν ἀρχὴν ἐπί κοινον ἀυτῷ ἔχουσα, ἐπέκτητο· τὸ δ'ἀληθὲς, μόνη τε ἐβασίλευε, καὶ τῷ Καίσαρι συνδιῃτάτο.*

[2] Suetonius, *Caesar*, 52.

"Cydnus in a vessel with a gilded stern, with purple "sails spread, and rowers working with silver oars to "the sound of the flute in harmony with pipes and "lutes. Cleopatra reclined under an awning spangled "with gold, dressed as Aphrodite is painted, and "youths representing the Cupids in pictures stood on "each side fanning her. In like manner the hand-"somest of her female slaves, in the dress of Nereids "and Graces, were stationed some at the rudders and "others at the ropes. And odours of wondrous kind "from much incense filled the banks."[1] Antony sent and invited her to supper, but she replied that he should come to her, and, wishing to display good nature and kindness, he went, and was astonished at the splendour of the entertainment which she provided for him, and also at the number and combinations of the lights. On the next day Cleopatra went and feasted with him, and he felt that his entertainment was coarse and rustic in the extreme beside hers. She, however, finding that her host's conversation and manner savoured more of the camp than of the palace, adapted her speech readily to his, and as a result, though Antony's wife Fulvia was carrying on a war against Caesar at Rome on behalf of her husband, and the Parthians were about to invade Syria, he allowed himself to be carried off to Alexandria. Whilst there he lived a life of pleasure and luxury with Cleopatra as if he had nothing else in the world to do, and he became

[1] Plutarch, *Life of Antonius*, 26.

her slave so absolutely that Octavianus Caesar was justified in saying of him, "I well believe[1] that he has been bewitched by that accursed woman."

Cleopatra ruled Antony completely, and she never left him either by day or by night. She played at dice with him, and hunted with him, and was a spectator when he was exercising arms, and when he went about at night in the streets laughing and joking with the common people she accompanied him disguised as a slave. The Alexandrians enjoyed his ribald remarks, and abused him as freely as he abused them, but they liked the man, and declared that he put on the tragic mask to the Romans, but the comic mask to them. Antony was completely besotted about Cleopatra, and without raising a single objection he allowed all laws, both human and divine, to be broken by her. At her instigation he caused her sister Arsinoë to be murdered in the temple of Artemis Leucophryne at Magnesia, and at her command were put to death Serapion, prefect of Cyprus, who had assisted Cassius, and a man who pretended to be her brother who was drowned (Ptolemy XIV.), and her brother-husband Ptolemy XV., by one means or another.[2] In short, Antony lost all interest in everything but Cleopatra, and he occupied himself wholly with his love for her;[3] whatsoever Cleopatra ordered was done. At length news reached him that his wife

[1] ἐγὼ πεπίστευκα ὅτι ὑπ' ἐκείνης τῆς καταράτου μεμάγευται. Dion Cassius, l. 26.

[2] Appian, v. 9.

[3] Dion Cassius, xlviii. 24.

Fulvia had been obliged to fly from Rome, and that the Parthians had invaded Syria, and "with difficulty, like a man roused from sleep and a drunken debauch," he set out to oppose the enemy; and being met by letters from Fulvia he sailed for Italy with 200 ships. Fulvia, however, died at Sikyon, and it fell out that a reconciliation took place between Octavianus Caesar and himself, and they divided the empire between them.[1]

Soon afterwards Antony married Caesar's sister Octavia, the widow of Caius Marcellus, for Cleopatra was not regarded as his wife; and Plutarch tells us (§ 31) that he did not admit that he had her as a wife, and that he was still struggling in his judgment on this point against his love for the Egyptian. Antony lived with Octavia for some time, but after grand entertainments given by Octavianus Caesar and himself, he gave his children, both those whom he had by Fulvia and those by Octavia, into the care of Octavian, and sailed for Asia. But "that great evil, the passion for Cleopatra, which had long slept, and appeared to be at rest, and to have been tranquillized by better considerations, blazed forth again and recovered strength as Antony approached Syria, and he sent Fonteius Capito to bring Cleopatra to Syria."[2] On her arrival he gave her Phoenicia, Coele Syria, Cyprus, a part of Cilicia, the part of Judaea which produces balsam, and a part of Arabia Nabathaea. According to Josephus[3] the balsam country was near

[1] Plutarch, *Antonius*, 30. [2] *Ibid.*, 36. [3] *Antiquities*, xv. 4.

Jericho, and Herod, king of the Jews, rented it from Cleopatra, and it was whilst she was there that "she endeavoured to have criminal conversation" with him; Josephus seems to be doubtful whether Cleopatra wished to lead Herod into a snare, or whether she loved him, but is on the whole inclined to think that "she seemed overcome with love for him." He goes on to say that Herod thought of putting her to death, especially if her attempt upon him proceeded from lust, and naïvely adds that Herod, having been straitly admonished by his councillors not to bring ruin upon himself, "treated Cleopatra kindly, and made her presents, and conducted her on her way to Egypt." The story is an absurd one and incredible on the face of it, for Herod, with the memory of the death which Antony had meted out to Antigonus,[1] his predecessor, would never have dared to lay a finger on Cleopatra; but Josephus here, as elsewhere in his works, shows that he could never resist the temptation to magnify the power and attractions of his own countrymen and countrywomen.

When Antony had vanquished the Parthians he returned to Syria and waited on the sea-coast between Bêrût and Sidon, at a place called the "White Village," for Cleopatra; as she did not appear so soon as he expected her he gave himself up to drinking, and was very restless until she arrived with clothes and supplies for the soldiers. Soon after

[1] He was first tied to a stake and whipped, and then beheaded.

this Antony was about to start on an expedition through Armenia, but he delayed his departure for this reason: Octavian in Rome had given Antony's wife Octavia permission to join her husband, chiefly with the idea that if she were greatly insulted and neglected he might have a pretext for making war on Antony; but when she reached Athens she received letters from Antony telling her to stop there.[1] As soon as Cleopatra heard of the coming of Octavia she began to be afraid that her influence over Antony would depart, and she therefore pretended to be desperately in love with him, and to waste her body by spare diet; whenever he came near her she appeared to be moved with strong passion for him, and she allowed sorrow and depression to come upon her as he went away from her. She was often found in tears, which she pretended to wipe away and conceal. Her friends too pointed out to Antony that he was acting in a hard and heartless fashion to a woman who was devoted to him alone; Cleopatra, said they, was a queen of many people, yet she only enjoyed the name beloved of Antony, and not that of wife of Antony, but she was quite content with this as long as she could live with him and see him. If he drove her away she would certainly die. The result was that Antony was vanquished, and he put off his expedition, and, having betrothed one of his sons by Cleopatra to the daughter of the king of Parthia, went back to Egypt with Cleopatra. He lived at

[1] Plutarch, *Antonius*, 53.

Alexandria as a private person, and wore the square-cut garment of the Greeks instead of the costume of his own country, and the white Attic shoe; he spent his time wholly with Greeks in deference to Cleopatra, and he went only to the temples, the schools, and the discussions of the learned.[1] Soon after Antony's return from Armenia he gave a banquet, during which he caused two golden thrones to be placed on a tribunal, one for himself and one for Cleopatra, and his children were provided with lower thrones. He declared Cleopatra queen of Egypt, Cyprus, Libya, and Coele Syria, with Caesarion, the son of Julius Caesar, co-regent; to her he gave the title "queen of kings," to each of his sons by her he gave the title "king of kings," and to Alexander Armenia, Media, and Parthia, and to Ptolemy Phoenicia, Syria, and Cilicia.[2] At this time Cleopatra used to dress as the goddess Isis, and was called the "new Isis," she also made Antony dress in the characters of Osiris and Dionysos, and acted in a most extravagant manner. Withal, she had absolute power in Egypt, and as Dion Cassius says (l. 5), "she bewitched everybody."

Meanwhile Octavia returned to Rome, and Octavian was furious at the insult which his sister had received at the hands of her husband, who showed openly that he cared for nothing in the whole world

[1] Appian, v. 11.

[2] Plutarch, *Antonius*, 54; Dion Cassius, xlix. 41.

except Cleopatra. Caesar brought the matter before the Senate, and stirred up the army to such good purpose by his abuse of Antony's folly and Cleopatra's iniquity[1] that at length war was declared against Cleopatra. Antony accepted the challenge, and went to Ephesus, where he collected 800 ships, and Cleopatra, who craftily contrived to go with him, contributed 220,000 talents and supplies for the army. At Samos they made a great feast, and for several days nothing but music was heard on the island; the theatres were thronged, and the petty kings vied with each other in the extravagance of their gifts and entertainments. At Athens also Antony gave himself up to pleasure and theatre-going, and from there he sent men to Rome to eject Octavia from his house. As Octavia left it the people pitied not her, but Antony, especially those who had seen Cleopatra, "a woman who had not the advantage over Octavia "either in beauty or in youth."[2] At length Antony devoted himself to making preparations for war, as also did Caesar, and in the great battle which followed at Actium in 31 Antony had quite as good a chance of winning as his opponent. But when as yet the battle was undecided, the sixty ships which Cleopatra had sent to the fight were seen to be hoisting their sails and making ready to withdraw from the battle. As

[1] Compare the words of Dion Cassius, *εἰ ἄισθοιντο ἡμᾶς ὀλέθρῳ γυναικὶ ὑποπεπτωκότας* (l. 24).

[2] Plutarch, *Antonius*, 57.

soon as Antony saw her ship sailing away, "forgetting "everything, and deserting and skulking away from "those who were fighting and dying in his cause, he "got into a five-oared galley with only Alexas the "Syrian and Skellios to attend him, and followed after "her who had already ruined him, and was destined "to complete his ruin."[1] As soon as Cleopatra recognized Antony's vessel she raised a signal, and when it came up alongside of her own she took him on board; thus Antony, when he had still nineteen legions of unvanquished soldiers and 12,000 horsemen, ran away from the battle. When Antony reached the coast of Libya, he sent Cleopatra on to Egypt from Paraetonium, and staying behind he tried to kill himself, but was prevented, and sent to Alexandria by his friends.

As soon as Cleopatra arrived in Egypt she made a plan to escape by the Red Sea, in ships which she had dragged across the Isthmus of Suez, but as the Arabs of Petra burnt those which were first brought over, she gave up the plan and began to fortify Egypt against attack by Caesar. She went so far as to behead Artavasdes, the king of Armenia, whom Antony had brought to Egypt, and she sent his head to the king of Media, with whom Artavasdes had been at war, in order to obtain help from him. Shortly afterwards Antony was received into the palace at Alexandria by Cleopatra, and then began a revival of

[1] Plutarch, *Antonius*, 66.

the drinkings and feastings, and waste of money with which the Alexandrians were familiar. Meanwhile Cleopatra collected deadly poisons of all kinds and tried them on those who were in prison under sentence of death, and next she made trial of animals which were set on each other daily in her presence; as a result she found that the bite of the asp was the most efficacious and the least painful way of causing death.

About this time Cleopatra sent envoys to treat with Octavian, and she asked that her children might have Egypt, and Antony be allowed to live as a private person at Athens; in answer Caesar said that she should have anything in reason if she would kill Antony, and sent Thyrsus the orator to persuade her to do what he wished. Antony, being jealous of the interviews which this man had with Cleopatra, whipped him and sent him back to Caesar.

At length Caesar came by way of Syria to Egypt, and Cleopatra made Seleucus the governor of Pelusium betray the city to him,[1] but she gave up the wife and children of Seleucus to be put to death. Cleopatra next gathered together all her treasures, gold, silver, emeralds, pearls, ebony, ivory, cinnamon, etc., and a large quantity of firewood and tow in a magnificent tomb which she had built near the temple of Isis, and Caesar feared that she would destroy herself and all this wealth at the same time. When Caesar had taken up his position near

[1] Dion Cassius, li. 9; Plutarch, *Antonius*, 74.

the hippodrome Antony sallied out and put all his cavalry to flight, and then he challenged Caesar to single combat, whereupon he replied that Antony had many ways of dying. On this Antony determined to do battle with Caesar on land and sea at the same time, but having collected his sailors and soldiers, through the treachery of Cleopatra[1] they all deserted to the enemy, about August 1, B.C. 30; when Antony saw this he cried out that he had been betrayed, and Cleopatra fearing his wrath fled to her tomb, and having let down the doors she bolted them and sent men to tell Antony that she was dead. Antony went into his chamber and called upon his faithful slave Erôs to kill him, but he, having drawn his sword and pretended to be about to smite his master, suddenly turned away his face and killed himself; seeing this Antony ran his sword through his own body and cast himself on the bed, but the wound was not fatal at once, and he called upon the bystanders to finish him, because he was writhing in pain. This, however, no man would do, and almost immediately Diomedes, the secretary of Cleopatra, came with orders to take Antony to the tomb. When Antony knew that she was alive he ordered his servants to take him to her, and they did so; but she would not open the doors, and having let down cords from a window the servants fastened him to them, and she herself and two women drew him up. When she

[1] Dion Cassius, li. 10.

had brought him into the chamber and laid him down she tore her garments and beat her breasts and scratched them with her hands, and at the same time smearing her face with his blood she called him master, and husband, and Imperator. Antony asked for wine, and when he had drunk it he gave her certain advice and died.

When Octavian heard of his death he retired within his tent and wept, and then he sent Procleius to secure Cleopatra alive, both for the sake of the money and because he wished to lead her in his triumphal procession at Rome. By stratagem Procleius obtained admission to the tomb, and was just in time to prevent her from stabbing herself; he took away her dagger and shook her dress to see that there was no poison concealed in it. Caesar allowed Cleopatra to bury Antony's body in a sumptuous and royal manner, and then she fell ill of a fever, and abstained from food, wishing to end her life without hindrance. A few days later Caesar went to visit her, and according to Dion Cassius (li. 12) he found her in a loose mourning garb, which greatly enhanced her beauty, sitting on a bed with portraits of the father of her son scattered about her and all his letters to her. She wept over and kissed the letters, and addressing them asked what good they were to her, and why she had not been permitted to die before their writer. Meanwhile Caesar stood silent with his eyes fixed on the ground, and all he said was, "Be of good courage, O woman, and be of "good cheer, for thou shalt suffer no harm." When Cleopatra saw that he did not look at her, and had uttered to her no words either about the kingdom or love, she cast herself down at his feet and cried out that she did not wish to live, and that she wanted to die with Antony; still Caesar said nothing, but kept his eyes on the ground, and when he left her he caused her to be carefully watched by his freedman Epaphroditus lest she should destroy herself.

Shortly afterwards she changed her manner, and made people think that she wished and intended to live, and Caesar himself was deceived. By his permission she went and poured out libations at Antony's tomb, and embraced the coffin, and addressed to its occupant a pathetic speech. When she arrived at home she ordered a bath, and having bathed, enjoyed a splendid banquet. After the banquet a man from the country brought in a basket of figs, among which was coiled an asp covered over with leaves. Taking a tablet which had already been written upon by her, Cleopatra sealed it and sent it to Caesar, and then turned everyone out of the room except her two women Eiras and Charmion. What exactly happened then no one knows, but certain it is that Cleopatra either caused herself to be bitten by an asp in the arm or on the breast, or took poison. Some say the asp was in the basket of figs, others that it was in a water pitcher, and that Cleopatra drew it out with a golden distaff and irritated the reptile until it sprang upon her arm and drove its fangs into it. Caesar believed that the asp fastened upon her arm, for two small indistinct punctures were seen in it, and the figure of Cleopatra which was carried in his triumph had an asp clinging to it. Others say that the poison was in a hairpin or a hollow comb. When Octavian had read the tablet, which contained a petition by Cleopatra to be buried with Antony, he sent men quickly to inquire about her, and as the guards knew nothing of what was happening, they made their way into the tomb, and found Cleopatra lying dead[1] on a golden couch in royal attire. Charmion was staggering about and trying to arrange the diadem on Cleopatra's forehead, and Eiras was dying at her feet; the latter said, "A good deed this, Charmion!" and she replied, "Yes, most goodly, and befitting the descendant of so "many kings." Caesar caused Cleopatra to be buried with Antony in a splendid and royal style, and her women received honourable interment.

Cleopatra died aged thirty-nine years, having been queen twenty-two years. Antony first saw Cleopatra when she was a girl and when he was serving as master of horse under Gabinius in Alexandria,[2] and she seems to have made a great impression upon him; he next saw her at Tarsus when he was forty years old, and his subjection to her was instantaneous and

[1] According to Dion Cassius (li. 14) Caesar sent for the Psylli, or serpent charmers, to suck the poison out of her body, but she was already dead when Caesar saw her.

[2] Appian, v. 8.

complete. When he died he was either fifty-three or fifty-six years of age, and he had governed with Cleopatra fourteen years. Caesar put to death her son Caesarion, and also Antyllus, the eldest son of Antony by Fulvia, but he spared all the children whom Cleopatra had by Antony, and caused them to be brought up in a manner suitable to their rank, and as if they had been his relations.[1]

It is not easy to formulate a just view of the character of Cleopatra, because ancient writers who describe her physical and mental characteristics do not agree in their estimate of her. That she was a most beautiful woman there seems little reason to doubt, and Dion Cassius says (xli. 34) that at the time when Antony saw her at Tarsus she was a most lovely woman, that she was then in the prime of life and beauty, that her charm of speech was such that she won all who listened to her views, that she was splendid to hear and to see, and that she was capable of conquering the hearts which had resisted most obstinately the influence of love, and those which had been frozen by age.[2] On the other hand, Plutarch says (*Antonius*, 27) that "her beauty was not in itself altogether

[1] Plutarch, *Antonius*, 87; Suetonius, *Caesar Augustus*, 17.

[2] Ἄλλως τε γὰρ περικαλλεστάτη γυναικῶν ἐγένετο, καὶ τότε τῇ τῆς ὥρας ἀκμῇ πολύ διέπρεπε. Τό τε φθέγμα ἀστειότατον εἶχε, καὶ προσομιλῆσαι παντί τῳ διὰ χαρίτων ἠπίστατο· ὥστε λαμπρά τε ἰδεῖον καὶ ἀκουσθῆναι οὖσα, καὶ τούτου πάντα τινὰ καὶ δυσέρωτα καὶ ἀφηλικέστερον ἐξεργάσασθαι δυναμένη, πρὸς τρόπου τε ἐνόμισε τῷ Καίσαρι ἐντεύξεσθαι, καὶ πάντα ἐν τῷ καλλει τὰ δικαιώματα ἔθετο.

Cleopatra VII., Queen of Egypt.

"incomparable nor such as to strike those who saw "her; but familiarity with her had an irresistible charm, "and her form, combined with her persuasive speech "and with the peculiar character which in a manner "was diffused about her behaviour, produced a certain "piquancy. There was a sweetness also in the sound "of her voice when she spoke; and as she could easily "turn her tongue, like a many stringed instrument, "to any language that she pleased, she had very "seldom need of an interpreter for her communication "with barbarians, but she answered most by herself, "as Ethiopians, Troglodytes, Hebrews, Arabs, Syrians, "Medes, and Parthians. She is said to have learned "the language of many other peoples, though the kings "her predecessors had not even taken the pains to "learn the Egyptian language, and some of them had "not even given up the Macedonian dialect."

The picture of Cleopatra's character drawn by Josephus is a very dark one.[1] He says that she was covetous, that she stopped at no wickedness, that to get money she would violate both temples and sepulchres, that no place was too holy or too infamous so long as she could get gain from it, that she was a slave to her lusts, that she wanted everything she thought of, and did her utmost to get it, and that by some means or other she had bewitched Antony and could make him do anything, including murder. It is true that she loved money, but so did all the Ptolemies, and so did their

[1] *Antiquities*, xv. 14, § 1.

wives and daughters. Cleopatra was, however, no mere greedy money grabber, as Josephus would have us believe, for she spent her money in so lavish a fashion that she astonished the world by her extravagance. She loved magnificent pageants of every kind, and to outdo others would spare no expense, a fact proved by the famous story of Pliny (ix. 58) which tells how she melted in vinegar a pearl worth about £76,000 (?), and swallowed it in order to win her wager against Antony, who declared that it was impossible for her to spend 10,000,000 sesterces on a single banquet.

That she was cruel and arrogant on occasions, and allowed nothing to stand in the way of gratifying her ambition is well known. Thus though Seleucus the governor of Syria had delivered up Pelusium at her bidding it did not prevent her from handing over his wife and children to be put to death; in her ambition to gain power over Octavian she betrayed Antony, though there is no doubt that she loved him dearly; when Cicero, who had made a telling speech before the Senate in favour of her father Auletes, paid her a visit in Rome she treated him in an arrogant fashion; and Pliny tells us that she was "inflated with vanity and disdainful arrogance," and affected to treat all the vast and costly entertainments which Antony prepared to please her with the greatest contempt. Dion Cassius, in a remarkable passage (li. 14) intended to sum up her character, says that no

conclusion; moreover, the portrait head of Cleopatra

Ptolemy XVI. burning incense before the gods.

in the British Museum gives her a refined Semitic

cast of features. There is no foundation whatsoever for the popular view that Cleopatra was a dark woman, with the complexion of the native woman of the Nile Valley and long black hair, and it is far more likely that she had the fair complexion and yellow or even red hair, which is often found with the descendants of Europeans and Semites in Egypt and Syria. Be this as it may, there is no doubt that she was a beautiful, fascinating, clever, and in many respects able woman, with boundless ambition, to gratify which she was ready to squander untold riches, and to sacrifice her person; and in spite of her cruelty and other defects it is impossible not to feel that when she killed herself a great and brave woman left the world.

When Cleopatra and her son Caesarion were appointed co-regents by Julius Caesar in 47, it seems that a number of architectural works were at once undertaken in their joint names. At Denderah there are numbers of reliefs in which the young king and his mother appear, and it seems as though some of the representations of the queen were intended to be portraits; it is not easy to see exactly how much of the fabric of this temple was built in Cleopatra's reign, but it is clear that she caused works of some magnitude to be carried out there. Caesarion is here represented offering incense to Isis, and to Ḥeru-sam-taui-pa-khraṭ, , the son of Hathor, and he is followed by Cleopatra, who wears the headdresses of Isis and

Hathor, and holds in her hands a sistrum and a *menàt*, , the emblem of joy and festivity.

At Erment, a town about eight miles south of Thebes, which stands near the site of the ancient Egyptian city of Ȧnnu Qemā, 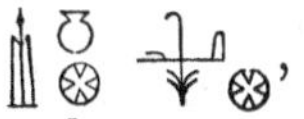, the Hermonthis of the Greeks, there existed some years ago a small temple and a Mammeisi which were built during the joint reign of

"Pharaoh's Bed" on the Island of Philae.
From a photograph by A. Beato, Luxor.

Cleopatra and Caesarion, and, thanks to the drawings published by Lepsius,[1] we may gain some idea of the character of the reliefs with which the smaller building was ornamented. They were intended to represent the conception, birth, and rearing of the child Ptolemy

[1] *Denkmäler*, iv. pll. 39 ff.

XVI., or Caesarion, and were evidently copied from the reliefs of the XVIIIth Dynasty which were made for the great queen Hātshepset or Ḥātshepsut, Ȧmen-ḥetep III., and other royal personages. The remaining reliefs show that Isis, in the form of Cleopatra, was visited by Ȧmen-Rā in the form of an earthly father, and that a child was conceived and brought forth by the queen. Several of the ancient gods and goddesses assisted at the birth, among them being Nit, Nekhebet, and Ȧmen-Rā, and the spirits of at least fourteen of the great cities of Egypt were present. The child was suckled by the divine cow-goddesses, and was nursed by the great goddesses in turn, including Sebek-Nit, , Isis, and Rā-tauit, 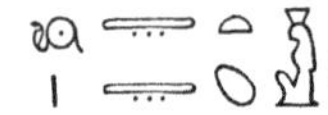; at an early age the Hathors took him under their protection, and in due course Osiris, Ȧmen-Rā, and the various Horus gods conferred upon him sovereignty, dominion, untold years of life, and the other gifts which the gods were supposed to give to the kings of Egypt in Pharaonic times.

Thus we see that, aided by the priesthood, Cleopatra made an attempt to prove that her son by Caesar was the seed of the old royal and divine house of Egypt, and that he was the legal heir to the throne as well as the actual master of the country. It is interesting to note the persistence of the belief that the kings of Egypt must be of the seed of Ȧmen-Rā, and the tact with which Cleopatra adopted it, and used it as a means of furthering her own ambitious ends, whereby Caesarion was to be regarded as the rightful lord of the South and of the North. The Egyptian priesthood must have found it difficult enough to affiliate Alexander the Macedonian to Ȧmen-Rā, but how much harder must it have been to prove that the son of a Roman general by a woman of Greek descent on the father's side and of unknown descent on the mother's, was the offspring of the god Ȧmen-Rā? But Cleopatra, like Alexander the Great, was ready to meet the priesthood half way, and to welcome any arrangement with them which tended to strengthen her hold on the country. With Cleopatra and Caesarion the long and mighty line of the Ancient Pharaohs of Egypt comes to an end; the Roman Emperors masqueraded as Pharaohs upon the walls of the temples, it is true, but they were not kings of Egypt living in Egypt; the land of the Ȧmenemḥāts and of the Ȧmen-ḥeteps now finally ceased to be an independent kingdom, and became a province of the Roman Empire.

CHAPTER III.

THE PTOLEMAÏC PERIOD.—SUMMARY.

From what has been said in the preceding pages it is clear that the feature which differentiated this, the last period of the history of the Egyptians as an independent nation, from the periods which had gone before is the introduction of the Greek element as a permanent factor in Egyptian life. When once a Greek king had ascended the throne of the Pharaohs Egypt became included in the circle of Greek culture, and the Egyptian kingdom became a Hellenized state, even as did also Syria and the other eastern countries conquered by Alexander the Great. The king and his court and his army were Greeks and spoke Greek, but the religion of the country continued to be purely Egyptian, and the language of the priesthood and of the people was Egyptian. As time passed the Greek element in the country grew stronger, until at length, in Roman times, Greek became the official language of the country, and the Egyptian language was only used officially for religious purposes.

The Greeks who had settled in the country worshipped the Egyptian gods, and the god Serapis, who is generally declared to have been a foreign importation from Sinope, is in reality nothing but the union of two forms of the god Osiris, i.e., Åsår and Ḥāpi, or Osiris and Apis. This deity Åsår-Ḥāpi, whose name was Graecized as Serapis, was, however, represented not in Egyptian, but in Greek form, his type being naturally that of the Greek god of the Underworld, Hades. It is probable that in the reign of Ptolemy Soter some well-known image of Hades was brought to Egypt from Sinope, and was there worshipped as an image of Åsår-Ḥāpi. On the other hand, such a god as Soknopaios, who was worshipped by the Greeks of Crocodilopolis, was Sebek, a purely Egyptian deity, whom it was impossible to identify with any Hellenic divinity. The Ptolemaïc kings offered up sacrifices to and worshipped the ancient gods of the country, and rebuilt and endowed many of their temples. In private life they were Greeks, and as far as their administrative work was concerned they were Greeks, for all their ministers and high executive officers were Greeks also, but in the eyes of the Egyptian nation they were Egyptian Pharaohs, and they always appeared before the people in the guise of the heirs of the great kings of the New Empire. Many were crowned with all the ancient rites and ceremonies at Memphis, and they are represented as conforming to ancient usage by consulting the old gods of Egypt through their priests concerning the welfare of the kingdom. They even followed the example of the Pharaohs of old, in marrying their own sisters and nieces; in the first instance they must have done this in order to please the priesthood, for such marriages were most repugnant to the ideas of their Greek subjects.

To gratify the people and to satisfy the national sentiment, as well as to please the priests, Ptolemy III. Euergetes I. aspired not only to rival, but even to outstrip the conquests of Thothmes III.; he penetrated further east than any Egyptian conqueror before him, and brought back from Persia and Mesopotamia large numbers of images of Egyptian gods, made presumably of gold and silver, which had been carried off centuries before by Cambyses, and by the Assyrian conquerors before him. Popular religious sentiment was also gratified by the large grants of land which the Ptolemies made to the gods, and the estates which were set apart by them for the maintenance of the priesthood and temples were greater in extent than they had ever been since the time of the XXth Dynasty.

But this favouring of the priesthood in order to gratify the native Egyptians did not lead in any way to priestly interference in the government of the country, which was carried on by Greek ministers as in other Hellenistic states. The leading men among the native Egyptians had no effective voice in deciding the policy of the country, and it was probably the discovery by the priests of their real powerlessness that led to the anti-Greek revolts, which took place from time to time in Upper Egypt. But no outburst of national feeling could ever affect the fact that Egypt had finally entered the comity of nations the directing force of which was Greek, especially when, as in Egypt, all the forms and traditions of the Ancient Empire were perpetuated in the actual administration of the country, and in the pomp and ceremony which accompanied the kings. And the fact that these kings were, in reality, very powerful monarchs, and by no means the weak and disreputable *fainéants* that they are usually considered to have been, no doubt made their rule acceptable to the Egyptian layman, although the priest must often have chafed under his inability to interfere in the business of the government.

The power of Egypt under the rule of the first four Ptolemies was no sham, for she was in their days as great, as rich, and as prosperous as ever she had been before, even in the times of the XVIIIth Dynasty. Under Philadelphus she was the wealthiest country in the world, and the court of Alexandria was the most luxurious and the most splendid known to the ancients until the days of Nero and his Golden House. Under Euergetes I., as we have already mentioned, the glories of the ancient conquering Pharaohs were revived, and the power of Egypt was carried into regions in which it had never before been seen. That the armies of Euergetes consisted chiefly of mercenaries from Greece and Asia Minor must not be regarded as making his conquests Greek and not Egyptian, for the ancient Pharaohs had also employed mercenaries, the greater number of whom came from Asia Minor, and were as a matter of fact the ancestors of the warriors who fought for the Ptolemies; besides, there were, no doubt, considerable numbers of native Egyptians in the Ptolemaïc armies, and the generals of Euergetes were everywhere regarded as the generals of an Egyptian Pharaoh and the representatives of the ancient might of Egypt. The Greek cities which were in league with Ptolemy Soter and which admitted Egyptian garrisons into their citadels can, however, scarcely be regarded as forming a part of the Ptolemaïc Empire, for their allegiance was paid rather to the Greek king Ptolemy, the successor of Alexander, than to the "king of the South and North, the son of the Sun, Ptolemy." The extent of the Ptolemaïc Empire varied from reign to reign, but Cyrene, Cyprus, Coele Syria, and Palestine remained more or less subject to them, that is to say, even under the weakest Ptolemies Egypt controlled as large an extent of territory as she had ever possessed under the greatest of the ancient Pharaohs.

This was due to the binding force of the Greek element which had now leavened all the countries of the Nearer East. In Egypt this element does not come so much to the fore as in the other

Hellenistic lands, because of the dominating force still possessed by the ancient civilization of the country, which Greek culture could, and did modify to some extent, but could never radically alter, far less subdue. Greek cities retaining the purely Greek form of state government were not founded so frequently in Egypt as in the other countries conquered by Alexander, in fact, we only know of one certain example of a regular Greek πόλις with a Hellenic polity in Egypt, namely, Ptolemaïs, which was founded as a capital for the Thebaïd in place of ruined Thebes. It has been thought that the city of Crocodilopolis in the Fayyûm also possessed Greek political privileges, but this is doubtful. Alexandria, it is certain, never possessed them, and was never an autonomous Greek city. Alexandria was founded as a Greek centre of government to ensure Greek control over the land, but this control was to be exercised, not by a council and assembly of Greek citizens, electing their magistrates, but by an autocratic satrap after the Persian model. The magistrates of a Greek city-state could never have controlled the whole of Egypt, but a Greek satrap could make his power felt everywhere. Alexandria was, therefore, of set purpose not organized as a Greek autonomous city, but was intended to be the capital of a partially Hellenized country, a city dominated by Greek influence and the residence of the Greek ruler of the land. When this ruler ceased to be the vicegerent of the Macedonian successor of the "Great King," and set himself up as an Egyptian Pharaoh, Alexandria became still less fitted for a Greek autonomous polity, and developed into the city in which the Greek king of Egypt resided, and in which Greek and Egyptian lived together on terms of equality. The inhabitants of the capital possessed, however, certain peculiar privileges. In the first place it would appear that the Alexandrians were exempted from the *λαογραφία*, or poll tax,[1] and later, other persons residing in Egypt who possessed Alexandrian rights were also exempt from this tax; in Roman times the possession of Alexandrian rights was necessary to a native Egyptian before he could proceed to the acquisition of the Roman citizenship.

The freedom of the Alexandrians soon attracted settlers from all parts of the Mediterranean countries and Western Asia, and among others the Jews came in large numbers to the city, where they formed a wealthy and important section of the community-states. Their oppression by the Seleucid kings, no doubt, induced them to abandon Syria for Egypt, where special privileges were given them by the earlier Ptolemies, whose interest it was to befriend the enemies of the Seleucids. Their power in Egypt gradually increased, and they spread from Alexandria into the provinces, and we find Jewish settlements not only in the Fayyûm but even in the Thebaïd. The lucrative business of tax-farming fell largely into the hands of the Jews, and the success of the commercial enterprises of the

[1] See Wilcken, *Griechische Ostraka aus Ägypten*, vol. i. p. 240.

Egyptians at this time was due largely to Jewish money and Jewish brains. The Jewish community in Egypt prospered and flourished, until at length it became the centre of Judaism, not only from a commercial, but also from a religious point of view. This is shown by the fact that they were sufficiently influential to induce Ptolemy II. Philadelphus to send an embassy to the high-priest at Jerusalem to borrow a copy of the Book of the Law, as well as the services of seventy-two pious and learned men, six from each tribe, to translate it correctly from Hebrew into Greek. This fact also shows how far Hellenism had progressed among the wealthier and more cultured Alexandrian Jews, since it had become necessary to translate their Scriptures into Greek before they could understand them. The increase of their power naturally gave rise in Egypt, as in all other countries, to an anti-Semitic feeling, and Greeks and Egyptians were drawn together in their common hatred for the Jew. The wilful isolation of the Jew kept him aloof from the rest of the population, whilst the Greeks and Macedonians mingled more and more with the native Egyptians, until intermarriage became common among them, and in the documents of the period we find Greek, and Macedonian, and Egyptian names, occurring indiscriminately in a single family. The popular dislike of the Jews often found expression in the sanguinary riots which occurred from time to time in Alexandria, but in some of these the Jews themselves were the aggressors. The frequent riots in Alexandria were, however, not always due to anti-Semitic feeling, and eventually the citizens gained the reputation of being the most turbulent in the world, a reputation which remained with them until the Arab conquest.

We have already noted that the Jews were largely engaged in the business of tax-farming, and have seen that the Alexandrians were exempt from the poll-tax. The system of taxation employed in Egypt under the Ptolemies was extremely complicated, and this complicated character was, no doubt, an inheritance from older Pharaonic days. It differed, however, considerably from the old Egyptian system, since it was modified by the use of coined money in making certain payments. The taxes were regulated by decrees made by the king himself after consultation with his ministers, and the king decided whether the collecting of certain taxes should be entrusted to his own officials, or should be offered for sale to the highest bidder, who would, of course, sublet it to smaller tax-farmers. The number of the taxes, their incidence, and the method by which they were collected, were revised yearly. The chief taxes were the *ἐπιγραφή*, or land-tax, which was paid either in money or in kind; the *λαογραφία*, or poll-tax, which has already been mentioned; the *χειρωνάξιον*, or tax on the produce of skilled labour of all kinds; the taxes on salt, natron, wine, and palm-trees; the *τέλος ταφῶν*, or tax on funerals, which in Egypt must have been very productive; and the ἀπομοίρα, which was originally a tax paid by the possessors of vineyards and gardens for the support of the temples of the gods. The benefit of this last tax was, however, taken away from the priests by Ptolemy Philadelphus, and was appropriated to the use of the queen Arsinoë, who being a goddess on earth was regarded as having a perfectly legitimate right to it. Innumerable other taxes were levied on various classes of the population, but many of them corresponded to our local rates and were spent in the maintenance of police and of local public works.[1]

Viewed from the standpoint of modern nations the burden of taxation in Egypt was undoubtedly severe, for, in addition to the main taxes which fell upon almost every profession and commodity, local *octroi* duties were also enforced. The wealth of the Ptolemaïc court was the result of a merciless "squeezing" of the people, but the *fellahîn* were well used to this, for they had lived under much the same conditions for thousands of years. The position of the lower classes in general was not appreciably different from that in which they had lived under the XVIIIth and XIXth Dynasties, when the whole land had been as prosperous and wealthy as it was under the earlier Ptolemies, the only difference being that the place of the Phoenician pedlar and trader who frequented Egypt in

[1] A full treatment of the taxation of Egypt under both Ptolemies and Romans will be found in Wilcken's important work, *Griechische Ostraka*, 2 vols., Leipzig, 1899.

the days of the Ramessides was now taken by the ubiquitous Greek, who, like his modern descendant, had already settled not only in Alexandria and in the town set apart specially for him—Ptolemaïs—but in nearly every native town and village throughout the kingdom. With the Greek trader there came the Jewish money-lender; as we have seen, the Egyptian preferred the Greek to the Jew.

Since in private life king, court, ministry, and army were Greek, it follows as a matter of course that Hellenic literature and art invaded Egypt in full force in the Ptolemaïc Period; Greek ideas on these subjects were, however, as yet confined to the people of Greek descent. The Egyptians had daily before their eyes temples and other buildings erected in the Greek style, and became accustomed to the sight of the leaves of their native papyrus being written upon in Greek characters with the masterpieces of Greek literature; but it cannot be said that the majority of the people had begun to understand and appreciate these things until the end of the Ptolemaïc Period, at which time also intermarriages between Greeks and Egyptians began to be frequent. The mixed styles of art known as "Graeco-Egyptian" hardly belong to the Ptolemaïc Period at all; they date, generally speaking, from the early Roman Period. Under the Ptolemies a hard and fast line still separated Greek from Egyptian art, and when a temple was erected by the Greek king in honour of his Egyptian gods, its style and ornamentation were purely Egyptian. One of the rare instances of Greek interference with Egyptian convention in the matter of temple decoration is here illustrated. Over the cornice of the entrance to the temple of the god I-em-ḥetep at Philae is cut a Greek inscription of two lines recording the dedication by Ptolemy V. Epiphanes, and his queen, and his son, of the building to the Greek god Asklepios. This is an interesting example of the identification of Egyptian with Greek gods which was effected whenever possible.

The principal temple buildings of the Ptolemies were those at Philae and Edfû, and each king contributed in his turn to the building, repairs, enlargement, and decoration of these remarkable edifices. The worship of Horus of Beḥuṭet at Edfû was extremely old, in fact, the original temple there must have been one of the most ancient in Egypt, and it is probably a result of the archaistic revival which took place under the XXVIth Dynasty that we find the Ptolemaïc monarchs engaged in the rebuilding and restoration of the oldest temples in the country. It is true that the Ptolemies did not wholly neglect the shrines of the gods of Thebes, for Philadelphus built a granite doorway for the Temple of Menthu, and Euergetes I. erected the well-known gateway at the end of the avenue of sphinxes which leads to the Temple of Khensu; but, in spite of the attempt to revive it under the Greek designation of Diospolis, Thebes was, more or less, in a state of ruin during the Ptolemaïc Period, and its god Ȧmen, having become merged with Osiris-Åmsu (or Osiris-Min), was no longer regarded with any special veneration by the Egyptians. It is an interesting fact that at this period the Greeks paid more reverence to "Åmen-Rā, king of the gods," than the Egyptians, for the devotion of Alexander to Ammon as his divine father drew the attention of the Greek settlers generally to this deity, whom it was easy to identify with Zeus, the father of gods and men. On the other hand, the Egyptians seem, as we have said, to have already begun to confuse Åmen with Osiris.

The Egyptian literature of the Ptolemaïc Period, like its art, was in no way influenced by Greek models, and Greek influence does not appear to any great extent in either until Roman times. The native literature consisted chiefly of popular tales which were based upon ancient originals, and were written down in the Demotic character; a good example of such tales is the story of Setnau Khā-em-Uast, of which two portions are extant.[1] Copies of the Saïte Recension of the *Book of the Dead*, in whole or in part, continued to be made for funereal purposes, but at this time the copy was often written in Demotic, and when linear hieroglyphs are employed they always have the peculiarly ungraceful appearance characteristic of this period, when the scribes seem to have comprehended

[1] Brugsch, *Le Roman de Setnau*, in *Revue Archéologique*, 2nd Series, vol. xvi. p. 161 f.; and Hess, *Der demotische Roman von Stne Ḫa-m-us*, 1888; Griffith, *Stories of the High Priests of Memphis*, Oxford, 1900.

hardly a word of what they were writing. It is a moot point how far the common people ever really understood the hieroglyphic texts which were inscribed on the walls of the temples, and on stelae, and other public monuments, but it is more than probable that they could not read them. In the Ptolemaïc period it is quite certain that no one could read the hieroglyphic inscriptions, with the exception of a few priests and scribes who were interested in antiquarian studies. The better classes of the people generally used the Demotic character, and this was understood and used by nearly everyone, just as under the New Empire the foremen of the temple artisans could read and write the hieratic character. The result of the study of the hieroglyphic script becoming confined to a small company of learned men was that the writing was modified by pedantic ideas and by erroneous theories, the natural effect being that by the time the Roman Period is reached the use and signification of many signs were so much altered that an Egyptian of the Ramessid period would have had great difficulty in understanding the parody which passed for hieroglyphic writing under the Ptolemies and Romans. We may also note in passing that at this period the hieroglyphics on the walls of temples, etc., are always in relief instead of being incuse, or sunk relief, a change due to the archaizing spirit in art which grew up under the XXVIth Dynasty, for hieroglyphics were often cut in full relief under the earliest dynasties.

Here may be mentioned the curious fact that the scarab was now no longer used as a seal, and its disappearance, as a seal, seems to date from the end of the XXVIth Dynasty. Under the restored native kingdom of the Nectanebids it seems not to have been used in this way, but as a funereal amulet the large "heart scarab" inscribed with Chapter XXXB. of the *Book of the Dead* was used down to and in Ptolemaïc times. The glazed earthenware *ushabti* figure, the style of which, as we have already seen, underwent considerable change in the time of the XXVIth Dynasty, continued in use until the beginning of the Ptolemaïc period, after which time it is rarely found.

Speaking generally, Ptolemaïc monumental art is marked by a considerable alteration from the style in vogue under the Nectanebid kings, which itself was an ultra-refinement of the style of the XXVIth Dynasty. In Ptolemaïc reliefs the extreme carefulness and attention to detail which marked the work of the XXXth Dynasty have developed into a strained and unmeaning formalism; the finely cut and delicate forms of the earlier period have given way under the Ptolemies to harsh and often clumsy forms which look as though they had been turned out by a machine, and which are repeated everywhere *ad infinitum* without modification or change. Under the earlier Ptolemies the half archaistic art of the Saïtes, which had attained its greatest refinement under the Nectanebids, degenerated and died out. The splendour of Philadelphus and the conquests of

Euergetes I. turned men's minds once again from the simplicity of the Early Empire, which had been so attractive to the Saïtes, to the pomps and glories of the great Pharaohs of the XVIIIth and XIXth Dynasties, and just as Rameses III. imitated the vain-glorious sculptures of Rameses II., so we find the artists who executed the reliefs on the temples ornamented by the later Ptolemies turning to the work of the New Empire for their inspiration. The result is that under Ptolemy VII. we find imitations[1] of the reliefs of Rameses II. so slavish that the name of the earlier king is actually copied by mistake, and appears above the head of Ptolemy!

Under Ptolemy XIII. similar imitations occur, and the climax of absurdity is reached when Ptolemy the "Piper" is represented in the act of slaying a group of enemies, whom he grasps by the hair[2] in the style of a Thothmes or a Rameses!

The history of the country which fate had called them to rule was by no means ignored by the Ptolemies, as is shown by the fact that Ptolemy II. Philadelphus commissioned the Sebennytic priest Manetho to compile the annals of the ancient kings, the extant fragments of which form the ground-work of our present knowledge of the history of Egypt. Manetho wrote his work in Greek for the information of the king, his ministers, and other Greek readers, and it was

[1] See Lepsius, *Denkmäler*, iv. pl. 22. [2] *Ibid.*, pl. 51.

intended in the first place to be a gift to the lately founded Library of the Museum at Alexandria. The Museum was founded by Ptolemy I. Soter, the predecessor of Philadelphus, as a centre of Greek culture and learning, not for Alexandria only, or even for Egypt, but for the whole Hellenistic East. Attached to this Museum, which in many respects closely resembled a modern university, were two libraries, viz., the Library of the Brucheion and the Library of the Serapeum, the former being the older of the two. In these libraries were deposited copies of all the works of all known Greek writers, and many stories are told of the devices by which priceless holograph copies were obtained for them,[1] and it was natural that among their treasures should have been included histories of the kingdom of Egypt under the Pharaohs. The number of the manuscript rolls contained in the older Library was added to by each successive king, until at the end of the Ptolemaïc Period it probably contained several hundred thousand manuscripts. The greatest interest was always taken by the kings in the care and development of the Museum and Libraries, and it must be said in favour of the descendants of Ptolemy, the son of Lagus, that they always took an intelligent interest in, and extended a really efficient patronage to, literature and the arts. They themselves were sometimes authors, though probably of mediocre ability.

[1] See Parthey, *Alex. Mus.*, p. 88.

Thus Ptolemy IV. wrote a play called "Adonis," in imitation of Euripides, and the corrupt and vicious Physcon was so bold as to write his own "Memoirs" in twenty-four books, and even posed as a critic of the Homeric text.

Black granite statue of an official. Late Ptolemaïc Period. British Museum, No. 34,270.

Ancient writers show very little admiration for the personal characters of the Ptolemies, and it must be admitted that their strictures on the lives of Philopator, Physcon, and Auletes are amply justified. But even these dissolute and cruel tyrants were softened by their love of literature and learning, by their intercourse with the learned men who flocked to Alexandria, and by their good taste and appreciation of the arts. Even the greater Ptolemies, such as Philadelphus and Euergetes, were regarded with some dislike by Greeks who were ignorant of Egyptian customs, and are nowadays often regarded as licentious monarchs because they contracted marriages with their own sisters and nieces.[1] These marriages however, seemed quite natural to an Egyptian, for they had constantly taken place under the ancient Pharaohs for the purpose of keeping the royal blood pure; such marriages were entirely confined to the kings. When we have disabused our minds of the prejudice against the Ptolemies caused by this peculiar custom, for which they were not responsible, we see that despite their many vices they were, in reality, for the most part, great and powerful monarchs, who lose but little when compared with the Pharaohs of the XVIIIth and XIXth Dynasties.

[1] In one case a Ptolemy married his stepmother.

CHAPTER IV.

THE NUBIAN KINGDOM AFTER THE XXVIth DYNASTY.

In connexion with the Ptolemaïc Period a short account of the revival of the power of the Nubian kingdom must be given. We have already seen that the temple at Dakkeh, built by Ȧrq-Ȧmen (Ergamenes), was added to by Ptolemy IV., and it seems that either in his time or that of his predecessor much of the country between the First and Second Cataracts reverted to the Egyptian kingdom, from which it had been separated since the time of Ta-nut-Ȧmen, some 400 years before. Ptolemy II. must have asserted some claim to suzerainty over the Nubian kingdom, and this view is supported by the fact that he received the young Nubian prince Ȧrq-Ȧmen, the Ergamenes of Diodorus (iii. 6), at his court, for the purpose of being educated after the manner of the Greeks. Until this time the Nubian kingdom seems to have been isolated from Egypt, although the descendants of Ta-nut-Ȧmen continued to arrogate to themselves the titles of "king of the South and North," and "son of the Sun," thus claiming the legal right to rule over the whole of the Nile Valley from the Eastern Sûdân to the

Mediterranean Sea. The Saïtes, however, took no notice of their claim, and in Nubia the Egyptian royal titles gradually came to be nothing but mere formulae, which its kings themselves scarcely understood. Their capital remained at Napata, *Nepita*, about 450 miles from Wâdî Ḥalfa, for a long time, but they finally founded a new capital at Meroë, the ancient Egyptian Mȧreȧuat, , the modern Baḳrawîyeh, which lies about forty miles south of the river Atbara.

The ancient Egyptians regarded Nubia as a nome, which they called Ta-kenset, , and they called the country generally "the negro land," ; certain districts of it were called Kenset, , and Kesh, , or Cush. The province between Meroë and Philae was divided into thirteen districts,[1] each with a capital. Com-

[1] 1. Peḥ-qennes, . 2. Mȧrȧuat, . 3. Nȧpt, . 4. Peten-Ḥert, . 5. Pa-nebs, . 6. Ta-uatchet, . 7. Behent, . 8. Ȧtefthit, . 9. Nehău, . 10. Meḥit, . 11. Maāt, . 12. Baket, . 13. Ḥet-Khent, .

paratively early in the Ptolemaïc Period the portion of Nubia which extended from Philae southwards for a distance of twelve schoinoi, in Egyptian, , was called "Dodekaschoinos"[1] by the Greeks, who no doubt adopted some ancient division of the country made in earlier times. The schoinos is said to be equal to sixty stadia, i.e., to 7½ miles, and therefore the region Dodekaschoinos would be about ninety miles in length, and would extend from Philae to the modern village of Miḥarraḳah, near which lie the ruins of the city of the Holy Sycamore (Hierasycaminus). The reason why the Ptolemies laid their hands upon this part of Nubia is not far to seek, for included in it was the city on the Nile called Baka, , by the Egyptians, Tachompso by the Greeks, Contra-Pselchis by the Romans, and Ḳubbân by the modern Arabs. From this point the caravans started for the gold mines in the Wâdî 'Ulâḳî, and all the gold obtained from that region entered Egypt by way of Baka. The mines were worked as early as the XVIIIth Dynasty, and in the XIXth and XXth Dynasties wells were sunk at various places along the desert road which led to them; they must have been worked under the Ptolemies, for many of these kings being lovers of money and shrewd men of

[1] See Sethe, *Dodekaschoinos das Zwölfmeilenland an der Grenze von Aegypten und Nubien*, Leipzig, 1901.

business, it is unlikely that they would have allowed such a source of wealth to slip from their grasp.

The centres of the activity of the Nubian kings as builders were Donḳola, Napata (Gebel Barkal), Meroë (Baḳrawîyeh), Nâga, Ben Nâga, and the Muṣawwarât aṣ-Ṣufra; from these places Dr. Lepsius collected and published in his *Denkmäler* (Abtheilung v.) a large number of reliefs and inscriptions and kings' names, but unfortunately the information which would enable us to arrange these in chronological order is wanting. In his "Königsbuch"[1] Lepsius divided the duration of the Nubian kingdom into four epochs, and arranged the names of the kings in groups, but the arrangement cannot be regarded as correct.[2] In the VIIth and VIth centuries B.C. we must probably place the following kings, whose names are found at Napata or Gebel Barkal:—

1.  P-ĀNKHI, son of the Sun, RĀ-SENEFER.[3]

2. 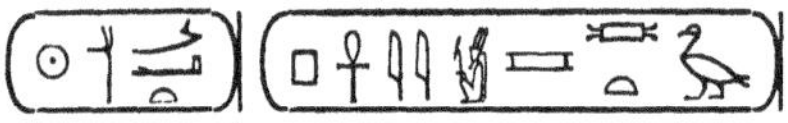 RĀ-USR-MAĀT, P-ĀNKHI-MERI-ÅMEN-SA-NET.

Both these names seem to have been composed under the influence of the archaism which was in vogue under

[1] Taff. lxxi. ff.

[2] The arrangement of Lepsius was adopted substantially by Brugsch and Bouriant, *Livre des Rois*, p. 128 ff.

[3] With the Horus name 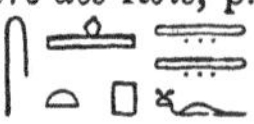, SE-ḤETEP-TAUI-F.

the XXVIth Dynasty and shortly before. To a somewhat later period must probably be assigned the kings, **3.** MER-KA-RĀ  and **4.** UATCH-KA-RĀ ,[1] whose equally archaistic names are also found at Gebel Barkal. Next we must probably place:—

5.  MER-KA-RĀ, son of the Sun, ÅSPELTA.

ÅSPELTA seems to have flourished in the second half of the VIIth century B.C., and Mariette thought that he was a contemporary of the first kings of the XXVIth Dynasty; recently Schäfer has come to the conclusion that his date may be fixed at B.C. 625.[2] Of the events of this king's reign nothing is known. An account of his election and of his coronation is inscribed upon a stele which was found at Gebel Barkal, and which is now preserved in the Egyptian Museum at Cairo, and from this much information may be gained concerning coronation rites and ceremonies as performed at Napata.[3] The king was elected by six of the nobles of the kingdom, and on a given day their choice had to be ratified by the god Åmen; the chosen

[1] With the nomen 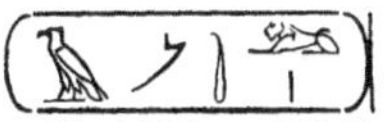, ÅMATHEL.

[2] *Aeg. Zeitschrift*, xxxiii. 1895, p. 101 ff.

[3] For the text see Mariette, *Monuments*, pl. 9; Mariette, *Revue Archéologique*, 1865; Maspero, *Revue Archéologique*, 1873; and *Records of the Past*, vol. vi. p. 71.

man was brought to the temple of the "Holy Mountain," i.e., Gebel Barkal, and taken in before the statue of the god, and if Åmen approved of him the statue spoke and declared that he was to be the king of the country. The hieroglyphics which form the king's prenomen and nomen were for some reason obliterated in ancient days, but there is no doubt that the stele was made for the same king as the stele recording a dedication of offerings to Åmen which has been published by Pierret[1] and by Schäfer,[2] and is now preserved in the Museum of the Louvre. Åspelta's mother, we learn from this stele, was called Nensersa, 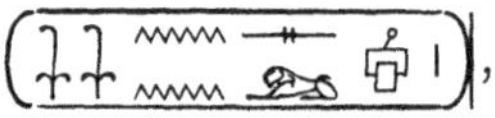, his wife Māṭ......ḥenen, , and his daughter Kheb, ; the stele is dated in the 24th (?) year of the king's reign, and gives us the names of the king as Horus ( Nefer-khā), as lord of the shrines of Nekhebet and Uatchet ( *Nefer-khā*), and as the Horus of gold (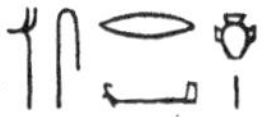 User-àb). Unfortunately neither the stele at Cairo nor that in the Louvre supplies us with other than information of a religious character. In the Stele of Nàstasenen (lines 61 and 65) are allusions to certain possessions with

[1] *Études Égyptologiques*, tom. i. pp. 96–109; *Records of the Past*, vol. iv. p. 87.
[2] *Aegyptische Zeitschrift*, 1895, p. 101 ff.

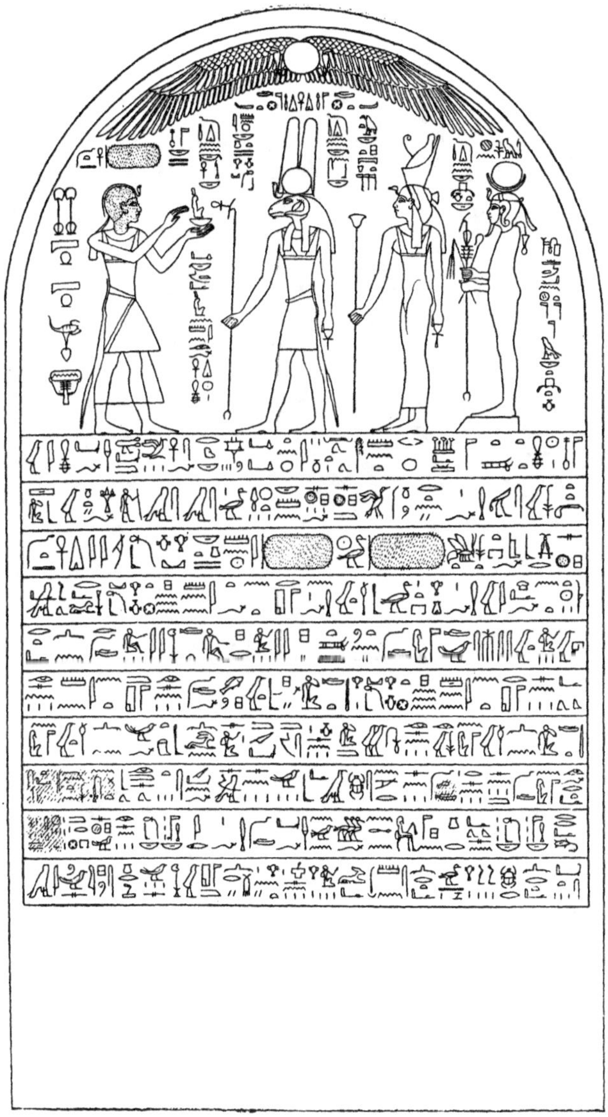

The Stele of the Excommunication.

which he endowed the shrines of Ȧmen of Pa-qem-Ȧten and Bast of Thert, and judging from these and from the information supplied by the stele in the Louvre, we are right in assuming that Ȧspelta's accession was heartily approved of by the priesthood of Ȧmen in Nubia.

In connexion with this reign must be mentioned the "Stele of the Excommunication," which was found with the stelae of Piānkhi, Ta-nut-Ȧmen, Ȧspelta, and Ḥeru-sa-ȧtef at Gebel Barkal. The stele is a small one, and on the upper part of it is a scene in which a king is making an offering of Maāt, , to the god Ȧmen-Rā, "who dwelleth in the Holy Mountain," . The god is ram-headed, and is accompanied by Mut and by Khensu-em-Uast, who holds in his hands the emblems of life, sovereignty, dominion, power, and stability, ; above the gods is the winged disk. The hieroglyphic characters which formed the name of the king and his features have been obliterated, both from the cartouche above his head, and from the third line of the inscription, but it is probable that the king who is here represented is Ȧspelta, for this king's names are obliterated from the stele which records his coronation. The stele now under consideration is inscribed with a very interesting text which throws some light on the social life of the people of Napata. After enumerating the titles of the god

Tem, 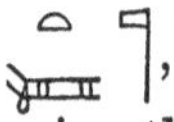, it goes on to say that in the second year of his reign the king made a journey to the temple of Åmen of Napata in the Holy Mountain, to "drive out "the men who were hateful to the god" and who were called "TEM PESIU PER ṬET KHAIU," 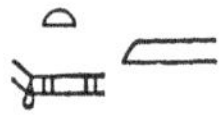 . These men,

A Pyramid at Meroë.

it appears, formed a company or sect the creed of which was expressed in the words of their name, i.e., "those "who cook not that which cometh from the hand of "the slaughterers;" in other words, a sect which preferred to eat its meat raw like the Tartars of old and some of the tribes of the modern Abyssinians. The Nubian king was opposed to the sect and tried to alter their views, but they conspired against him and intended to take his life, and when the king discovered this he went to the temple and killed them all, and gave orders that their posterity should not enter the temple. In revenge for this act the adherents of the raw-meat eaters cut out the king's name and features from the stele.[1]

6.  P-ĀNKH-ALURU.

Of P-ĀNKH-ALURU nothing whatsoever is known, but we may assume that he lived in the first half of the VIth century B.C. His name occurs twice in the Stele of Nȧstasenen; from the way in which he is mentioned it is certain that he was an ancestor of this king, and he may even have been the founder of the dynasty. In line 8 he is said to have sprung from the city of Ta-ḥeḥet, , and in line 16 Nastasenen says, "Ȧmen of Napata, my good father, gave me the "kingdom of Napata, and the crown of Ḥeru-sa-ȧtef, "and the might of P-ānkh-aluru." The former of these kings was probably the father of Nȧstasenen, and the latter his grandfather.

[1] See Mariette, *Monuments*, plate 10; Mariette, *Rev. Arch.*, 1865, tom. ii. p. 161; Maspero, *ibid.*, 1871, tom. i. p. 8; and *Records of the Past*, vol. iv. p. 93.

7. 

ÀMEN-SA-MERI, son of the Sun, ḤERU-SA-ÀTEF.

ḤERU-SA-ÀTEF, who was probably the son of P-ānkh-aluru, appears to have ascended the throne of Nubia about B.C. 560, and to have been a contemporary of Àāhmes II., king of Egypt. A stele inscribed with an account of the reign of this king was found at Gebel Barkal, and is the only document which throws any light upon the events of the reign of Ḥeru-sa-àtef.[1] On the obverse of the stele are two scenes in which the king is seen making offerings to Àmen, who is represented as a man-headed god in one scene and as a ram-headed god in the other; the king is accompanied by his mother Thesmanefer, 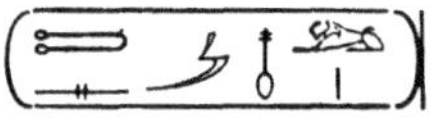, and by his wife Behthàliḥ (?), 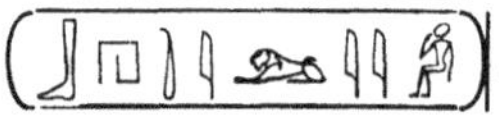. The stele is dated in the thirty-fifth year of the king's reign; after enumerating his Horus name and other titles,[2] the text goes on to describe his offerings to the

[1] For the text see Mariette, *Monuments Divers*, plates, 11, 12, 13; and for a translation see Maspero, *Records of the Past*, vol. vi. p. 85.

[2] His Horus name was 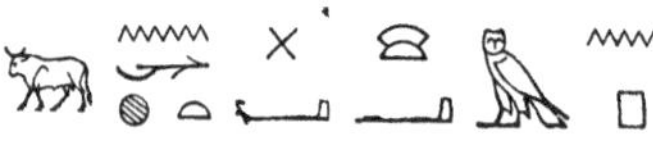 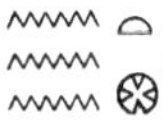; his  name was ; and his  name was .

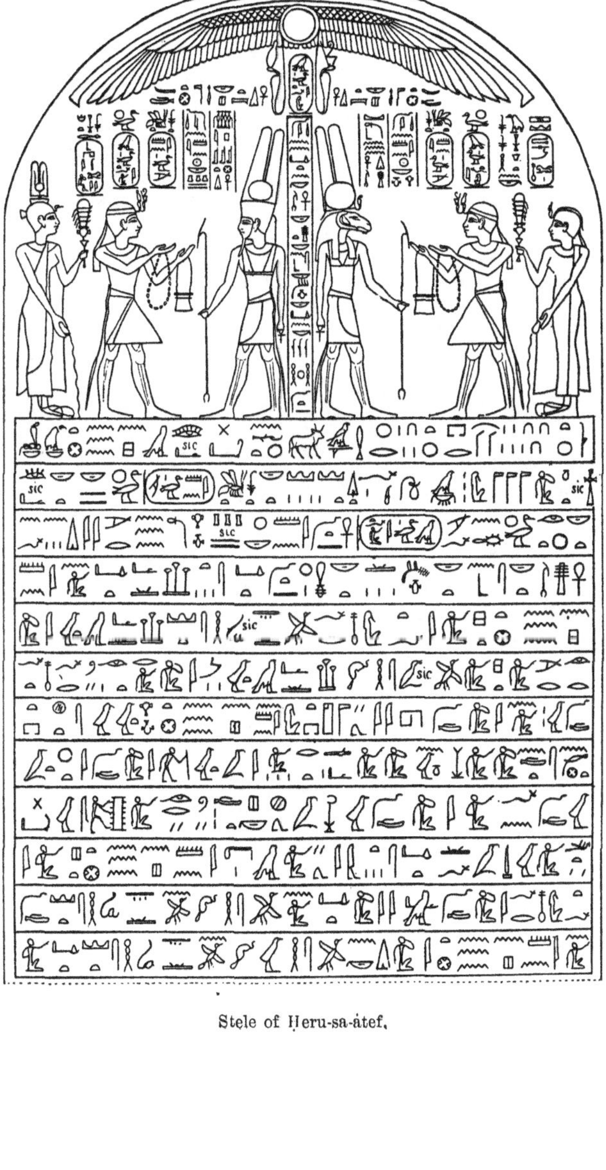

Stele of Ḥeru-sa-àtef.

gods Àmen-Rā of Qem-Àten, Àmen-Rā of Pa-nebes, Bast of Tart, , and Àmen-Rā of Tar......reset, . The inscriptions on the two sides of the stele contain a list of the benefactions which Ḥeru-sa-àtef made to the temple of Àmen-Rā of Napata, and describe the gifts *seriatim*, and it is difficult not to come to the conclusion that he *bought* the throne of Nubia from the priesthood.

In the second year of his reign he attacked the people of Rehrehsa, 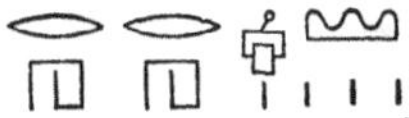, and in the third year he marched against the Meṭeṭ, 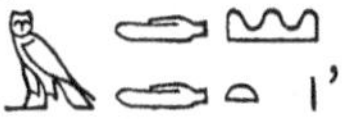, a nation which has been thought to be mentioned by Pliny. In his fifth year he attacked them again at Ànerua......ret, ; and in his sixth year at , and after this his foe surrendered, saying, "I am thy servant, I am a woman," . In his eleventh year he sent a force against Ṭāqnat,  , and killed the rebel chiefs Barḳa, , Sa-Àmen-sa, 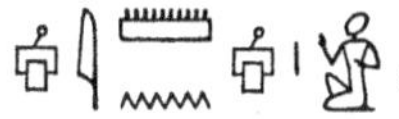, who had invaded Sunt, . In his sixteenth year he attacked Mekhet-ḥi, , and captured the chief of Rehrehsa in Meroë; in his 23rd year he attacked him and his ally Shaiuārkaru, 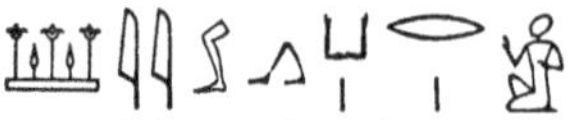; and in his 33rd year he sent fifty spies into Mekhet-ḥi, and inflicted a crushing defeat upon his foes in the city of Teqethet, . The latter part of the inscription gives the names of a number of shrines of Rā, Osiris, Isis, and Horus, e.g., Osiris and Isis of Merthet, , and of Ḳarret, ; Osiris, Isis, and Horus ot Sehresat, ; Osiris and Àmenà-Àbṭi[1] of Sekaruḳat, ; Horus in Karuthet, ; Rā in Meḥat, ; Ànḥer in Àruthenit, 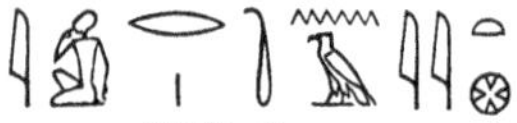; Osiris of Napata; Osiris of Nehanat, ; Osiris and Isis of Pa-qem; and Osiris of Pa-Nebes, .

8.  ĀNKH-KA-RĀ, son of the Sun, NÀSTASENEN.

Of NÀSTASENEN, or ÀSTASENEN, there is preserved in the Museum at Berlin a grey granite stele dated in the

1 .

eighth year of his reign; this stele was commonly thought to have been found at Donḳola, but it has been shown [1] recently that it was discovered among the ruins of a temple at Gebel Barkal. From the important text,[2] inscribed upon the stele, which has been re-edited by Herr Schäfer, we gain much information concerning the reign of Nåstasenen, and it is clear that he was a great king. He adopted as his Horus name the title, "Mighty bull, beloved of the company of the gods, who appeareth in Napata,"[3] and he was called by Åmen from Meroë [4] to Napata to rule the land. He reached in one day the city of Åsṭmursat, , and passing Ta-ḥeḥet, , and the vineyard planted by P-ānkh-Åluru, 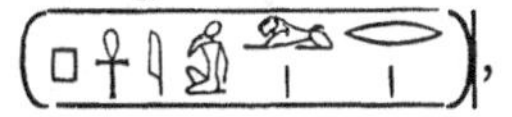, at length arrived at Napata; from Napata he sent on messengers to Donḳola, the  Tenḳuur of the inscription. Shortly after his arrival at Napata

[1] See Schäfer, *Regierungsbericht des Königs Nastesen*, Leipzig, 1901.

[2] First published from a paper squeeze by Lepsius in *Denkmäler*, v. 16; next by Maspero in *Trans. Soc. Bibl. Arch.*, vol. iv. 1875; see also Brugsch, *Geog. Inschrift.*, vol. i. p. 163; *Records of the Past*, vol. x. p. 55, and Schäfer, *op. cit.*

[3] 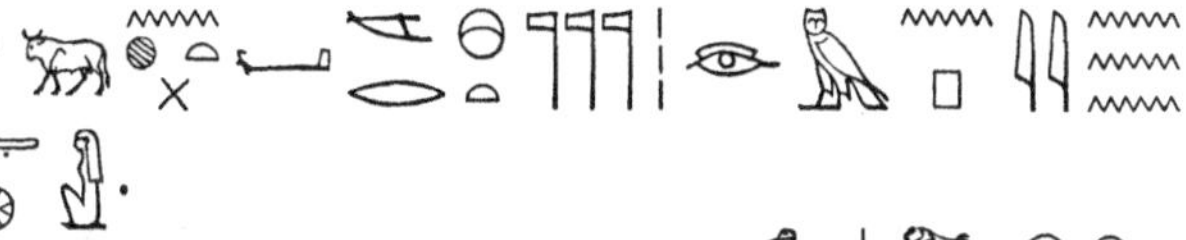

[4] The old form of the name was Baruuat, .

he went to the temple, and he prayed to Åmen that the royal crown of king Ḥeru-sa-åtef, 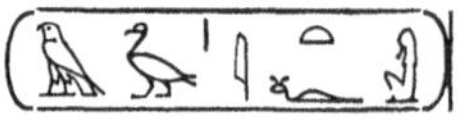, and the might of P-ānkh-Åluru might be bestowed upon him.

On the first day of the third month of the season Shat (i.e., Khoiak), he made a great festival in honour of Åmen, and a great procession of the god in his boat took place; at this time Åmen gave him the sovereignty over the land of Kenset, , and the land of Ålut, or Årut, , the Nine-Barbarian nations, , the lands on both sides of the Nile, and the four quarters of the earth. From this we see that Kenset was the name given to Nubia from Napata to Philae, and Ålut represented the country south of Nubia as far as Khartûm, or perhaps even as far as Ṣawba. On the twenty-fourth day of the month Nåstasenen was crowned with great rejoicings, and he slew the sacrificial beasts, and ascended the golden throne and sat down under the great umbrella. He then continued his journey down the river, and offered up sacrifices to Åmen of Pa-qemt, ,[1] a town near the head of the Third Cataract, and to Åmen of Pa-nebest, , a town near Wâdî Ḥalfa; Åmen of Pa-qemt gave him a bow, and Åmen

[1] Or, Pa-qemt-Åten; see the inscription on the reverse of the stele, line 10.

of Pa-Nebest a club. When these acts of homage to Åmen of Northern Nubia were ended, Nástasenen returned to Napata and made a great feast in honour of Åmen and the goddess Bast of Terut, or Telut, , a town to the south of Napata. He next made great offerings to the gods, including figures of Åmen and Horus, vessels of incense, and honey, and large numbers of bowls, basins, vases, cups, etc., made of bronze, and sacrificed bulls and cows to the god, and performed all the ceremonies which he was expected to perform. Then there came the man Qambasauṭen... , and made war against Nástasenen. Against him the Nubian army marched from Tchart, 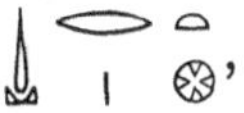, and inflicted a crushing defeat upon his forces. Nástasenen captured all his ships, and utterly routed his men, and he took as booty all his lands, and all his flocks and herds, whereupon his army had intended to live, from the city of Kareṭept, , to the city of Taluṭipeḥt, . To the town of Taremut, , he gave twelve of the holy bulls which had been brought from Napata. The name of the king or general, Qambasauṭen... who came against Nástasenen naturally suggests Cambyses, although it is spelt in an unusual fashion.

We have already seen that Cambyses, according to Herodotus, made an expedition into Ethiopia, as Nubia was called in those days, and that it was attended with the loss of all his army, and it is quite possible that in the inscription of Nástasenen we have an account of the actual defeat of the Persian king.[1] Cambyses must have made his ill-fated attempt to reduce Nubia about 525 or 524, and this date falls well within the period of the reign of Nástasenen. On the 26th day of the fourth month of the season Shat, i.e., on his birthday, Nástasenen gave six of the sacred cattle of Napata to the city of Sakasakaṭit, 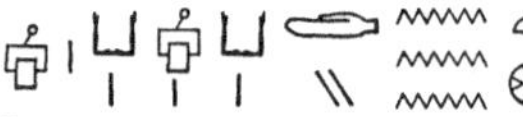, and on the great day of the same month whereon he received the crown of Rā, he dedicated to Ȧmen garlands and offerings from the land between Karṭept, 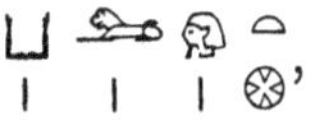, and Tarleqet, . In Taqetat, 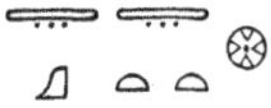, he dedicated a lamp to the god.

Nástasenen next made war on the city Mekhneṭqenenet, 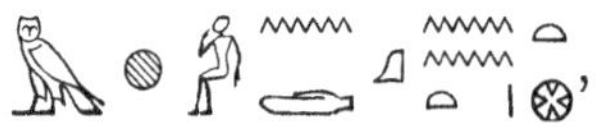, and made captive its prince Ȧikhentkat, 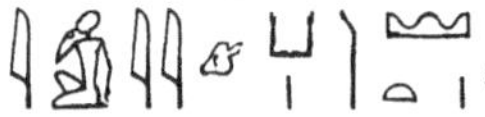, and captured great spoil, consisting of 717,008 head of cattle of various kinds, 2236 women, 322 objects from the

[1] The arguments for and against this view are well set forth by Schäfer in *Regierungsbericht des Königs Nastesen*, Leipzig, 1901, pp. 9 and 10.

town of Katarṭit, . In his subsequent campaigns Nàstasenen conquered, 1. Rebalu,  , Àkalukarkhent, , and took prisoner their prince Lubkhentṭen,  ; 2. Àrerusa, 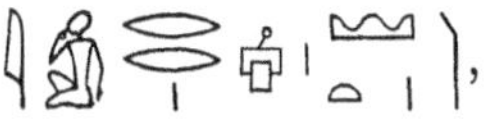, taking prisoner Àbsekhent, 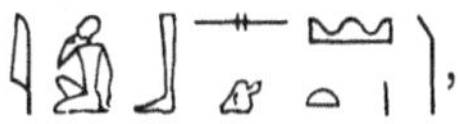, the prince of Mashamet, 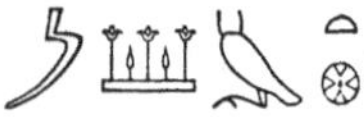; 3. Mekhsherkherthet, 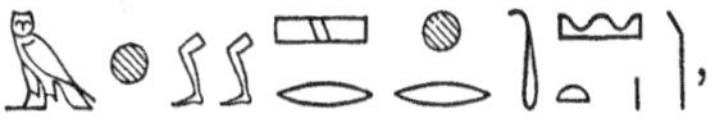, taking prisoner the prince thereof; 4. Maikhentka, 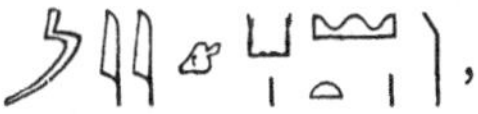, the prince thereof Tamakhithet, , being defeated at the Sycamore of Sarusaru,  ; 5. he made two expeditions against the Meṭi, , the first because they had stolen some property which had been dedicated to the temple of Pa-qem-Àten, , by king Àspelta, , and the second because they had stolen some of the property of the goddess Bast, 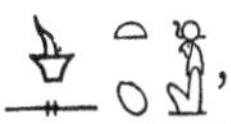, of the city of Thert, 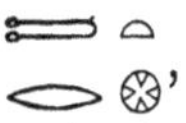, which had been dedicated by the same king. At each conquest

Nástasenen captured large quantities of spoil, and he was careful to make large gifts to his god Ȧmen of Napata. The upper part of the stele of Nástasenen is rounded, and on the obverse are two scenes in which the king is seen making offerings to the god Ȧmen of Napata; in the one the god is man-headed, and the king is accompanied by his mother Palkha 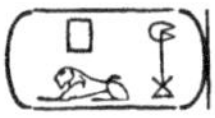, and in the other the god is ram-headed, and the king is accompanied by his wife Sekhmakh 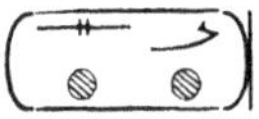. Above these scenes is the winged disk with the pendent uraei of the South and North and the king's name in a cartouche between them.

After the reign of Nástasenen it again becomes impossible to arrange the Nubian kings in chronological order, but between B.C. 525 and 260 we may place the following:—

1. 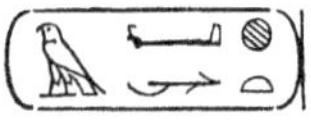 ḤERU-NEKHT.

2. 
SEKHEPER-EN-RĀ, son of the Sun, SENKA-ȦMEN-SEKEN, with the Horus name 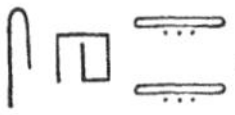.

3.  KHU-KA-RĀ, son of the Sun, ȦTHLENERSA, with the Horus name ḲER-TAUI, 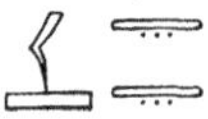; and the  name Meri-

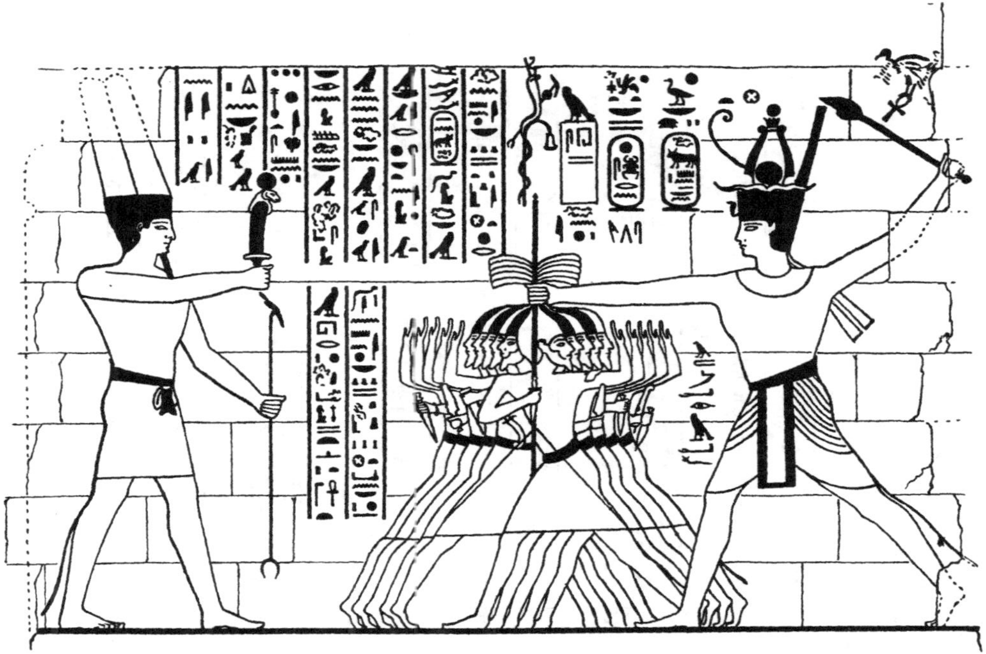

King Senka-Àmen-seken slaying his foes in the presence of Àmen-Rā. From a pyramid at Gebel Barkal.

Maāt, ; and the  name Smen-en-hepu, 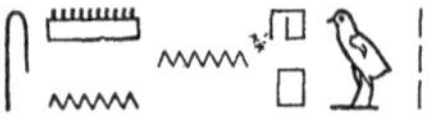; and the title "Menthu among his soldiers," 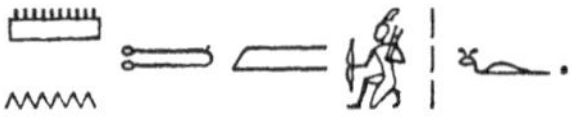.

4.  Lord of the two lands, KHEPER-KA-RĀ, ÅMEN-NETEḲ.

5.  ÅMEN-TAUI-KALBATH.

6. 
ÅMEN-ĀRIT, the lord, maker of things, KENTHÅḤEBIT.

7. 
ĀNKH-KA-RĀ, ÅRKENKHERULU.

8.  KENRETHREQNEN.

9. 
KHNEM-ÅB-RĀ, son of the Sun, ...ÅMEN-ÅRK-NEB.

10. 
KALKA, son of the Sun, KALTELÅ.

11.  ĀNKH-NEFER-ȦB-RĀ, son of the Sun, ȦMEN-MER-ȦSER.....

12. 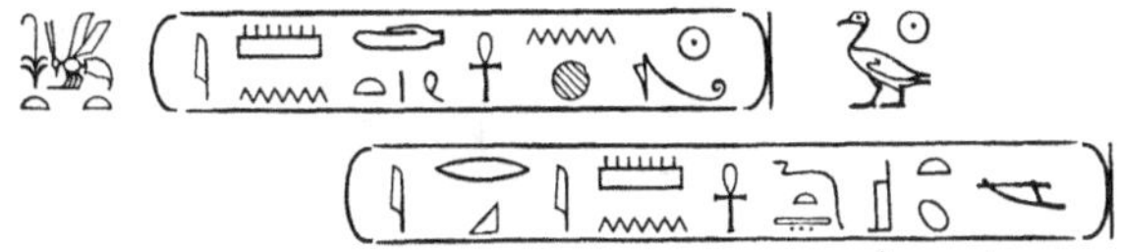

ȦMEN-ṬET-ĀNKH-TȦA-RĀ, son of the Sun, ȦRQ-ȦMEN-ĀNKH-TCHETTA-ȦST-MER.

ȦRQ-ȦMEN was a contemporary of Ptolemy II., Ptolemy III., and Ptolemy IV., and he was brought up at the court of Ptolemy II. in accordance with Hellenistic ideas (Diodorus iii. 6). The circumstances by which he came to be under this king's care at Alexandria are unknown, but they, no doubt, arose from some determined and successful attempt which was made by Ptolemy II. to obtain dominion in Nubia. The object in view was probably the control of the gold mines in Wâdî 'Ulâḳi, which was approached by a desert road that started on the eastern bank of the Nile near the modern Ḳubbân, but whether this control was obtained by force or by diplomacy cannot be said; in either case some years of the king's minority were passed in Alexandria. Ȧrq-Ȧmen, or Ergamenes, as Diodorus calls him, built a small temple at Dakkeh in Nubia, and on the portions of the walls which still stand the king may be seen making offerings to Osiris, Isis, and Horus, and to Ȧmen-Rā,

Mut, and Khnemu, and to Thoth and Tefnut. Årq-Åmen was a devotee of the god Åri-ḥes-nefer, and he contributed reliefs to the small temple which Ptolemy IV. built in honour of this god on the Island of Philae. Diodorus tells us that he was the first of the Ethio-

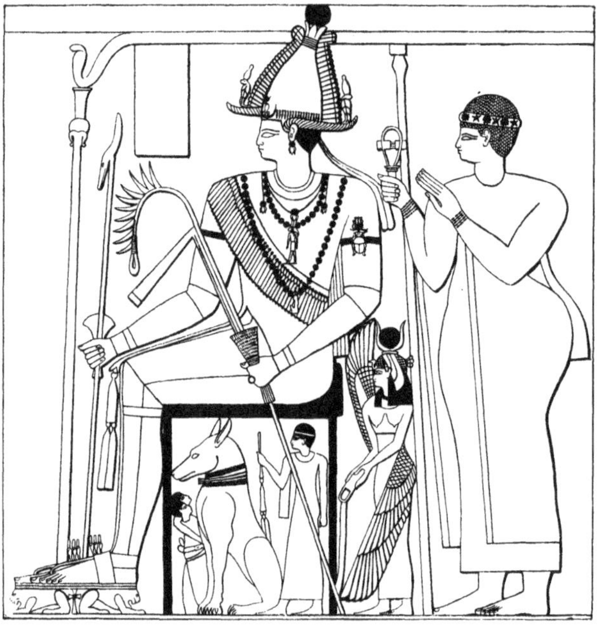

Nubian king seated on his throne in a shrine; behind him stand his queen and the goddess Isis. From the south wall of Pyramid No. 9 at Bakrawîyeh. (Lepsius, *Denkmäler*, Abth. v. pl. 27.)

pians to break the laws of his country in connexion with the custom of putting kings to death. It seems that whenever the priests at Meroë became tired of their king they sent a message to him commanding him to put himself to death, saying that it was the will of the gods; usually the king obeyed the command and so accepted what he believed to be his fate. A

Nubian king. From a bas-relief on the west wall of the Temple at Naga. (Lepsius, *Denkmäler*, Abth. v. pl. 60.)

message of this kind was sent to Årq-Åmen, but he was so bold as to reject and despise such commands, and assuming the spirit and courage becoming a king, he collected a number of men and marched straightway to the golden temple of the Ethiopians, which was built in a place very difficult of access, and there cut the throats of all the priests, and so abolished an ancient barbarous custom. There is no doubt that the king who built the temple at Dakkeh is to be identified with the Ergamenes of whom the above story is told.

Another Nubian king, of much later date, whose cartouches are found near Philae is

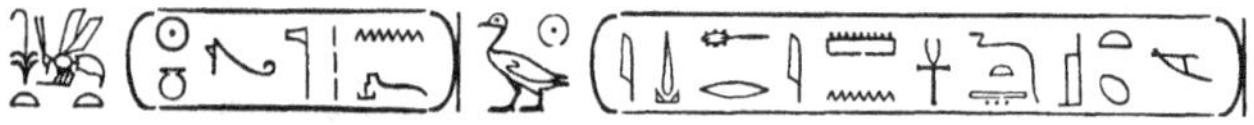

TȦA-EN-RĀ-SETEP-EN-NETERU, son of the Sun, ȦṬCHA-KHAR-ȦMEN-ĀNKH-TCHETTA-ȦST-MERI.

He seems to have repaired or added to a temple at Dâbûd, whereupon appear the names of some of the Roman Emperors, but whether he was contemporary with them, or immediately preceded them, which is more probable, cannot be said.

A year or so after the death of Cleopatra the Nubians revolted, and Cornelius Gallus, the first Roman prefect of Egypt, marched against them and suppressed the revolt. About B.C. 23 the Nubian queen, whose official title was "Candace," invaded Egypt, seized the Island of Philae, and enslaved the inhabitants of Elephantine and Syene. Petronius attacked her with 10,000 infantry and 800 cavalry, and drove her as far south as Napata, which he destroyed (Strabo xvii. i. § 54; Pliny vi. 35); after this the

Nubian kings appear to have restored Meroë and made it their capital. The kings who reigned there from about B.C. 200 to A.D. 200 adopted the prenomens of some of the old Egyptian kings, and in their second cartouches they gave their own native names, e.g. :—

EGYPTIAN PRENOMENS. NUBIAN NOMENS.

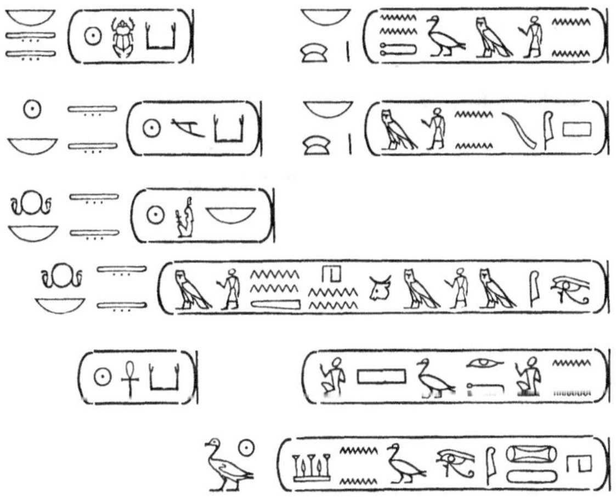

1.
2.
3.
4.
5.

The Meroïtic inscriptions have not as yet been deciphered, and it is impossible to give the correct readings of the Nubian names, because at the period when they were written the Nubians seem to have given new values to several of the hieroglyphic characters. Thus the Nubian kingdom of the descendants of the priest-kings came to an end, and a most interesting but little-known chapter of Egyptian history is brought to a close. The Egyptian element in the Nubian royal house or houses gradually exhausted itself, until in the later Ptolemaïc Period we find that the features of their kings as depicted on the monuments resemble those of negroes, while their names, which started by being purely Egyptian, become as time goes on barbaric and strange. A parallel may be drawn between them and the Greek kings in Bactria and India, who were established in those countries after the expedition of Alexander the Great, and who, being isolated from Greece and Greek culture, gradually became more and more barbarized until their original Greek characteristics were entirely lost.

INDEX

Āa, a title of the Àntef kings, **ii.** 181
Àaa, **iii.** 8
Aā-àb I., a king (Rā-uaḥ-àb), **iii.** 101
Àā-àb II., Ptolemy XI., **viii.** 69
Āa-àb-meri-taui (Haḳer), **vii.** 93
Āā-baiu (Àmenemḥat III.), **iii.** 43
Àāḥ, the Moon-god, **iii.** 182; **vii.** 210
Àāḥet, a divine mother, **ii.** 202
Àaheteb, **ii.** 206
Àāḥ-ḥetep, wife of Ka-mes, **iii.** 178 ff., 180, 183, 192, 207; her coffin and jewellery, **iii.** 179
Àāḥ-ḥetep, wife of Àmenḥetep I., **iii.** 209
Àāḥ-ḥetep, sister of Àmenḥetep III., **iii.** 200
Àāḥ-ḥetep, daughter of Amasis I., **iii.** 194
Àāḥmes I. (Amasis), reign of, **iii.** 184 ff., 214; **iv.** 160; **vi.** 24
Àāḥmes II. (Amosis), reign of, **vii.** 13-32; **viii.** 152
Àāḥmes, the great queen, **iv.** 23, 24
Àāḥmes, wife of Thothmes I. and mother of Ḥatshepset, **iii.** 209, 210, 211
Àāḥmes, general of Aryandes, **vii.** 62
Àāḥmes, scribe of the Mathematical Papyrus, **iii.** 153
Àāḥmes-nefert-àri, wife of Amasis I., **iii.** 181, 192, 194, 197, 200
Àāḥmes-sa-pa-àr, **iii.** 181

Āāina, **v.** 159
Āa-kheper-en-Rā, **i.** 123
Āa-kheper-ka-Rā, **i.** 123; **iii.** 195; **iv.** 17
Āa-kheperu-Rā, **i.** 123
Āām, **ii.** 131, 132
Āamu, Semitic tribes of the Eastern Desert, **ii.** 131; **iii.** 16, 138, 143; **iv.** 20, 47, 52; thirty-seven Āamu visit Egypt, **iii.** 28
Āamu Ḥeru-shā (Sand-dwellers), **ii.** 101
Āamu (Hyksos), **iv.** 179
Āamu of Rethennu, **iv.** 53
Āamu of Shu described, **iii.** 28
Āamu-Kehak, **vi.** 38
Ȧȧru-en-Ȧmen, a tomb robber, **v.** 199
Aāsith, **v.** 10
Aata, a rebel, **iii.** 188
Ȧa-tcha-mutet, a district of Thebes, **viii.** 46
Aat-en-Sekhet, **ii.** 205
Ȧaṭet, the "people of filth," **iii.** 169
Āathȧka, **v.** 160
Ȧati, a city, **vi.** 110
Ȧat-sekhau, **iii.** 81
Ȧaṭti, "plague," "scourge," i.e. Hyksos, **iii.** 139
Ab, **iv.** 190
Ȧbȧ, a king, **iii.** 103
Ȧb-ȧā, a king, stele of, **iii.** 104, 105
Abaïkour, **ii.** 188
Abana, father of Ȧāḥmes, **iii.** 185, 195, 203
Ābaqeru, dog of Ȧntef-āa IV., **ii.** 188
Āb-ȧst (Pyramid of User-kaf), **ii.** 68
Abaton, **viii.** 50
Abbott Papyrus quoted or referred to, **ii.** 185, 186, 188, 190, 201; **iii.** 126, 173, 174, 178, 181, 199; **v.** 196
'Abd al-Laṭîf, **ii.** 38, 52; **iii.** 15
Abd-Ashratum, **iv.** 136, 139, the "dog," 210, 213-216, 218, 219, 221, 222, 226
Abd-Ashratum, his sons called "dogs," **iv.** 217, 218
Abdi-khiba, **iv.** 137, 229, 230; letters from to the king of Egypt, **iv.** 231-235
Abdili'ti, **vi.** 136
Abdi-Milkutti, **vi.** 152
Abd-irama, **iv.** 217
Abdi-Tirshi, **iv.** 238

Abd-Milki, **iv.** 217
Abd-Ninib, **iv.** 210
Àbeb, **iii.** 44
Àbhat, a region in Northern Nubia, **ii.** 103, 112; **iv.** 93
Abila, **vii.** 234
Abi-milki, governor of Tyre, his letters to the king of Egypt, **iv.** 138, 141, 226-228; **vi.** 152
Abi-milki of Shasḥime, **iv.** 241
Abitu, **iv.** 225
Àb-meri-Rā, **ii.** 167, 168
Aborigines of Egypt, **i.** 29
Abraham, the Patriarch, his arrival in Egypt, **iii.** 42
Abrocome, **vii.** 71
Åbsekhent, **viii.** 161
Absha, prince of, **iii.** 29
Ābu (Elephantine), **i.** 57; **ii.** 103, 112, 113; **iii.** 6; **vi.** 162; **vii.** 9
Abû Ḥammad, **ii.** 121; **vii.** 49, 50
Abu'l-Fida, **ii.** 39
Abu'l-Hawl, **ii.** 52
Abû Simbel, **iv.** 149; **v.** 30, 54, 57, 58, great temple at (illustration), 59, 66, 70, 82, 134; **vi.** 44, 227, 228
Abuṣir, **ii.** 68, 69, 72, 75
Abydos, centre of Osiris worship in Upper Egypt, **i.** 36; **iii.** 4, 15, 41, 77, 97, 105; **iv.** 6, 9, 57, 171; **v.** 44, 70, 108, 188; **vi.** 44, 50, 64, 79; **vii.** 3, 22, 99, 108; **viii.** 55
Abydos and Naḳada, **i.** 48
Abydos, discovery of royal tombs at by Amélineau, **i.** 11, 12, 13 ff.; excavations at by Petrie, **i.** 21; mace-heads and other antiquities from, **i.** 63
Abydos, head of Osiris there buried, **v.** 11
Abydos, Tablet of, **i.** 119, 124, 147, 159; **ii.** 201; **iii.** 78, 79; **v.** 12
Abydos, Tablet of (illustration), **i.** 121
Abydos, second Tablet of, **i.** 125
Abydos, Temple of Rameses II. at, **v.** 61
Abydos, Temple of Seti I. at, **v.** 11
Abydos, Tomb of Āḥa, **i.** 172
Abyssinia, **vi.** 185, 186
Abyssinians, **iv.** 6; **viii.** 150

Acacia trees bow before Christ, **iii.** 183.
Acco, **iv.** 200
Accho, **iv.** 214, 228, 229; **vi.** 136
Acencheres, **i.** 142; **iii.** 150
Acenchres, **iii.** 150
Achaean League, **vii.** 127
Achaemenidae, **vii.** 35
Achaians, **vi.** 37
Achencherses, **i.** 136
Acherres, **i.** 136, 142
Aches, **i.** 131, 221
Achillas, **viii.** 89, 91, 92, 93, 95
Achilles, **vii.** 137
Achoris, **i.** 139
Achthoes, **i.** 133
Acoris, **vii.** 102, 106
Actisanes, **iii.** 57
Actium, Battle of, **i.** 74; **viii.** 103
'Âd, **vii.** 151
Adad-nirari, **iv.** 206
Adam, **i.** 129
Adanê, **iv.** 6
Adaya, **iv.** 223
Addah, **iv.** 149
Addu-dayan, **iv.** 241
Addu-mihir, **iv.** 236
Addu-nirari II., **vi.** 42
Aden, **vii.** 194
Adikran, **vii.** 2, 14
Adon, **iv.** 120
Adonis, a play by Ptolemy IV., **viii.** 139
Adoriam, **vi.** 69
Adrammelech, **vi.** 152, 195
Adule, inscribed throne at, **vii.** 214, 215
Adullam, **vi.** 69
Aduna, **iv.** 217, 222
Aeaces, **vii.** 32
Aeakides, **vii.** 161
Aegae, **vii.** 128, 181
Aegean, primitive culture of, **i.** 31
Aegean, **vi.** 37
Aegina, **vii.** 30
Aeginetans, **vii.** 120
Aegypt, Aegypte, **i.** 179; **vi.** 194
Aegyptians, **vi.** 194, 212, 213, 225, 229, 230; **vii.** 5, 6, 7, 25, 26, 29
Aegyptus, name of Sethosis, **iii.** 151
Aelian quoted, **i.** 212; **ii.** 51; **vi.** 120; **vii.** 106, 127, 237
Aellopodes, **vii.** 137
Aeolia, **vii.** 30
Aeschylus, **vii.** 153, 227
Aesopus, **ii.** 37
Aethiopia, **v.** 82

Aethyopians, **vi.** 212
Aetolia, **vii.** 153
Aetolians, **vii.** 233
Aetos, son of Aetos, **viii.** 14
Africa, **vi.** 186, 216; **vii.** 151, 194, 214
Africa, Central, **i.** 44, 58
Agade, **i.** 62, 71, 129
Agate beads, **i.** 54
Agathocleia, **vii.** 233, 244; **viii.** 5, murder of, **viii.** 9
Agathocles, **vii.** 233, 244, 247; **viii.** 2, 3, 4, 5, murder of, **viii.** 9
Agathodaemon, reign of, **i.** 164
Aged One, i.e. Rā, **ii.** 66
Agesarchus, **viii.** 4
Agesilaus, **vii.** 92, 104-106, 122
Agrianes, **vii.** 129
Agricultural tools, **i.** 82
Agriculture and the Nile, **iii.** 46
Agriculture, predynastic, **i.** 81
Agum, **iv.** 164
Āḥa, early king, **i.** 182; **ii.** 9, 16
Āḥa, plaque of, **i.** 175; tomb of described, **i.** 172, 174, 177 ff.
Ahab, king of Israel, **i.** 156; **vi.** 85, 189
Āḥatiu-en-ḥeq, **iii.** 197
Ahijah, **vi.** 68
Aḥi-Ṭābu, an envoy, **iv.** 200
Ȧḥtes, **i.** 221
Ȧi, king of the XIIIth Dynasty, **iii.** 101
Ȧi, king of the XVIIIth Dynasty, **iv.** 145-149; tombs of, **iv.** 147, 148
Aidagamma, **iv.** 224
Αἰγυπτιακά, **i.** 129
Aijalon, **vi.** 69
Ȧikhentkat, **viii.** 160
Ailinos Dirge, **ii.** 194
Ajalon, **iv.** 231, 233; **vi.** 70
'Aḳabat al-Kebîr, **vii.** 146
Ȧkaita, land of, **v.** 68
Akalonka, **vi.** 143
Ȧkalukarkhent, **viii.** 161
Ȧkanesh, **vi.** 111
Ȧkaneshu, **vi.** 109
Ȧkathi, **iv.** 73
Aker, **v.** 193
Akermi, **vii.** 147, 148
Akeru, **ii.** 11
Akesephthres, **i.** 141
Akhaemenes, **vii.** 62
Akhaemenes, brother of Xerxes, **vii.** 71, 74; slain by Inarôs, **vii.** 81, 82

Akhaemenians, **vii.** 62
Akhenàten, **iv.** 130
Akh-ni, **vi.** 155, 178
Akhoris, **vii.** 93, 102, 106
Akhthoes, **ii.** 165
Akita, **v.** 191
Akizzi, letters from to Àmen-ḥetep III., **iv.** 223 ff.
Akkû, **vi.** 136
Aksum, **vii.** 215
Akzibi, **vi.** 136
Alabastronpolis, **iv.** 150
Al-Ahrâm, **ii.** 39
Al-'Amrah, excavations and predynastic graves at, **i.** 21, 22, 105
Àlasa, **iv.** 167
Al-Asasîf, **iii.** 216
Alashiya, **iv.** 157, 164, 167, 168, 169; **vi.** 51; letters from to the king of Egypt, **iv.** 205 ff.
Al-'Ayûn, **iii.** 216
Alazir, **vii.** 60
Al-Bersheh (Al-Barsha), **iii.** 22
Al-Bersheh, Tablet of, **i.** 151
Aleppo, **iv.** 37, 38, 47, 207; **v.** 28, 30, 32, 44, 52; **vi.** 34, 85
Àlesa, **iv.** 205
Alexander III. of Macedon (Alexander I. of Egypt), surnamed the Great, **iii.** 56; **v.** 77, 86; **vi.** 162; **vii.** 122; reign of, **vii.** 128-160; his birth, **vii.** 141, slays Nectanebus, **vii.** 142, visits Sîwa, 144, Àmen his father, 145-149, founds Alexandria, 150 ff., death of, 154, his family, 159; **viii.** 121, 122, 134, 170
Alexander the Great, History of by Ptolemy I., **vii.** 188; his tomb at Alexandria, **vii.** 93; Greek and Oriental versions of his life and exploits, **vii.** 175
Alexander IV. of Macedon (Alexander II. of Egypt), his reign, **vii.** 73, 161-168, 174, murder of, **vii.** 183, 186
Alexander IV., Stele of, **vii.** 74, 80
Alexander Aegus, **vii.** 166
Alexander, a priest, **viii.** 14
Alexander Balas, **viii.** 28, 43
Alexander Helios, son of Cleopatra VII., **viii.** 102

Alexander Iannaeus, **viii.** 61
Alexander of Epirus, **vii.** 128
Alexander Polyhistor, **ii.** 36
Alexander VII. (Pope), **vii.** 4
Alexander Zabinas, **viii.** 43
Alexandria, **ii.** 60 ; **iv.** 60 ; **vii.** 49, 100, 227 ; **viii.** 4, 7, fortified by Ptolemy IX., **viii.** 26, 33, 39, 40, 70, 89, 91-93, as a Greek centre, 127, Alexander's body brought there, 181, Anti-Semitic riots in, **viii.** 129
Alexandria, legends as to foundation of, **vii.** 137 ; revolt in B.C. 130, **viii.** 42
Alexandria, Library and Museum of, **vii.** 186, 192 ; **viii.** 55, 115, 138
Alexandrian envoys slain, **viii.** 80
Alexandrian Jews, **viii.** 129
Alexandrians, **viii.** 12, 70, 95 ; the three classes of, **viii.** 56
Alexas, **viii.** 104
Al-Fayyûm, **iii.** 48
Al-Haram al-Kaddâb, **ii.** 24
Al-Haramân, **ii.** 39
Alisphragmuthosis, **iii.** 148, 167, 168
Al-Ḳanṭara, **vii.** 120
Al-Khârga, Oasis of, **vii.** 66, 80, 84, 100
Alkimos, **viii.** 30
Al-Mâmûn, **ii.** 62
Alnwick Castle, antiquities at, **iii.** 23
Altakû, **vi.** 137, 140-142, 191, 192
Altar of Ȧmenḥetep IV. described, **iv.** 122
Altar of incense, **viii.** 29
Ȧlusa (Cyprus ?), **iv.** 205 ; **vi.** 18
'Amâda, **iv.** 74, 79 ; **vi.** 186
Ȧmada, Stele of Ȧmen-ḥetep II. at, **iv.** 71
Amaes, **i.** 144
Ȧmam, **ii.** 113, 114, 118
Ȧmām, royal mother, **ii.** 200
Amanappa, **iv.** 213, 222
Amāre, Kheta princess, **v.** 163
Amasis I., king of Egypt, **i.** 141 ; **iii.** 79, 177, 181, 195
Amasis II., king of Egypt, **vi.** 214, 216 ; **vii.** 13-32, 33, 34, 35, 36, 43, 45, 108, 119 ; his mummy burnt, **vii.** 44

Amasis, a general, **vi.** 227; **vii.** 2, 3
Amasis, a lawgiver, **vi.** 119
Amasis, a Maraphian, **vii.** 60
Amasis, son of Abana, a naval officer, **iii.** 184, 185-195, 203
Amasis, son of Pen-nekheb, **iii.** 187, 195, 204, 214
Ȧmathel, a Nubian king, **viii.** 145
Amayashi, **iv.** 241
Ambi, **iv.** 218, 219
Amdîd, **vii.** 207
Amélineau, his discovery of the royal tombs at Abydos, **i.** 11; his excavations, **i.** 14; the tomb of Osiris, **i.** 18; his theory rejected by Maspero, **i.** 19
Amélineau, quoted, **iii.** 5; **vii.** 23
Amemphis, **i.** 142
Ȧmen, the local god of Thebes, becomes king of the gods, references to, **ii.** 144, 200; **iii.** 120, 183, 190, 216; **iv.** 2, 66, 68, 75, 87; **v.** 12, 13, 50, 58, 97, 124, 138, 142, 149; **vi.** 50, 84, 127, 144, 161, 168, 187, 208; **vii.** 90, 93, 96, 124, 185, 211, 229, 243; **viii.** 1, 34, 76, 113, 145, 146, 158
Ȧmen incarnate in Thoth, **iv.** 90
Ȧmen takes the form of the fathers of Thothmes I., **iv.** 90; and Ḥeru-em-ḥeb, **iv.** 150; and of Julius Caesar, **viii.** 120
Ȧmen of Coptos, **ii.** 192
Ȧmen of Libya, **vii.** 140, 141
Ȧmen of Pa-Nebest, **viii.** 158
Ȧmen of Pa-qem-Ȧten, **viii.** 149
Ȧmen of Pa-qemt, **viii.** 158
Ȧmen of Sîwa described, **vii.** 148
Ȧmen, appeal of Rameses II. to, **v.** 40
Ȧmen as god of the dead, **v.** 218
Ȧmen, city of, i.e., Thebes, **ii.** 178; **vi.** 171, 197
Ȧmen, his shrine restored, **iv.** 179
Ȧmen, obelisks dedicated to, **iv.** 16
Ȧmen, official marriages of high-priestesses of, **viii.** 40

Ȧmen, priests of, their great power, **iii.** 116; decline of their power, **vi.** 33; their flight to Nubia, **vi.** 99, 169
Ȧmen, Regiment of, **iv.** 181; **v.** 38
Ȧmen, Temple of at Al-Khârga, **vii.** 66 ff.
Ȧmen, Temple of at Sîwa, **vii.** 147
Ȧmen, working figure of, **viii.** 146
Ȧmenȧ-Ȧbti, **viii.** 156
Ȧmen-Ȧmsu, **vi.** 98
Ȧmen-ārit, king of Nubia, **viii.** 164
Ȧmen-ark-neb, king of Nubia, **viii.** 164
Ȧmen-ȧr-ta-s I., daughter of Kashta, **vi.** 122, 123, 128, 129, 204-206
Ȧmen-ȧr-ṭā-s II., daughter of Tirhâḳâh, **vi.** 206
Amendes, **i.** 143
Ȧmen-em-ȧpt, reign of, **vi.** 6, 7
Ȧmenemes, **i.** 134, 141
Ȧmen-em-ḥāt I., **i.** 161; **ii.** 204; reign of, **iii.** 1-13; pyramid of, **iii.** 3, 4; buildings of, **iii.** 4; wars of, **iii.** 3, 5, 6
Ȧmen-em-ḥāt I., the instructions of, **iii.** 5, 109, 113
Ȧmen-em-ḥāt II., reign of, **iii.** 20-24, 69, 76, 77
Ȧmen-em-ḥāt III., **ii.** 50; **iii.** 41; reign of, **iii.** 42-70; plan of his tomb, **iii.** 59, 61 ff.; sphinxes of, **iii.** 64, 65; statue of, **iii.** 69; Lake Moeris and the Labyrinth, **iii.** 48-52 ff.; Nile levels at Semneh, **iii.** 46; Ȧmen-em-ḥāt III. mentioned; **iii.** 76, 92, 111 ff., 120; **iv.** 82; **vi.** 5, 6, 47; his seal used in sealing Canopic box of Rā-āu-ȧb, **iii.** 76
Ȧmen-em-ḥāt IV., **iii.** 70-72, 76, 78, 79; **iv.** 110
Ȧmen-em-ḥāt, an official, **ii.** 199; **iii.** 2
Ȧmen-em-ḥāt, son of Ȧbeb, **iii.** 44
Ȧmen-em-ḥāts, the, **iii.** 82; **iv.** 141
Ȧmen-em-ḥāt-Ȧmeni, **iii.** 17
Ȧmen-em-ḥeb, a general of Thothmes III., **iv.** 31, 38; story of the mare, **iv.** 43; saves the king's life, **iv.**

48; tomb of, **iv.** 47, 64, 70
Åmen-em-ḥeb, a tomb robber, **v.** 199
Åmenephthes, **v.** 117
Åmen-ḥer-khepesh-f, son of Rameses II, **v.** 24, 70; a son of Rameses III., **v.** 177
Åmen-ḥer-unami-f, son of Rameses II., **v.** 25, 70
Åmen-ḥetep I., **iii.** 179, 189; reign of, 195 ff., 209, 214; **v.** 201; **vi.** 24, 25, 75; cylinder seal of, **i.** 42; mummy of Rameses II. removed to his tomb, **vi.** 20; temple of, **ii.** 186
Åmen-ḥetep II., **ii.** 6, 25; **iv.** 30, 46, 48, 63; reign of, 69-77, 87, 113, 161 ff., 175; **v.** 110, 143, 189, 190, 193; **vi.** 186; discovery of royal mummies in his tomb, **v.** 135; diorite ushabti figure of, **iv.** 71
Åmen-ḥetep III., **iv.** 59; reign of, 89-113, 149, 150, 161, 162 ff., 184 ff., 196 ff., 219; **v.** 64, 73, 103, 108, 110, 117, 119, 134, 164, 192; **vi.** 2, 32, 38, 40, 60, 73, 87, 100, 120; **vii.** 145
Åmen-ḥetep III. and Queen Thi, **iv.** 131, 132
Åmen-ḥetep III. and his foreign wives, **iv.** 134
Åmen-ḥetep III., his letter to Kallimma-Sin, **iv.** 187; letters to, from Kallimma-Sin, **iv.** 189-191; and from Tushratta, king of Mitanni, **iv.** 191-195; scarabs of, **iv.** 98
Åmen-ḥetep IV., **iii.** 91; **iv.** 13, 16, 96, 98, 102, 113, 142, 145, 148, 149, 156, 161 ff., 164, 175, 184 ff., 196 ff.; **v.** 2, 183; **vi.** 57, 152; he changes his name to Khu-en-Åten, **iv.** 118; his new capital, Khut-en-Åten, **iv.** 118; his physical and mental characteristics, **iv.** 126-141. See also under Khu-en-Åten.
Åmen-ḥetep IV., letters to from Burraburiyash, **iv.** 195, 201
Åmen-ḥetep, a scribe, **vii.** 16

Àmen-ḥetep-f-en-Qemt, a title of Àmen-ḥetep I., **iii.** 199
Àmen-ḥetep, high priest of Àmen under Rameses IX., and father of Ḥer-Ḥeru, **v.** 204, 205, 208, 209, 216; **vi.** 12
Àmen-ḥetep, mother of Pen-sensen-Ḥeru, **vi.** 39
Àmen-ḥetep, priest of Àn-Ḥer, **iv.** 80
Àmen-ḥetep, the son of Ḥāp, **iv.** 106, 108, 109, 110; **v.** 116, 119
Àmeni, a prince, son of Àmenemḥāt IV., **iii.** 71, 72
Ameni, an official, **iii.** 35
Ameni-Àmenemḥāt, his expeditions, **iii.** 17, 18, 19
Àmeni-Àntef-Àmenemḥāt, reign of, **iii.** 90
Àmeni-seneb, **iii.** 16
Àmen-khnemet-ḥāt, **iv.** 2
Àmen-khnemet-Ḥātshepset, **iv.** 1
Àmen-mer-àser, a Nubian king, **viii.** 165
Àmen-meri, son of Rameses II., **v.** 70
Àmen-merit, **iii.** 194
Àmen-merit, daughter and wife of Rameses II., **v.** 70
Àmen-mes, **iii.** 209
Àmen-meses, **v.** 133; reign of, 137-140
Àmen-neteḳ, a Nubian king, **viii.** 164
Amenophath, **i.** 136
Amenophis I., **i.** 130, 136, 142, 149, 150, 151; **iii.** 155, 175
Amenophis II., **i.** 151; **iii.** 175
Amenophis III., **i.** 151; **iv.** 90
Amenophis IV., **i.** 151, 153, 156
Amenophis, son of Papis, **iv.** 110; **v.** 112 ff.
Amenophthis, **i.** 136-137, 142; **vi.** 7
Àmen-Rā, king of the gods, **iii.** 105, 171, 197, 198, 207; **iv.** 16, 21, 27, 32, 37, 56, 58, 101, 109, 143, 145, 156, 170; his temples at Thebes, 179; **v.** 4, 7, 101, 122, 134, 168, 171, 194, 204, 215; **vi.** 15, 28, 48, 51, 70, 73, 78, 88, 97, 98, 100, 145, 147, 161, 184, 186, 187, 209;

vii. 80, 84, 86, 162, 164, 167-169, 229; viii. 36, 45, 53, 120, 121, 134, 165
Ȧmen-Rā=Auramazda, vii. 68, 69
Ȧmen-Rā and Alexander the Great, vii. 145 ff.
Ȧmen-Rā, Boat of, v. 8; downfall of his worship, vii. 117; his high priests usurp the throne, v. 205; vi. 11 ff.
Ȧmen-Rā, hymn to at Al-Khârga, vii. 67
Ȧmen-Rā, incarnate in man, vii. 146
Ȧmen-Rā, king of the gods, ii. 179
Ȧmen-Rā of Gebel Barkal, viii. 150, 151, 155
Ȧmen-Rā of Pa-Nebes, viii. 155
Ȧmen-Rā of Qem-Ȧten, viii. 155
Ȧmen-Rā of Tar-. . .-reset, viii. 155
Ȧmen-Rā of Ṭu-āb, viii. 149
Ȧmen-Rā, Ramesseum dedicated to, v. 64; his speech to Thothmes III., iv. 49; temple of, i. 125; Unu-Ȧmen fetches wood for the boat of the god, vi. 13-18
Ȧmen-Rā-meri (Darius II.), vii. 83
Ȧmen-ruṭ (Amyrtaeus), vii. 89
Ȧmen-sa, ii. 192; iii. 194
Ȧmen-sa (Ḥer-Ḥeru), reign of, vi. 11-20
Ȧmen-sa-meri (Ḥeru-sa-ȧtef), viii. 152
Ȧmen-sat, iii. 194; iv. 98 (sister of Ȧmen-ḥetep III.)
Ȧmen-user, ii. 192
Ȧmenses, i. 142, 143
Ȧmensis, i. 136
Ȧment, vii. 162, 163; viii. 34, 45
Ȧmen-ṭāk-het, vi. 143
Ȧmen-taui-kalbath, Nubian king, viii. 164
Ȧmentet, the beautiful, vi. 93
Ȧmenti, i. 20; vi. 6
Ȧment-ṭet-ānkh-tȧa-Rā (Ergamenes), vii. 243; viii. 165
Ȧmen-tut-Ānkh, reign of, iv. 142-145
Ȧmenu (king), iii. 21
Ameres, i. 134; iii. 42, 43
Amesesis, i. 141

Amesses, **iii.** 149
Amestris, **vii.** 77, 78, 82
Amherst, Lord, **iii.** 128; **v.** 196, 198
Åmḥet, **vi.** 110
Amḳarruna, **vi.** 137
Åm-khent, priest, **v.** 194
Amki, **iv.** 222
Amma, **iv.** 224
Åmmaau, **ii.** 119
Ammanemes, **i.** 134
Ammenemes, **i.** 134; **iii.** 1
Ammenemnes, **i.** 136
Ammenephthes, **i.** 136
Ammenophis, **i.** 136, 143
Ammeres, **vi.** 202
Ammeris, **i.** 138
Ammiya, **iv.** 210, 222
Ammon, reign of, **i.** 165; **viii.** 134
Ammon, **vii.** 11
Ammonius, tries to kill Ptolemy VII., **viii.** 28
Ammunira, **iv.** 216, 220, 223
Amoibichos, **vi.** 227
'Αμουρασόνθηρ, **vi.** 51
"Amorite power," **i.** 26
Amorites, **i.** 30; **v.** 7
Amos, **i.** 135
Amosis, **i.** 135, 138, 142, 144; reign of, **vii.** 13-32
Amphiction, **vii.** 30
Amphipolis, **vii.** 165, 166
'Amr ibn al-'Âṣ, **vi.** 220
Åmset, **iii.** 117
Åmsu, **ii.** 179, 191-194, 198, 200; **iii.** 95, 96, 124, 125; **vi.** 44, 50; **vii.** 238; **viii.** 83; Usertsen I. dances before him, **i.** 196
Åmsu-Åmen, **vi.** 9
Åmsu-em-ḥāt, a *ḥā* prince, **ii.** 192
Åmsu-Ḥeru, **ii.** 198
Amtes, **ii.** 100
Āmu, invasion of, **ii.** 26; **iv.** 10
Amu-kehek, **iii.** 196
Amulets, **ii.** 203; **v.** 173
Amurri, **iv.** 136, 206, 215, 217
Amyntas, **vii.** 129, 160, 161
Amyrtaeus, **i.** 139; **vi.** 132; revolt of, **vii.** 84, 87, 88, 91
Amytis, **vii.** 42
Ån, reign of, **ii.** 72; the five names of, **ii.** 72
Ånå, a king, **iii.** 101
Ån-āa, **ii.** 190
Ān-åb, a king, **iii.** 124
Anait, **vi.** 44

Anaitis, **vi.** 44
'Ανακλητήσια, **viii.** 13
Ananias, **viii.** 59, 61
Anatomy, books by Athothis on, **i.** 191
Ȧnȧuḳasa, **iv.** 41, 42, 136
Anchoneus, **i.** 141
Ancilia, **i.** 184
Andreas, **vii.** 199, 234
Andromachus, **vii.** 234, 236
Ȧnen, the scribe, **iii.** 210
Ānep, city of, **vii.** 208
Anerua-...ret, **viii.** 155
Angel of God, **ii.** 109
Ȧn-Ḥāpu, a queen, **v.** 4, 16, 73; **vi.** 20
Ȧn-ḥer, **iv.** 80; **v.** 169; **vi.** 44; **viii.** 156
Ani, papyrus of, **i.** 78
Anibeh, **v.** 191
Animals, domestication of, **i.** 81; monstrous, **ii.** 16
Ȧnit, **viii.** 46
Ȧn-kheft-ka, **ii.** 142
Ānkh-em-khu, a king, **viii.** 22
Ānkh-f-en-Ȧmen, **v.** 4
Ānkh-Ḥeru, **vi.** 104, 111
Ānkhi flowers, **vi.** 163
Ānkh-karāmātet, **vi.** 87
Ānkh-khāu (Mer-en-Rā), **ii.** 110
Ānkh-nes-nefer-ȧb-Rā, **vii.** 33; her sarcophagus, **vii.** 15, 16
Ānkh-p-khraṭ, statue of, **iii.** 115
Ānkh-s-en-Ȧmen, **iv.** 143
Ānkh-s-en-pa-Ȧten, **iv.** 132; becomes wife of Tut-ānkh-Ȧmen and changes her name, **iv.** 143
Ānkhtenet-sutenet-ṭept-senb-sen, **iii.** 105
Ȧn-mut-f, **v.** 139
Ȧnnȧ, **iii.** 95
Ȧnnȧ, a scribe, **v.** 135
Ȧnnȧ, stele of (illustration), **iii.** 217
Annales Vet. et Nov. Test., **i.** 4
Annals of Thothmes III., **iv.** 31, 47, 58
Ȧnnana, **v.** 135
Ȧnnu (Heliopolis, On), **ii.** 83, 94, 108, 144; **iii.** 14, 87, 143; **v.** 98, 193; **vi.** 8, 92, 167
Ȧnnu Meḥt, **v.** 167
Ȧnnu Qemā, **viii.** 119
Ȧnnu Resu, **v.** 167
Ȧnpu, an official, **ii.** 153
Ānq-ȧṭebui, name of Khian, **ii.** 173; **iii.** 162

Ānqet, goddess, **iii.** 34; **vii.** 168
Ānqet-ṭāṭṭā, princess, **iii.** 95
Ȧnruthu, **iv.** 39
Ȧn-senf, **ii.** 155
Ȧnt (Gebelên), **vi.** 2
'Antar, an Arab hero, **iv.** 19
Ȧntarusha, **vii.** 57
Ȧntef kings, **ii.** 180, 181, 182, 183; **iv.** 174
Ȧntef V., reign of, **ii.** 190, 191 ff.; his decree at Coptos, **ii.** 192-194
Ȧntefȧ, **ii.** 180, 197; the *erpā ḥā*, **ii.** 196
Ȧntef-āa I., **ii.** 183, 184; **iii.** 166
Ȧntef-āa II., **ii.** 183, 184; **iii.** 166
Ȧntef-āa III., **ii.** 184; his tomb robbed, **ii.** 186; **iii.** 166
Ȧntef-āa IV., **ii.** 183-186; his tomb robbed, **ii.** 187; endows temple of Ȧmen at Thebes, **ii.** 189; stele of, **ii.** 187; **iii.** 166
Ȧntef-āa V., **iii.** 167
Antelope, **i.** 58, 83
Ȧnthāt, a goddess, **vi.** 43, 44; illustration, **vi.** 45
Ȧntheriuȧsha (Darius I.), **vii.** 57, 62
Ānthrethȧ, **v.** 52
Anthropological evidence, **i.** 34 ff.
"L'Anthropologie" quoted, **i.** 35, 72
Anthropophagy, **i.** 35
Anthylla, **vii.** 65
Ȧnti, the tribes of, **iv.** 27, 51, 55, 78
Ȧnti of Kenset, **iii.** 195, 196; **iv.** 76; of Nubia, **iv.** 92; **vi.** 84
Ȧnti unguent, **ii.** 205, 207; **iii.** 188; of Punt, **iv.** 8; trees of, **iv.** 8, 11
Antigonus, **vii.** 160, 166; **vii.** 182-185
Antigonus Doson, **vii.** 230, 233
Antigonus Gonatas, **vii.** 217
Antigonus tortured and beheaded, **viii.** 100
Antimony, **i.** 55
Antioch, **vii.** 214; **viii.** 28, 29
Antiochus II. Theos, **vii.** 191, 212, 213
Antiochus III. the Great, **vii.** 230-232; defeat of, **vii.** 234 ff., 244; **viii.** 10, 11

Antiochus IV. Epiphanes defeats the Egyptians at Pelusium, **viii.** 24, 25; attacks Alexandria, **viii.** 26; persecutes the Jews, **viii.** 29
Antiochus Cyzicenus, **viii.** 60, 61, 63
Antiochus Grypus, **viii.** 43, 63
Antiochus Philometor, **viii.** 61
Antipater, **vii.** 152, 162, 182, 186, 189
Antissa, **vii.** 131
Antisthenes, **ii.** 36
Antixyes, **vii.** 132
Antony, **vii.** 175
Ȧntuf = Ȧntef V., *q.v.*
Ȧntuf-āa, his tomb robbed, **ii.** 185
Antyllus slain by Octavian, **viii.** 110
Ȧnu, **ii.** 130
Anubis, reign of, **i.** 165
Anubis, the god, **i.** 199, 214; **ii.** 141; **iii.** 32; **iv.** 77; **v.** 3; **vii.** 75, 238; **viii.** 77; lord of Sepa, **ii.** 184
Ȧnuqet, **iii.** 96; **iv.** 189; **v.** 66
Anysis, **vi.** 117, 130; **vii.** 88
Apachnas, **i.** 142; **iii.** 147
Apamaea, **vi.** 85, 86; **vii.** 232
Apapus, **iii.** 153
Ape of Thoth, **i.** 203
Apes, dog-headed, **iv.** 10
Ȧpep, a Hyksos king, **vi.** 5
Ȧpepȧ, **iii.** 94, 139, 142; name on a sphinx, **iii.** 67-69
Ȧpepȧ and Rā-seqenen, the story of, **vi.** 52
Ȧpepȧ I., **iii.** 151, 163
Ȧpepȧ II., **iii.** 153-156, 172
Āperiu, **v.** 188
Ȧpet, **ii.** 177, 178
Ȧpet, goddess, **viii.** 44, 66
Ȧpet, temple of, **viii.** 45
Aphek, **vi.** 152, 195
Aphobis, **i.** 135, 142; **iii.** 137, 139, 153
Aphophis, **i.** 135
Aphrodite, **viii.** 97
Aphroditopolis, **v.** 138; **vi.** 102, 112, 155, 179
Apil-Sin, **iii.** 135
Ȧpion, **ii.** 36; **iii.** 134; **iv.** 110; **v.** 116
Apis Bull, **i.** 211; **ii.** 7; **v.** 115; **vi.** 73, 92, 93, 94, 118, 153, 208, 213, 218; **vii.** 23, 62, 73, 92, 127,

143, 144, 187, 204, 220; **viii.** 69, 123; cult of established by Menȧ, **i.** 212; the first in the Serapeum, **iv.** 101; search for by Pamai, **vi.** 93; stabbed by Cambyses, **vii.** 51, 55; marks of Apis described, **vii.** 51 (note); Apis chapels, **iv.** 101; kinsman of Apis, **viii.** 36
Apis-Osiris, **viii.** 77
Apollo, reign of, **i.** 165; **vi.** 226; **vii.** 30; **viii.** 50
Apollodorus, **viii.** 93
Apollonides, **vii.** 218
Apollonius, **vii.** 153
Apollophanes, **vii.** 232
Apophis, **iii.** 147
Apopis, **iii.** 154
Apopos, **iii.** 154
Appian, **vii.** 175; **viii.** 89, 90, 91, 94, 98, 102, 109
Apries, **ii.** 125; **vii.** 1, 19, 20, 34, 41, 45
Apryes, **vii.** 5-7, 25
Ȧp-ta, **vii.** 210
Ap-taui, **vii.** 173
Apt, the Northern, **iv.** 102
Apts, the, **iii.** 190; **iv.** 16, 27, 143
Ȧp-uat, **ii.** 141; the god of Thebes, **ii.** 171; **vii.** 239
Āpure not Hebrews, **iv.** 67, 69
Ȧqaiuasha, **vi.** 36
Aqarenathȧ, **v.** 101
Ȧquiuasha, **iv.** 169
Ȧra, father of Ḥer-khuf, **ii.** 113
Ara'ad, **vi.** 136
Arabia, **ii.** 35; **v.** 83; **vi.** 118, 186, 191, 215, 224, 225; **vii.** 70, 105, 154, 193, 194; declared to be the home of the "New Race," **i.** 44; early invasion of Egypt from, **i.** 47
Arabia Felix, **iv.** 6
Arabia Nabathaea, **viii.** 99
Arabian Gulf, **iii.** 33
Arabians, **iii.** 147; **v.** 90; **vi.** 150, 207
Arabs, **i.** 57; **ii.** 81, 89; **iii.** 208; **vi.** 75; **vii.** 36, 49, 136, 225; **viii.** 113; Arabs of Petra, **viii.** 104
Arachosia, **vii.** 70
Aradus, **v.** 28; **vii.** 70
Arakadrish, **vii.** 56
Arakha, **vii.** 70, 71
Aramaean language, **vii.** 76
Aramu, tribes of, **vi.** 135

Ararat, **vi.** 195
Aratus, **vii.** 227
Arbarius, **vii.** 84
Ȧr-Bast-utchat-nifu, **vii.** 89
Arbela, **vii.** 136, 137
Arcesilaus, **vii.** 31, 60
Archaic Period, Summary of, **ii.** 1-20
Archelaus, son of Mithradates, **viii.** 81, defeat of, **viii.** 82
Archilochos, **i.** 157
Architecture under the Early Empire, **ii.** 138; **iii.** 44
Archles, **i.** 135; **iii.** 137
Archon, **vi.** 227
Ardata, **iv.** 219
Areana, **iv.** 41
Areia, **viii.** 14
Āremātet (Mesopotamia), **vii.** 216
Ȧrenena, **v.** 52
Ȧrenna, **v.** 51
Ȧrenuth, **v.** 38
Ȧrerthet, **ii.** 101, 113, 114, 131, 132
Ȧrertheth, **ii.** 113
Ȧrerusa, **viii.** 161
Ares, reign of, **i.** 165
Argaeus murdered, **vii.** 190
Argaw (Arko), **iii.** 98
Argives, **vii.** 110
Argo, Island of, **iii.** 98; **vi.** 187
Argos, **vii.** 234
Ȧr-ḥes-nefer, **vii.** 240; temple of at Philae, **viii.** 20
Arîa, **vii.** 70
Aridaeus, **vii.** 156
Ȧri-ḥes-nefer, **viii.** 166
Ȧri-Maāt (User-ka-f), **ii.** 67
Ȧri-neteru-meri (Nectanebus II.), **vii.** 107
Ariobarzanes, **vii.** 104
Ariomardas, **vii.** 71
Aristagoras, **ii.** 36
Aristarchos, **i.** 141
Aristarchus, **viii.** 55
Aristazanes, **vii.** 112
Aristeus, **vii.** 199
Aristomenes the Acarnanian, **viii.** 10
Aristomenes, **viii.** 11, 12, 20
Arithmetic, **iii.** 151
Ark of bulrushes, **i.** 71
Arḳata, **iv.** 43
Arḳau (Island of Argo), **iii.** 98
Ȧrkenkherulu, king of Nubia, **viii.** 164
Arksānṭres (Alexander), **vii.** 143, 164

Armaeos, **i.** 142
Armaïs, **i.** 136; **iii.** 150, 151; **iv.** 149
Armenia, **iv.** 161, 163, 164; **vi.** 195; **vii.** 70; **viii.** 101, 102, 104
Armesses, **i.** 136
Armesses Miamoun, **iii.** 150
Armiyses, **i.** 141
Aroëris, **viii.** 36, 49, 50, 85
Ȧrq-Ȧmen (Ergamenes), **vii.** 241, 243; **viii.** 20, 27; **viii.** 53, 64, 141, 165 ff.
Arrhidaeus (Arrhibaeus), **vii.** 18182, 1
Arrhidhaeus, **vii.** 159, 160
Arrian, **vii.** 132, 133, 138, 143, 144, 150, 175
Arrow-heads, flint, **i.** 68
Arrows as flag emblems, **i.** 79
Arrows with flint heads, **ii.** 11
Arsames, **vii.** 62, 71, 128, 132
Arṣapi, **iv.** 164, 167
Arṣawaya, **iv.** 225
Arsenat, **vii.** 189
Arsenoïte nome, **iii.** 41
Arses, **vii.** 126, 127
Arsinoë, **viii.** 79, 94, 98
Arsinoë, city of, **vii.** 202
Arsinoë, mother of Ptolemy Lagus, **vii.** 179
Arsinoë, sister and wife ot Ptolemy II., **vii.** 189, 200, 201 207, 208
Arsinoë, sister and wife of Ptolemy IV., **vii.** 229, 240; **viii.** 1; death of, **viii.** 2, 3, 9, 14
Arsinoïtes, **iii.** 50
Arsites, **vii.** 84
Ȧrsu, the Syrian, **v.** 141, 144, 145
Art, early Egyptian, **ii.** 11; under the XXVIth Dynasty, **vii.** 119; in the Ptolemaïc Period, **viii.** 136
Art of the Disk-worshippers, **iv.** 176
Artabanus, **i.** 139; **vii.** 78
Artabazanes, **vii.** 71
Artabazus, **vii.** 82, 84, 185
Artakama, **vii.** 185
Artakhashassha (Artaxerxes), **vii.** 78-83; alabaster vase of, **vii.** 79
Artakshatsu, **vii.** 79
Artamanya, **iv.** 229
Artashumara, **iv.** 165, 185, 191

Artatama, **iv.** 88, 165, 185, 202
Artavasdes, **viii.** 104
Artaxerxes I., **i.** 139; the seventeen illegitimate sons of, **vii.** 84, 90
Artaxerxes II., **vii.** 84, 94, 96, 104, 109-111
Artaxerxes III. Ochus, **vii.** 109-111, 126
Artaynte, **vii.** 77, 78
Artemidorus, **ii.** 36
Artemis Leucophryne, **viii.** 98
Arthames, **vii.** 75
Arthritis, **v.** 16
Artaxares, **vii.** 84
Artyaxes, **vii.** 131
Artyphius, **vii.** 84
Artystone, **vii.** 71
Arurekh, **iv.** 42
Ȧrusa (Cyprus?) **vi.** 18
Ȧrut, 8, 158
Ȧruthenit, **viii.** 156
Ȧruthtu, **iv.** 39
Arvad, **iv.** 38, 39, 226
Arxames, **vii.** 84
Aryandes, satrap of Egypt, **vii.** 60, 61, 62
Arzauni, **iv.** 224
Arzawaya, **iv.** 235
Asa, **vi.** 77, 78, 85
Asander, **vii.** 160
Ȧsȧr-Ḥāpi, **vii.** 187; **viii.** 123
Ascalon, **iv.** 136, 233; **v.** 48, 103, 104, 136
Ascherson, **iii.** 216
Asclepiodorus, **vii.** 152
Asclepios, **viii.** 20
Asclepius, **i.** 218
Aseneth, **v.** 127
Ȧset, wife of Thothmes I., **iii.** 210
Ȧset, wife of Thothmes II. and mother of Thothmes III., **iii.** 219; **iv.** 4, 29, 45
Aseth, **i.** 142
Ashdod, **vi.** 136, 138, 191, 210
Ash-hebs-heb, **v.** 172
Ashmolean Museum, **ii.** 12, 154; **iii.** 64
Ashtarti, city of, **iv.** 225
Ashtoreth, **vi.** 44
Ashur, **iv.** 165; **vi.** 136, 137, 149, 154, 156
Ashur-bani-pal, **i.** 154, 157; **ii.** 130; **vi.** 124, 163, 166, 167, 169, 170, 180; **vii.** 22, 90; his annals quoted, **vi.** 164, 203, 204; he invades Egypt, **vi.** 153-156; he sacks Thebes, **vi.**

196, 197; names of his dogs, **ii.** 189
Ashur-bel-nishi-shu, **iv.** 166
Ashur-nâdin-aḥî, **iv.** 201
Ashur-naṣir-pal, **vi.** 86, 188
Ashur-uballiṭ, **i.** 151, 154-156; **iv.** 134, 166, 196; his letter to Ȧmen-ḥetep IV., **iv.** 201 ff.
Asi (Cyprus), **iv.** 41, 42, 53, 167
Asia, **i.** 39; **iii.** 24, 162, 168, 188; **iv.** 53; **v.** 75, 79, 86; **vii.** 104, 128, 131, 134, 161, 179, 224; **viii.** 91
Asia Minor, **iv.** 53; **vi.** 35, 57; **viii.** 126
Asiatic element in Egyptian race, **i.** 38
Asiatics, **i.** 38; **iii.** 4, 213; **iv.** 35, 73, 92, 98; **v.** 23, 149, 169; **vi.** 81; **vii.** 14, 170, 172; they invade the Delta, **iii.** 83
Askelon, **iv.** 239
Asklepios, **viii.** 133
Asochis, **viii.** 62
Asp and Cleopatra, **viii.** 109
Aspathines **vii.** 57, 58
Ȧspelta, reign of, **viii.** 145, 161
Ass, hoof of, **i.** 191
Ass set up at Memphis in place of Apis, by Artaxerxes III., **vii.** 127
Ȧssȧ, reign of, **ii.** 77-80, 119, 120, 134, 146; pygmy brought for, **i.** 197
Assasîf, **vii.** 117
Assessors, the Forty-two, **vii.** 238
Assis, Hyksos king, **iii.** 147
Assyria, **i.** 63, 154-157; **ii.** 130; **iv.** 37, 40, 135, 165; **v.** 25; **vi.** 40, 61, 62, 64, 121, 124, 140, 145, 149, 157, 163, 167, 170, 184, 190-196, 221; **vii.** 41, 43, 70
Assyrians, **iii.** 135, 146, 148, 150, 168; **vi.** 41, 86, 87, 124, 126, 150, 151, 153, 170, 180, 188, 189, 190-196, 222
Ȧssure, **iv.** 40
Ȧst, wife of Rameses III., **v.** 77, 172, 203
Ȧst, wife of Rameses VI., **v.** 190
Ȧst-ȧb-taui (Ȧn), **ii.** 72
Ȧst-em-khebit, wife of a priest-king, **vi.** 26, 29

Åst-em-khebit, wife of Osorkon II., **vi.** 81
Åsṭmursat, **viii.** 157
Åst-nefert, wife and sister of Rameses II., **v.** 69, 97
Asuchis, **ii.** 63
Aswân, **i.** 197; **ii.** 78, 97, 101, 110, 120, 201; **iii.** 1, 26, 34, 112, 213; **iv.** 18, 59, 94, 107, 111; **v.** 66, 140, 143; **vii.** 37, 38, 240; **viii.** 38; Aswân clay for pottery, **i.** 92
Asychis, **ii.** 63
Asyût, **ii.** 159; **iii.** 48, 107
Åta, **i.** 119, 191, 192
Atabyrium, **vii.** 234
Åṭahet, **ii.** 205
Åtaui, **vi.** 29
Atbara, **i.** 60; **viii.** 142
Atbô, **vii.** 224
Ātchȧb, tomb of, **i.** 172, 173, 200
Åtchakhar-Åmen, **viii.** 38, 64, 160
Åtefthit, **viii.** 142
Å-Teḥuti, **i.** 181
Åtem, **vii.** 209
Åṭen, "deputy," **iv.** 151; **v.** 68
Åten, the Disk, **iv.** 48, 104, 116, 117; in the form of Rā, **iv.** 125; the living, **iv.** 125; the cult of, **iv.** 87, 142; decline of cult of, **iv.** 145; heresy of, **iv.** 135, 172; worship described, **iv.** 119 ff.; worshippers of, **iv.** 87
Åten, city of, **iv.** 118
Åten, human-handed rays of, **iv.** 121 ff.
Åten not Adon, **iv.** 120
Åten-Baket, **iv.** 132
Åten-merit, **iv.** 132, 142
Åten-neferu, name of Thi's Boat, **iv.** 99
Återt, name of Tetȧ, **ii.** 92
Återt-Ṭeshert, **ii.** 205
Åtet, **ii.** 26
Āṭet Boat, **i.** 203
Åteth, **i.** 119, 191
Åth, a king (?), **i.** 192
Athene of Cyrene, **vii.** 24
Athene of Lindos, **vii.** 24
Athenians, **vi.** 217; **vii.** 81, 82, 95, 122; **viii.** 65
Athens, **vii.** 29, 81, 156; **viii.** 101, 103, 105
Athinis, **viii.** 22
Athiuhi, **vii.** 75
Åthlenersa, **viii.** 162
Athlophoros, **viii.** 14
Athoris, **i.** 136, 142

Athothis, king and physician, **i.** 130, 143, 181, 191
Athribis, **iii.** 86; **vi.** 154, 156, 203; **vii.** 23
Athyrte, **v.** 84
Ȧti, a king, **ii.** 95
Ȧti-baiu (Pyramid of Rā-user-ka), **ii.** 95
Atizyes, **vii.** 132
Ȧtmu, **iii.** 97
Atossa, **vii.** 71
Atrina, **vii.** 70
Atrines, **vii.** 70
Attalus, **vii.** 129
Aṭ-Ṭarraneh, **vii.** 17
Āu-ȧb-Rā, a royal prince, **iii.** 75-77
Ȧufnȧ, a king, **iii.** 90
Augustus, the Emperor, **vi.** 209
Āu-ḥet-ȧb, a princess, **iii.** 95
Āu-ḥet-ȧb, royal mother, **iii.** 95
Auletes, Ptolemy XIII., **vii.** 247; **viii.** 76, 83, 85, 89, 114
Auramazda, **vii.** 59, 60, 64, 69
Auritae, **i.** 163
Ȧuthȧ, the sculptor, **iv.** 91
Autochthones of Egypt, **i.** 33
Autophradates, **vii.** 104
Āutu-ȧb-Rā, **iii.** 77
Āuuapeth, **vi.** 68, 73, 74-76, 99
Āuuapeth, the Libyan warrior, **vi.** 104, 109, 111
Āuuth, a king, **vi.** 97
Avaris, city of, **iii.** 135, 137, 142, 146, 148, 167, 170, 172, 186, 187; **iv.** 21; **v.** 113, 114, 116, 117; **vi.** 59
Aven, **vii.** 10
Axe-handles, forked, **ii.** 11
Axe-head of Kames, **iii.** 178
Axe-heads, predynastic, **i.** 67
Axe-man, the, **ii.** 17
Axes, double-headed, **ii.** 11
Axes, silver, **iii.** 215
Axians, **v.** 150
Ayaluna, **iv.** 231
Azanians, **vii.** 139
Azekah, **vi.** 69; **vii.** 11
Aziru, **iv.** 136, 139, 221-223, 225-227; letters from to the king, **iv.** 207-209; letter to from the king, **iv.** 207, 208, 216-219
Azotus, **vi.** 214
Azuru, **vi.** 137

BAAL, king of Tyre, **vi.** 152
Baal, the god, **iii.** 141, 142; **vi.** 43, 44
Baal-Sutekh, **v.** 20
Baal-Zephon, **v.** 129
Bâb al-Mandab, **i.** 44, 47
Baba, **iii.** 185, 186
Babel, **vii.** 70
Babylon, **i.** 155; **iii.** 135, 136; **iv.** 41; **v.** 89; **vi.** 134, 148, 152, 192, 195, 224; **vii.** 9, 11, 12, 20, 131, 134, 154, 158, 214, 251; captured by Cyrus, **vii.** 43
Babylonia, **i.** 63, 153, 154; **ii.** 16, 129; **iii.** 136; **iv.** 76, 95, 134; **vi.** 34, 61, 152, 169, 192; **vii.** 10, 41, 76, 215, 217; Babylonia and Egypt, **iv.** 88, 89, 162 ff.
Babylonian Chronicle, **vii.** 20-22
Babylonian civilization, **i.** 41
Babylonian funeral ceremonies, **i.** 42
Babylonian graves, **i.** 42
Babylonian landmarks, **iv.** 109
Babylonian language, **iv.** 163; **vii.** 63
Babylonians, **i.** 155; **v.** 77, 82; **vi.** 145, 148, 222, 223; **vii.** 10-12
Babylonians, non-Semitic, **iii.** 136
Bactria, **v.** 61, 70, 78, 81; **vii.** 137, 180, 185; **viii.** 170
Bactrians, **v.** 94; **vii.** 215
Badres, **vii.** 60
Baduza, **iv.** 241
Ba-en-neter, a king, **i.** 120, 212; **ii.** 20
Ba-en-Rā, **v.** 111
Baeon, **i.** 142
Bāgayādish, **vii.** 59
Baghaz Koï, **vi.** 34
Baghdad, basalt lion of, **ii.** 173; **iii.** 162
Bagoas, **vii.** 112, 113, 127, 128
Baḥrîyeh, **iii.** 216
Baḥr Yûsuf, **iii.** 49
Bai, **v.** 141, 143
Baka (Ḳubbân), land and city of, **v.** 67; **viii.** 143
Bakanau, **v.** 150
Bak-en-nefi, **vi.** 104
Bak-en-nifi of Ḥenit, **v.** 154, 155, 173, 175
Bak-en-ren-f, **vi.** 118-122, 155, 175

Baket, **viii.** 142
Baket-Åten, **iv.** 91
Baket-ur-nu-re, **v.** 138
Bakhau, **iii.** 74
Baki, **v.** 4
Baḳrawîyeh, **viii.** 142, 144, 166
Balacrus, **vii.** 154
Ball, Mr. J., quoted, **vii.** 66, 67; **viii.** 68
Ballâs, excavations at, **i.** 9, 12, 36
Balsam, **viii.** 99
Balummi, **iv.** 200
Banaibarḳa, **vi.** 137
Bandy-legged god, **ii.** 6
Ba-neb-Ṭaṭṭu, **i.** 212; **iii.** 159; **vii.** 207
Bang, Herr, quoted, **vii.** 55, 64
Banishment of Egyptians, **vi.** 26
Bankes, discoverer of the Tablet of Abydos, **i.** 125; **viii.** 51, 52
Banner name of kings, **i.** 16
Banta - Āntu, wife and daughter of Rameses II., **v.** 170
Baqet, **iii.** 22
Bār (Baal, Set), **v.** 36, 44, 154; **vi.** 43, 44; Bār of Tanis, **v.** 60
Barabara, the, **vi.** 185, 186
Ba-Rā-mer-en-Åmen (Mer-en-Ptaḥ), reign of, **v.** 97 ff.
Bárathra, **vii.** 111
Barca, **vii.** 8, 39
Barce, **vii.** 60, 62, 65
Barceans, **vii.** 61
Bardac, M. Sigismond, **i.** 10
Bardes, **vii.** 53, 54, 56
Bardiya, **vii.** 53, 54, 55, 56, 59, 70, 71
Barethà, **iv.** 136
Bar Hebraeus, **iii.** 154
Barḳa, **viii.** 155
Barley, home of, **i.** 82
Barsanti, M., **vi.** 79, 80; **vii.** 240
Barsime, **vii.** 159
Bāru, the god, **v.** 7
Baruuat (Meroë), **viii.** 157
Bar-zi-ia, **vii.** 56
Basa, **vi.** 79
Basket of reeds, **i.** 71
Bason, story of the, **vii.** 25
Bassetière, M. le Comte Henri de la, **i.** 10
Bast (Diana), **vi.** 82, 88, 90, 92, 115, 181, 184
Bast of Terut, **viii.** 159

Bast of Thert, **viii.** 149, 161
Bastarmians, **vii.** 139
Bat in green slate, **i.** 6, 59
Bȧt, meaning of, **i.** 167
Bata, land of, **ii.** 120
Batau, **v.** 136
Ba-Ṭeṭ = Mendes, **vi.** 2
Baṭil (Bod-ilu), **vi.** 14
Baṭir (Bod-ilu), **vi.** 14, 15
Baṭn al-Ḥagar, **iii.** 99
Battering rams, **vi.** 105
Battle of Arbela, **vii.** 137
Battle of Gaugamela, **vii.** 136, 138
Battle of the Granicus, **vii.** 137, 138
Battle of Ipsus, **vii.** 185
Battle of Issus, **vii.** 137
Battle of Ḳarḳar, **i.** 156
Battle of Sellasia, **vii.** 228
Battus, **vii.** 2, 14, 31, 60
Ba-ur-ṭeṭ, **i.** 197; **ii.** 78, 119, 120, 133
Bawanamash, **iv.** 225
Bayaza, **iv.** 241
Bayûda Desert, **ii.** 120
Beads, flint, agate, etc., **i.** 54
Beard, plaited and turned up, **i.** 47
Beards of predynastic Egyptians, **i.** 49
Beauties of Ȧten (name of a boat), **iv.** 116
Beb, **ii.** 144
Bebi, a king, **i.** 216
Bebru, **iv.** 41
Bed of Osiris, **i.** 16, 17; is a copy of an older monument, **i.** 19
Begig, **iii.** 15
Behbit al-Ḥajâra, **vii.** 99, 208
Behen, **iv.** 93; **vii.** 50
Behent, **viii.** 142
Behistun Inscription, **vii.** 54, 61
Behthȧliḥ, queen, **viii.** 152
Beḥuka, dog of Ȧntef-āa IV., **v.** 201
Beḥukaa, **ii.** 188
Beḥuṭet (Edfu), **i.** 44, 46, 50; **vii.** 224; **viii.** 71, 84, 133
Beit Allam, **i.** 36
Bek the architect, **iv.** 122
Bekhen, **v.** 187
Bekhten, **v.** 78, 211-213; **vi.** 33; story of the princess of, **v.** 56, 57, 212
Belbês, **v.** 98, 128
Bel-ibni, **vi.** 135
Belzoni, **ii.** 49; **v.** 14, 15, 170; **viii.** 52

Belzoni's Tomb, **v.** 14
Benben = obelisk house, **iv.** 117
Bénédite, M., **i.** 218; **ii.** 23
Ben Nâga, **viii.** 144
Ben-hadad, **vi.** 188
Beni-Ḥasan, **iii.** 17, 27; **iv.** 19; **vii.** 168
Beni-Sawwêf, **vii.** 38
Benin, **v.** 170
Benjamin, **vi.** 41
Bent, Mr. T. **ii.** 132
Bent-reshet, the story of, **v.** 56, 57, 212
Beon, **iii.** 137, 147
Berber, **iii.** 19
Berber idioms, **vi.** 186
Berber language, **vi.** 186
Berbers, **i.** 32; **vi.** 185
Berenice I., wife of Ptolemy I., **vii.** 186, 188, 193
Berenice II., **vii.** 191, 212, 217
Berenice III., **viii.** 65-67, 74
Berenice IV., **viii.** 79, 80, 82
Berenice, city of, **v.** 10
Berenice, daughter of Ptolemy II., **vii.** 212, 213, murder of, 214
Berenice, daughter of Ptolemy III., **vii.** 220; the "queen of virgins," **vii.** 221; Bread of, **vii.** 221
Bergmann, quoted, **iii.** 95
Berlin, coffins, papyri, etc., in, **i.** 199, 214; **iii.** 69; **vii.** 89, 96
Bernini, **vii.** 4
Berosus, **vi.** 150, 151
Bêrût, **iv.** 136, 214, 218, 219, 222, 223; **viii.** 100
Bes, **iv.** 24; **vi.** 145, 148; **vii.** 187
Besh, a king, **i.** 16, 168, 172, 206-210; **ii.** 9, 17; granite vase of, **i.** 208
Bessus, **vii.** 137, 180
Bêt al-Wallî, temple of, **v.** 66
Bêt Khallâf, **i.** 217
Betchau, **i.** 120, 206-210
Beth Ammon, **vi.** 136
Beth Dagon, **vi.** 137
Beth Horon, **vi.** 70
Bethlehem, **vi.** 69
Bethzur, **vi.** 69
Bezold, Prof., **v.** 53; **vi.** 128, 135
Bibân al-Mulûk, **ii.** 201; **iv.** 175; **v.** 73; **vii.** 118
Bibliothèque Nationale, **ii.** 79
Βίβλος Σώθεος, **i.** 129

Bicheris, **i.** 132 ; **ii.** 63
Bieneches, **i.** 130, 206
Biggeh, Island of, **vi.** 228 ; **vii.** 209
Biḥura, **iv.** 216, 217, 220
Bi-in-di-di, **vi.** 155, 176
Bil-Râm, **iv.** 205
Bilti bîti, **iv.** 198
Binothris, **i.** 130, 212
Biophis, **i.** 131
Biot, **v.** 192
Bira, **vii.** 64
Birch, Dr. Samuel, quoted, **i.** 117 ; **ii.** 51, 99, 183, 188 ; **iii.** 20, 23, 72, 80, 153, 169, 210 ; **iv.** 31, 109 ; **v.** 38, 69, 109, 196, 214 ; **vi.** 62, 143 ; **vii.** 69, 73, 177, 221, 222
Birds, predynastic, **i.** 61
Biredjik, **iv.** 106
Biriamaza, **iv.** 200
Biridashwi, **iv.** 224, 225
Biridiya, **iv.** 236, 237
Birket al-Ḳarûn, **iii.** 48, 120
Birket Habu, **v.** 164
Biron, M. le Marquis de, **i.** 10
Birth-chamber, **iv.** 24
Bissing, von, **v.** 111
Bisthanes, **vii.** 127
Bites, **i.** 164, 167
Bit-Kilamzakh, **vi.** 135
Bit-Kubatti, **vi.** 135
Bit-Ninib, **iv.** 213, 235
Bitter Lakes, **v.** 69, 129 ; **vii.** 146, 147
Bitumen, **i.** 71 ; **vii.** 158 ; in skulls, **i.** 36 ; mace-heads of, **i.** 64
Bit-Zith, **vi.** 136
Biuri, **iv.** 220
Biyahmu, **iii.** 64
Black Land, **iii.** 209, 211 ; **vii.** 210
Black Pyramids, **iii.** 42
Black race in Egypt, **i.** 37
Blasphemy, **ii.** 194
Blue Nile, **i.** 57
Bnon, **i.** 135 ; **iii.** 137
Boar, **i.** 58
Boat of gold, **iii.** 179
Boat of Millions of Years, **iii.** 159
Boat of silver, **iii.** 179
Boat of the Sun, **v.** 193
Boat, 60 cubits × 30 cubits, **i.** 152
Boats, predynastic, **i.** 70-79
Bocchoris, **i.** 138 ; **vi.** 102, 116 ; burnt or flayed alive, **vi.** 124 ; mental and physical characteristics of, **vi.** 119, 120

Bochos, **i.** 131
Bôd-ilu, **vi.** 14
Bodies, dead, dismembered, **i.** 106
Bodley, Sir T., **i.** 4
Body, prepared for burial, **i.** 103
Boeckh, chronology of, **i.** 159
Boeotia, **vii.** 234
Boethos, **i.** 131, 210
Bokchoris, **i.** 143
Bone combs, **i.** 54; pendants, **i.** 55; plaques, **i.** 55
Bonomi, **v.** 15
Book of Daniel, **v.** 250
Book of god, **iv.** 106
Book of Kings, **vi.** 149, 188, 190, 222, 223
Book of the Dead, **i.** 35, 74; **iii.** 117; **iv.** 122; **v.** 207; **vii.** 68, 114, 238, 247; quoted, **i.** 83, 182; in reign of Semti, **i.** 198, 199; **ii.** 7; in reign of Mycerinus, **ii.** 62; Heliopolitan Recension of, **ii.** 144; Theban Recension, **iv.** 173; **v.** 140; **vi.** 50; Saïte Recension, **vii.** 123-125; of Pai-netchem I., **vi.** 24; of Pai-netchem II., **vi.** 30; Chap. xxx.B, **iii.** 125; **viii.** 136; Chap. lxiv., **iii.** 125; Chaps. cxlv.-cxlviii., **v.** 142; Chap. cliv. **iv.** 46
Book of the Law, **vi.** 221, 222; **vii.** 197; **viii.** 30, 129
Book of the Praises of Rā, **v.** 15, *109*, *135*, *170*, 207
Book of the Sothis, **i.** 130, 141, 144, 145, 147
Book of the Underworld, **iv.** 45, 77, 113; **v.** 3, 15, 109, 135, 170, 189, 192; **vii.** 100
Books, divine, **iv.** 106
Boomerang, **iv.** 8; of Ta-āa, **iii.** 173; boomerangs, **ii.** 132
Borchart, **iv.** 43
Borers, flint, **i.** 111
Bosphorians, **vii.** 139
Bouriant quoted, **i.** 216; **iv.** 125; **v.** 48, 153, 177; **vii.** 89, 177; **viii.** 144
Boussac, M., **iii.** 210
Bows and arrows, **ii.** 11
Bracelets, flint, **i.** 54; gold, **iii.** 215
Brain, how removed, **i.** 36
Branchidae, **vi.** 226

Bread of Berenice, **vii.** 221
Breasted, **iv.** 125
Brethren, the two divine, **iv.** 56
Brick, crude, **i.** 56; graves of, **i.** 108
Brick-making, art of, **i.** 42, 56
Bricks, crude, at Naḳâda, **i.** 13
British Museum, **i.** 42, 67, 73, 125, 195; **ii.** 173; **iv.** 112; **v.** 62; **vi.** 96, 99, 195, 209; **vii.** 45, 77, 100, 174
Bronze Age, **ii.** 135
Bronze in pre-dynastic graves, **i.** 41; weapons of Kames, **iii.** 178
Bruce, Tomb of, **v.** 169
Brucheion (Bruchīum), **viii.** 115, 138
Bruennow, Dr., quoted, **vi.** 165
Brugsch, E., works and excavations of, **v.** 167, 168, 177; **vii.** 89, 205; **viii.** 144
Brugsch, H., quoted *passim;* his system of Chronology, **i.** 159; his Exodus theory, **v.** 129
Brunet de Presle, **vii.** 177
Brutus, **viii.** 91
B-sh-ta-a-s-p, **vii.** 61
Bubastides, **vi.** 77
Bubastis, **ii.** 174; **iii.** 4, 41, 92, 98, 151, 162, 163; **v.** 69; **vi.** 42, 88, 90, 92, 97, 99, 115, 127, 130, 181-184, 214, 219, 224; **vii.** 11, 23, 63, 71, 99, 113, 123; **viii.** 32, 33; Dynasty at, **i.** 137; Festival Hall, **vi.** 82; Prof. Naville's excavations at, **vi.** 81, 82 ff.
Bubastite channel, **iii.** 135, 146
Bubastite nomes, **vi.** 61
Bubastus, earthquake at, **i.** 210
Bubri, an envoy, **iv.** 204
Buduilu, **vi.** 136
Buffalo stones, **vii.** 208
Buhen, **iii.** 40
Buḥiya, **iv.** 210
Bukur-Ninib, **vi.** 155, 174
Bukur-Ninip, **vi.** 155, 174
Buiuua-Buiuua, **vi.** 63
Buiuuaua, **vi.** 36, 38
Bûlâk Museum, **ii.** 191; **iii.** 193
Bull, god, **i.** 83
Bull, name of a ship, **iii.** 186

Bull of Åmentet, **i.** 83
Bull, symbol of Nār-mer, **i.** 189
Bull, the wild, **i.** 58
Bull, two-headed, **ii.** 2
Bulrushes, **i.** 71
Bunsen, de, quoted, **i.** 126, 129, 130, 145, 163; **ii.** 124, 165; **iii.** 134; his system of chronology, **i.** 159
Burial customs of early Egyptians, **i.** 35; **ii.** 156, 213; burial in contracted positions, **ii.** 26; predynastic, **i.** 103
Buribita, **iv.** 218
Burna-buriash, **i.** 151-156
Burning of the Dead, **i.** 42, 105
Burraburiyash, **iv.** 89, 140, 164; letters of to Åmenḥetep IV., **iv.** 195-201
Burton, **i.** 125
Buruzilim, **iv.** 215
Bu-shi-ru, **vi.** 155, 178
Busiris, **ii.** 68; **vi.** 104, 111, 155, 179, 218
Busruna, **iv.** 225
Butis, **ii.** 56
Buto, **i.** 168; **iii.** 184; **v.** 141; **vii.** 172, 183
Butoridas, **ii.** 36
Bu-u-ai-ma, **vi.** 154, 172
Bu-uk-ku-na-an-ni-'-pi of Aḥni, **vi.** 155, 174
Bu-uk-ku-na-an-ni-'-pi of Athribis, **vi.** 154, 172
Byblos, **iv.** 137, 207; **vi.** 15-18, 51, 136; **vii.** 82
Byzantium, **vii.** 233

Cabinet des Médailles, **i.** 125
Cabins of predynastic boats, **i.** 78, 81
Caesar, Julius, arrives in Egypt, **viii.** 94; ascends the Nile with Cleopatra, 95; temple of, **iv.** 60; works of, **vii.** 175; de Bello Civili quoted, **viii.** 89-93
Caesar Augustus, **vii.** 155
Caesaraea, **vii.** 196
Caesarion (Ptolemy XVI.), 96, 102, 118, 119; declared the son of Åmen-Rā, **viii.** 121; slain by Octavian, **viii.** 110
Cailliaud, **vii.** 147
Cairo, **i.** 6, 28; **iii.** 48
Caius Marcellus, **viii.** 99
Caius Matias, **viii.** 96

Caius Oppius, **viii.** 96
Caius Sulpitius, **vii.** 156
Calendar, the Egyptian, **iv.** 18
Calf, the milk, **i.** 83
Callas, **vii.** 129
Callimachus, **vii.** 192
Callinicus, **vii.** 213
Cambyses, **i.** 139; **v.** 59, 60, 62, 63, 97; **vii.** 31, 33-36, 65, 86, 121, 122, 126, 127, 143, 216; **viii.** 124, 159, 160; reign of, **vii.** 42-56; invades Egypt, **vii.** 37-41; invades Nubia, **vii.** 48-51; stabs Apis, **vii.** 51, 52; impiety of, **vii.** 52; insanity of, **vii.** 53; death of, **vii.** 55, 56; his pity for Psammetichus III., **vii.** 41
Campo Marzio, **vii.** 4
Canaan, **iii.** 114; **iv.** 139, 221; **v.** 103, 107, 169
Canaanites, **iii.** 114; **iv.** 197; **v.** 118; **vi.** 10
Canal in the First Cataract, cleared by Unȧ, **iii.** 35; cleared by Thothmes III., **iv.** 44
Canal of Ptolemy II., **vii.** 202
Canal of Rameses II., **v.** 69
Canal of Usertsen III., **iii.** 35
Canal to the Red Sea, **vii.** 63, 194
Candace invades Egypt, **viii.** 168
Candlesticks, **viii.** 29
Canephoros, **vii.** 218; **viii.** 14
Cannibals, **i.** 102
Cannibalism, **vii.** 49
Canobicus, **vii.** 30
Canopic arm of Nile, **vii.** 144
Canopic jars, **iii.** 117; of Pepi I., **ii.** 105; of Rā-au-ȧb, **iii.** 76
Cānopus, **vii.** 144, 217, 218, 220, 226
Canopus, stele of (illustration), **vii.** 219; the date of, **vii.** 222; literature of, **vii.** 218, Note 1
Canuleius, **viii.** 55
Cape Guardafui, **iv.** 6
Cappadocia, **iv.** 167; **vi.** 34; **vii.** 70, 160
Captives = Hyksos, **iii.** 149
Cara, de, quoted, **iii.** 144
Carchemish, **v.** 10
Caria, **vi.** 212-215; **vii.**

6, 104, 111, 160, 193; language of, **vi.** 228
Carians, **vi.** 205; **vii.** 16
Carinus, **vii.** 153
Carmel, Mount, **iv.** 33
Carnelian beads, **i.** 54
Carthage, **i.** 47; **vii.** 47, 135
Carthagena, **ii.** 60
Carthaginians, **vii.** 47, 135
Cartouche first used, **i.** 16, 210
Caryanda, **vii.** 70
Caspatyrus, **vii.** 70
Cassandane, **vii.** 35, 42
Cassander, **vii.** 129, 165, 166, 182
Cassius, **viii.** 98
Castle of the Old Woman, **viii.** 47
Cat, Little, **v.** 102
Cat-goddess, Bast, **vi.** 181
Catabathmus Major, **vii.** 146
Cataract, First, **ii.** 97, 103, 165, 198; **iii.** 26, 96, 197; **iv.** 76, 110; **vi.** 95, 185, 187; **vii.** 3, 168, 240; **viii.** 141; Little Gate of (illustration), **viii.** 52; gates of, **ii.** 196
Cataract, Second, **ii.** 121; **iii.** 21, 36, 40, 71, 92, 93, 112; **iv.** 76, 94; **viii.** 141
Cataract, Third, **ii.** 121; **iii.** 98, 205; **iv.** 94; **v.** 9; **viii.** 158
Cataract, Fourth, **i.** 1; **ii.** 121; **iii.** 98, 205; **iv.** 59, 161, 162; **v.** 25; **vi.** 185
Cattle, foreign, do not thrive in Egypt, **i.** 83
Caviglia, **iv.** 82
Caystrians, **vii.** 29
Cedar trees, **vi.** 19
Cedars of Lebanon, **vi.** 16, 17
Cedrenus, **vi.** 69
Celts in stone, **ii.** 11
Cemeteries, predynastic, **i.** 9 ff.
Censorinus, **i.** 150
Cereals, **i.** 81
Cerebral substances, **i.** 36
Ceres, **v.** 184
Chabas, quoted, **i.** 17, 199; **ii.** 148, 206; **iii.** 6, 23, 142, 160, 169; **iv.** 47; **v.** 157, 196; **vi.** 91; **vii.** 177, etc.
Chabrias, **vii.** 95, 104, 106
Chaereas, **viii.** 64, 72
Chaeremon, the eunuch, **iii.** 56

Chaires, **i.** 131, 214
Chaldea, **i.** 43
Chaldeans, **vi.** 157; Semitic, **i.** 39; Turanian, **i.** 39
Chalybians, **vii.** 139
Chamois, **i.** 141
Champollion Figeac, **i.** 115, 117, 159; **ii.** 77
Champollion, le Jeune, **i.** 115, 117; **iii.** 17; **iv.** 79; **v.** 72, 206; **vi.** 12, 71, 72, 77, 158; **vii.** 216, 224; **viii.** 53
Chancellor, office of, **ii.** 152
Charimortos, **vii.** 244, 245; **viii.** 13
Charioteers, **iv.** 182
Chariots of war, **iv.** 182
Charmion, **viii.** 108, 109
Chassinat, quoted, **i.** 179
Chaucer, **vi.** 53
Chebres, **i.** 136
Chebron, **i.** 135, 142; **iii.** 149, 195
Chebros, **i.** 135; **iii.** 195
Cheires, **i.** 132
Chelcias, **viii.** 59, 61
Chemmis, **ii.** 34
Chencheres, **i.** 136, 142
Chenephres, **iii.** 100
Chenephris, **i.** 131
Chephrenes, **ii.** 47, 53
Cheops, **ii.** 54; **iv.** 57; Pyramid of, **ii.** 31 ff.
Cherres, **i.** 136
Chert knives, **i.** 86
Chester, the Rev. Greville, **i.** 6; **v.** 167
Chesuphus, **viii.** 22
Chief of sailors, **iii.** 203
Chius, **vii.** 30
Choires, **ii.** 71
Chonther, **ii.** 167
Choos, **i.** 131
Christians (Copts), **i.** 13; **vii.** 226
Chronicle, the Old, **i.** 140
Chronography of Syncellus, **i.** 129
Chronology, **i.** 147; systems of, **i.** 168
Cicero, **viii.** 81; visits Cleopatra, **viii.** 114
Cilicia, **vii.** 82, 130, 131, 132, 160; **iv.** 163, 164, 167; **viii.** 81, 99, 102
Cilicians, **vi.** 35; **vii.** 82, 104
Cippi, phallic, **iii.** 24
Cippus of Horus, **vii.** 101
Circle, the Great, **iv.** 54
Circles, countries of the, **iv.** 54
Circumcision, **viii.** 30

Circus Maximus, **vi.** 209
Citratakhama, **vii.** 70
Civilization of the East, **i.** 43
Clay, **vii.** 11; as a writing material, **i.** 40; mace heads of, **i.** 64
Clazomene, **vii.** 30
Cleinias, **v.** 227
Cleomenes, **vii.** 151, 154, 175, 181, 227, 230, 231
Cleopatra, sister of Alexander the Great, **vii.** 159
Cleopatra I. Syra, **viii.** 18
Cleopatra II., **viii.** 23, 39, 40-42
Cleopatra-Berenice III. (see Berenice III.), **viii.** 41, 42
Cleopatra IV. Cocce, **viii.** 58 ff.; murdered by her son, **viii.** 63
Cleopatra V. Tryphaena, **viii.** 48, 76, 79, 80, 84, 85
Cleopatra VI. Tryphaena, **viii.** 79
Cleopatra VII. Tryphaena, life and reign of, **viii.** 87, 88-121, 169; death of, **viii.** 109; tomb of, **viii.** 105; Cleopatra's Needles, **iv.** 60; **v.** 134
Cleopatra Selene, **viii.** 59
Cleopatra Thea, **viii.** 28
Clinton, **viii.** 75
Clothing of predynastic Egyptians, **i.** 50
Club, the, **i.** 62-64
Cnydus, **vii.** 30
Cobus, **vi.** 157
Cocce, **viii.** 59
Cochome, Pyramid of, **i.** 193
Codomannus, **vii.** 128
Coele Syria, **vii.** 182, 184, 193, 232, 233, 234, 244; **viii.** 11, 12, 20, 24, 99, 102, 126
Colchis, **v.** 86
Collars of gold, **iii.** 215
Colossi of Memnon, **iv.** 104-106, 107
Colossi, 12 cubits high, **vi.** 216
Colossus of Rhodes, **vii.** 228
Combs, bone, **i.** 54
Commander-in-chief, **iv.** 181
Commerce, **ii.** 158
Conon, **vii.** 92
Conspiracy against Amenemḥāt III., **iii.** 2
Conspiracy against Rameses III., **v.** 172 ff.; **vi.** 56
Constantinople, **iv.** 60, 61; **vii.** 24

Contra Pselchis, **v.** 67; **vii.** 243; **viii.** 143
Contra Syene, **ii.** 113
Copper, **i.** 41; **iv.** 38
Coptos, **i.** 48; **ii.** 182, 191-194, 198, 205; **iii.** 4, 19, 96, 124, 125; **iv.** 57; **v.** 159; **vii.** 108; antiquity of the city, **i.** 44
Copts, **i.** 13; **ii.** 178; **iii.** 82, 165, 183; **vii.** 221
Corinth, **vii.** 95
Cornelia, wife of Pompey, **viii.** 90
Cornelius Gallus, **viii.** 168
Cornelius Nepos, **vii.** 106
Corsairs, Algerian, **i.** 74
Corvée, **v.** 125; **vii.** 194
Corys, **vii.** 36
Cos, **vii.** 112, 130; **viii.** 34, 37, 70
Cosmas Indicopleustes, **vii.** 214
Cotton, Sir Thos., **i.** 4
Cow-goddess, **i.** 83; **ii.** 6, 83
Craniology, **i.** 37
Cretans, **ii.** 34, 173
Crete, **iii.** 163; **iv.** 53, 168; **v.** 150, 152; **vii.** 151
Critobulus, **vii.** 31
Critolaus, **viii.** 6
Crocodile, **i.** 58; rescues Menas, **i.** 181; origin of its worship in Egypt, **i.** 181
Crocodiles, **i.** 79; city of, **iii.** 53
Crocodilopolis **i.** 6; **iii.** 4, 44, 58, 74, 97, 120; **vi.** 102; **vii.** 108, 208; **viii.** 123, 127
Croesus, **vii.** 43, 54
Crosses in stone of Sesostris, **v.** 79
Ctesias, **vii.** 42, 80, 83, 89
Cuma, **vii.** 92
Cuneiform writing, **i.** 41
Cupids, **viii.** 97
Cusae, **iv.** 20
Cush, **iii.** 205, 214
Cushites, **vi.** 186
Cuttle-fish, **i.** 58
Cyaxares, **vi.** 222, 223; **vii.** 70
Cyclades, **v.** 86; **viii.** 11
Cycle, Phoenix, **i.** 149
Cycle, Sothic, **i.** 148
Cydnus, **viii.** 97
Cylinder seals in Babylonia and Egypt, **i.** 41, 42
Cynocephali, **iv.** 10
Cynopolis, **vi.** 112
Cyprians, **vii.** 82
Cypriote, **vi.** 191

Cyprus, **iii.** 150 ; **iv.** 41, 42, 43, 53, 157, 163, 164, 167, 168, 205 ; **v.** 9, 152, 166 ; **vi.** 17 ; **vii.** 2, 8, 12, 32, 34, 35, 60, 94, 109, 111, 183, 184, 185, 187, 193, 220 ; **viii.** 27, 42, 59, 61, 63, 64, 69, 70, 76, 80, 94, 98, 102, 126
Cyrannian Books, **i.** 163
Cyrenaeans, **vii.** 31, 146
Cyrene, **vii.** 2, 8, 24, 31, 32, 39, 60, 65, 105, 183, 184, 187, 190, 212, 226 ; **viii.** 4, 10, 40, 55, 57, 73, 126
Cyrenians, **vii.** 5
Cyrus, **vii.** 41-43, 55-59, 71, 86, 96
Cyzicus, **vii.** 233

DA-AN-RI-GISH-SHU, **ii.** 189
Dâbûd, **viii.** 38, 169 ; village of, **viii.** 53
Dagan-Takala, letter of, **iv.** 240
Daggers, flint, **i.** 68
Dahabîyeh, **vi.** 2
Dahshûr, **ii.** 81 ; **iii.** 36, 59, 74, 77 ; excavations at, **iii.** 42 ; jewellery, **iii.** 27, 45 ; Pyramid of Seneferu at, **ii.** 24
Dakkeh, **v.** 67 ; **vi.** 228 ; **vii.** 241-243 ; **viii.** 53, 141, 165, 168
Damanhûr, **vi.** 227
Damascus, **iv.** 224 ; **vi.** 188 ; **vii.** 131
Damunu, **vi.** 135
Dan, **vi.** 72
Danaans, **v.** 150 ; **vi.** 37
Danae, **viii.** 6
Danaus, **iii.** 151 ; **vii.** 32
Dancing, an act of worship, **i.** 197, 198
Dancing, early mention of, **i.** 195
Daniel, Book of, **vii.** 216, 250
Danuna, **iv.** 139, 169, 227
Daphnae, **v.** 79 ; **vi.** 207 ; **vii.** 120 ; grove of, **vii.** 213
Dardanians, **vi.** 35
Daressy, **iii.** 152, 181 ; **iv.** 163 ; **v.** 111, 164 ; **vi.** 2, 80, 87, 156 ; **vii.** 15, 16, 17
Dâr Fûr, **ii.** 114, 121 ; **iii.** 19
Darius I. Hystaspes, **i.** 139 ; **vi.** 220, 224 ; reign of, **vii.** 47, 55, 57-72, 74, 80, 82, 84-87, 100 ; his canal to the Red Sea, **v.** 69

Darius II. (Ochos, Nothus), **vii.** 83, 84, 85, 90
Darius III. (Codomannus), **vii.** 134, 137, 180
Darius, father of Xerxes, **vi.** 119
Darius, son of Xerxes, **vii.** 78
Daryawush, **vii.** 62
Dasha, **iv.** 224
Dashru, **iv.** 241
Dates boiled in oil, **i.** 191
David, **vi.** 42, 43, 70
Days, the five epagomenal, **vii.** 220
Dead, burial of, **ii.** 2; burning of, **i.** 42; mutilation of, **v.** 39, 101; decapitation of, **i.** 36
Defenneh, **vi.** 207
Deinocrates, **vii.** 151
Deir el-Bahari, mummies of, **i.** 36
Delitzsch, F. **vi.** 165
Delphi, **vii.** 24, 60
Delphos, **vii.** 31
Delta, **i.** 43, 58, 71, 166; **ii.** 176; **iii.** 7, 68, 103, 188, 213; **v.** 9, 49, 60, 69, 102, 108, 125, 126, 128, 141, 151, 157, 217; **vi.** 33, 49, 84, 102, 104, 110, 111, 113, 141, 164, 169, 192, 193, 196, 205, 214; **vii.** 3, 13, 17, 19, 20, 23, 43, 72, 82, 99, 108, 109, 150, 186, 195, 206, 208, 244; **viii.** 53, 55, 82; Hyksos era used in, **iii.** 160; Hyksos settle in, **iii.** 134; marshes and swamps of, **i.** 38; **ii.** 128; Semites in, **iii.** 144; survey of by Khabbesha, **vii.** 93; tribes of, **ii.** 169
Demeter, **viii.** 6, 7, 9
Demetrius, **ii.** 36; **vii.** 175, 183, 184, 233; **viii.** 42, 43
Demetrius Soter, **viii.** 27, 28
Demetrius the Phalerian, keeper of the Alexandrian Library, **vii.** 190, 198
Demi-gods of Panodorus and Manetho, **i.** 165; the reign of, **i.** 164; the eight, **i.** 163
Demonax, **vii.** 60
Demoniacal possession, **v.** 56
Demoteles, **ii.** 36; **iii.** 55
Demotic writing, **vi.** 199; **vii.** 174; **viii.** 134, 135
Den, Tomb of, **i.** 172

Denderah, **i.** 45, 46 ; **ii.** 144; **iv.** 57 ; **viii.** 83, 118 ; Temple of, **viii.** 65-68 ; Legend of Horus, **i.** 45
Dêr al-Baḥari, royal mummies found at, references to, etc., **ii.** 186 ; **iii.** 175 ff., 191, 193, 194, 197, 207, 215 ; **iv.** 5, 12, 21, 31, 45, 47, 60, 61, 104, 122, 129, 175 ; **v.** 4, 16, 64, 72, 110, 170, 176, 177 ; **vi.** 19, 23, 25, 47, 76, 99 ; **viii.** 47
Dêr al-Medîna, **iii.** 207 ; **iv.** 108 ; **vii.** 237 ; Temple of, **viii.** 36
Dêrr, **v.** 66
Dêr Rîfeh, Inscriptions of, **ii.** 168
Designs on predynastic pottery, **i.** 92
Devéria, **iii.** 162 ; **v.** 175
Devilliers, **iv.** 113
Dhu'l Ḳarnên, **vi.** 162
Dhura, **vi.** 143
Diana (Bast), **vi.** 130 ; feast of described by Herodotus, **vi.** 182, 183 ; Temple of, **viii.** 81
Diary of the wars of Thothmes III., **iv.** 35
Diâr-Bekîr, **vi.** 40
Dimmi, **vi.** 197
Diocletian, **i.** 129
Diodorus Siculus, quoted or referred to, **i.** 56, 146, 147, 180, 181 ; **ii.** 34, 46, 58, 178 ; **iii.** 52, 57, 64, 65 ; **v.** 76, 77, 82, 92 ; visits Egypt, **v.** 93, 178, 185 ; **vi.** 44, 102, 116, 118, 119, 132, 133, 205, 207, 225 ; **vii.** 2, 4, 8, 51, 52, 65, 79, 80, 92, 94, 96, 101, 103, 104, 106, 111, 113, 126, 128-134, 136, 148, 150, 156, 161, 162, 166, 175, 180, 184, 241 ; **viii.** 57, 141, 165, 166
Diogenes, **viii.** 14
Diogentus, **vii.** 232
Diomedes, **viii.** 106
Dion Cassius, **viii.** 79, 81, 82, 90, 91, 93, 94, 98, 102, 103, 105, 106, 109, 110, 114, 116
Dionysian Theatre, **viii.** 8
Dionysius of Tell Maḥrê, **ii.** 36, 39 ; **iii.** 154
Dionysos, **viii.** 102
Diophantus, **vii.** 112
Diospolis, **ii.** 178 ; **viii.** 133
Dirge of Manerôs, **ii.** 194

Disk, the, **iv.** 16; worshippers of, **iv.** 161
Dismemberment, **i.** 35, 107
Divine Books, **iv.** 106
Divine Kings, **i.** 27
Divine Land, **iv.** 5
Diyati, **iv.** 241
Dodekarchy, **vi.** 202
Dodekaschoinos, **viii.** 143
Dog River, **v.** 25, 26, 104; **vi.** 59
Dog Star, **i.** 150
Dog Star, cycle of, **i.** 148, 149
Dogs of Ȧntef-āa IV., names of, **ii.** 188, 189
Dogs of Ashur-bani-pal, **ii.** 189
Dogs pursue Menȧ, **i.** 181
Dolabella, **viii.** 96
Dolico-cephalic skulls, **i.** 49
Doloaspis, **vii.** 152, 154
Dongola, **vi.** 187; Old, **vii.** 50
Donḳola, **viii.** 144, 157
Dôr, **vi.** 14-16, 37
Dora, **viii.** 61
Dorians, **vii.** 30
Doriche, **ii.** 59
Drach, S. M., **vii.** 174, 205
Drah abu'l-Neḳḳa, **ii.** 186; **iii.** 178
Drangiana, **vii.** 70
Drawers made of skins, **i.** 59
Dress of predynastic women, **i.** 51
Drill, use of the, **i.** 92
Drovetti, **i.** 114; **viii.** 52
Droysen, H., **vii.** 176
Droysen, J. G., **vii.** 176
Duemichen, **i.** 119; **iii.** 3; **v.** 98, 154, 155; **vii.** 84, 118, 238; **viii.** 48
Dummuya, **iv.** 229
Duris of Samos, **ii.** 36
Dwarfs, stelae of, **i.** 204; **ii.** 79
Dwellers on sand, **iv.** 55
Dynastic Period, duration of, **i.** 163, 164
Dynasties, thirty, of the Old Chronicle, **i.** 163

EABANI, **vii.** 250, 251
Eagle and sandal, **ii.** 59
E-annadu, **ii.** 12
Earth, the four quarters of, **viii.** 158
Earthquake at Bubastus, **i.** 210; of B.C. 27, **iv.** 105; **vi.** 83
East, provinces of, **vii.** 160
Eaters of raw meat, **viii.** 150

Ebers, **iii.** 103; **iv.** 47; **vi.** 228; Papyrus of, **i.** 150, 191, 199
Ebony, **ii.** 214; tablet of Semti, **i.** 194
Ecbatana, **vii.** 55, 138
Ecclesiasticus, **ii.** 80
Eclipse, **vi.** 91; of Sun B.C. 648, **i.** 157
Edfû, **iv.** 59; **v.** 9, 10; **vii.** 69, 84, 99, 108; **viii.** 35, 66, 133; the *mesniu* at, **i.** 45; Temple of, illustrated and described, **vii.** 223-226, 237; **viii.** 47-49; doors of, **viii.** 84
E-dingira-nagin, **ii.** 12
Edom, **iii.** 7, 13; **vi.** 70, 136; **vii.** 11
Edomites, **v.** 158
Egypt, aborigines of, **i.** 29; bounds of, **iii.** 101; chronology of, **i.** 3 ff., 111; civilization of, **i.** 5; language of, **i.** 3 ff., 38, 39; writing of, **i.** 41
Egyptians, origin of, **i.** 1, 34 ff., 37; predynastic, clothing, houses, etc., of, **i.** 37, 50, 57
Eight gods of Hermopolis, **vii.** 68
Eileithyiapolis, **i.** 168; **vii.** 94
Eiras, **viii.** 108, 109
Eirene, **viii.** 14
Eisenlohr, **ii.** 30, 202; **iii.** 152
Ekdippa, **vi.** 136
Ekron, **vi.** 138, 139, 140, 191, 192
Elam, **vi.** 148, 169; language of, **vii.** 63
Elamites, **vi.** 136, 145
Elbo, Island of (Khemmis?), **vi.** 132; **vii.** 88
Eleazar, **vii.** 198-200, 249
Elephant in predynastic times, **i.** 57; picture of on standard, **i.** 79; hunts, **viii.** 13
Elephant River, **iv.** 6
Elephant's Trunk, city of, **i.** 57
Elephants, ten killed by Tiglath-Pileser I., **vi.** 40; one hundred and twenty killed by Thothmes III., **iv.** 48; **vi.** 40; of Ptolemy II., **vii.** 203, 214, 244, 245
Elephantine, Dynasty at, **i.** 132
Elephantine, Island of, **i.**

57; **ii.** 67, 103, 112, 126, 128, 170; **iii.** 6, 26, 35, 41, 197, 203, 207; **iv.** 26, 59, 76, 110; **v.** 66; **vi.** 162, 207, 227, 228; **vii.** 3, 9, 14, 16, 22, 28, 47, 168, 169, 226; **viii.** 168
Eliakim, **vi.** 222
El-Kâb, **iv.** 59, 116; **v.** 66; **viii.** 47, 66
Elpa-re-ḥent, **iii.** 59
Eltekeh, **vi.** 191
Elulaeus, **vi.** 136
Em, city of, **ii.** 16
Embalming, **i.** 36
Embryonic position, **i.** 42
Emesa, **vi.** 34
Empire, Early, **i.** 161
Empire, Lower, **v.** 115
Empire, Middle, **i.** 161
Empire, New, **i.** 161; **vii.** 115
Enannadu, **i.** 67
Engins de pêche, **i.** 77
Enneter, a king, **i.** 212
Eos, **iv.** 105
Epagomenal days, the five, **iv.** 18
Epaphroditus, **viii.** 108
Epar-tallic-ebush-kaka, **ii.** 189
Epêp, **iv.** 18
Ephesia, **iii.** 33
Ephesus, **iii.** 53; **vii.** 92, 192; **viii.** 81, 103
Ephippus, **vii.** 153
Epilepsy of Cambyses, **vii.** 53
Epiphanes, **vii.** 229
Epiphi, **i.** 148, 151, 152, 153; **v.** 30, 100
Epirus, **vii.** 137, 161
Eponym Canon, **i.** 157
Era of Menophres, **i.** 151
Eratosthenes, **ii.** 165, 167; **vii.** 226
Ergamenes, **vii.** 240, 241 ff.; **viii.** 141, reign of, **viii.** 165 ff.
Erigyius, **vii.** 129
Erissa, **vii.** 131
Erman, Ad., **i.** 197, 220; **ii.** 26, 67, 69; **iii.** 167, 201; **iv.** 72, 110; **v.** 177, 214; **vi.** 13, 51, 207; **vii.** 15
Erment, **iii.** 106; **viii.** 119
Ἑρμόδωρος, **i.** 129
Eros, a slave, **viii.** 106
Erpā ḥā, a title, **ii.** 152, 180; **iii.** 26, 89, 166; **iv.** 14, 182
Erpa-re-ḥent, **iii.** 59
Esarhaddon, **v.** 25; **vi.** 169,

171, 205; **vii.** 22; invades Egypt and appoints twenty governors, **vi.** 152, 153, 154, 155, 172-179
Eshmûnên, **vii.** 163
Esna, **iv.** 59; **viii.** 35
Esneh, **vii.** 66, 216, 224, 226
Etam, **vi.** 69
Etham, **v.** 129, 132
Ethbaal, **vi.** 136
Ethiopia, **ii.** 58; **v.** 115, 117, 119; **vi.** 133, 184, 185, 187, 192, 198, 207, 216, 217; **vii.** 48, 113; **viii.** 160; Dynasty in, **i.** 138, 140
Ethiopians, **v.** 86, 163; **vi.** 69, 77, 78, 99, 117, 150, 227; **vii.** 47; **viii.** 113, 166, 168; at Karnak, **vi.** 156
Euboea, **vii.** 131
Eucharistus, **viii.** 14
Euergetes, **vii.** 216
Eugnostas, **vii.** 153
Euhemerus, **ii.** 36
Eulaeus, **viii.** 24
Eumêdês, **vii.** 203
Eumenes, **vii.** 160; **viii.** 12
Euonymites, **vii.** 139
Eupator, **vii.** 247
Euphrates, **i.** 39, 70; **iv.** 54, 59, 73, 160; **v.** 2; **vi.** 85, 149, 221, 222; **vii.** 10, 135, 214, 227; **viii.** 139
Europe, **v.** 79, 86
Eurydice, **vii.** 161, 162, 186, 189
Eusebius, his version of Manetho's King List quoted, **i.** 130, 144, 145, 147, 164, 167, 215, 220; **ii.** 161; **iii.** 32, 81, 195; **vi.** 202; **vii.** 1, 97, 196
Euterpe, **vii.** 121
Evagoras, **vii.** 94, 95, 101
Evans, Mr. A. J., **i.** 33; **ii.** 173, 175; **iv.** 168, 169
Evans, Sir John, on flints, **i.** 86; **iii.** 178
Excavations in Egypt by Europeans between 1894-1901, **i.** 9-22
Excommunication, Stele of, **viii.** 149
Expedition to Egypt, the French, **iv.** 111
Exodus, **ii.** 28; **iii.** 168; **v.** 106, 107, 109, 112; Josephus on, **v.** 113; Egyptian tradition of, **v.** 120; date of, **v.** 127; route of, **v.** 128

Exodus, Book of, **v.** 118, 120, 121, 131, 148
Eye of Horus, **ii.** 93
Eyes, inlaid, **i.** 51; **ii.** 11, 12; of predynastic Egyptians, **i.** 49
Eye-paint, **iii.** 28; **iv.** 10
Eyuk, **vi.** 34, 35
Ezbekîyyeh, **vii.** 16
Ezekiel, **vi.** 81; **vii.** 9, 120

Faces, predynastic Egyptian, **i.** 49
Faïence tiles, **v.** 166
Fairbridge, Mr., **ii.** 133
Famine, Stele of, **i.** 217
Fan-bearer, **i.** 184; **iii.** 159
Farâfra, **v.** 100
Father of Terror (sphinx), **ii.** 52
Favonius, **viii.** 80
Fayyûm, **i.** 28, 166; **iii.** 15, 48, 58, 59, 64, 74, 109, 120; **vi.** 107; **vii.** 208; **viii.** 127, 128
Feet, predynastic, **i.** 49; separated from mummies, **i.** 35
Fellah, the, **ii.** 160
Fellahîn, **viii.** 131
Fenkhu, the, **iii.** 190, 191
Fever-stricken (Hyksos), **iii.** 140
Field of Raṭeṭef, **ii.** 45
Field of Tchanet, **v.** 123
Field of Trees, **vii.** 144
Field of Zoan, **v.** 123, 130
Fig-trees, **ii.** 102; **iii.** 8
Figures of predynastic women, **i.** 49
Filthy One, the, a rebel, **iii.** 188
Fire in predynastic tombs, **i.** 13
Fish, methods of catching, traps, etc., **i.** 69, 70; in Lake Menzâleh, **iii.** 50, 52; on standards, **i.** 79; eaters of, **vi.** 113
Fishing, **i.** 77, 79
Flags of boats, **i.** 78
Fleet of Rameses III., **v.** 159, 172
Flesh, Pepi sound with, **ii.** 108
Flight, Year of the, **vii.** 158
Flint, arrow-heads, **i.** 68; axe-heads, **i.** 68; beads, **i.** 54; borers, **i.** 111; bracelets, **i.** 54; daggers, **i.** 68; flakes, **i.** 87; harpoons, **i.** 69; implements, **i.** 88; knives, **i.** 68, 86;

polishers, **i.** 97; saws, **i.** 81; scrapers, **i.** 68; sickles, **i.** 81; tools and weapons, **i.** 84; flint knives and religious ceremonials, **i.** 86; the use of, **ii.** 135
Flint flakes of Palaeolithic type, **i.** 87
Flints, Palaeolithic in Egypt, **i.** 88
Followers of Horus, **i.** 44, 167; **ii.** 8, 9, 136, 156; **viii.** 49; whence came they, **i.** 165
Fonteius Capito, **viii.** 99
Food supply, predynastic, **i.** 69
Forbes, Dr., on flints, **i.** 87
Forgerons d'Horus, **i.** 45
Form of Forms, **ii.** 87
Fortress of Tamen, **v.** 98
Fortress-temple at Onion, **viii.** 32
Forts of Seneferu, **ii.** 23
Forts of Usertsen III., **iii.** 46
Fountain of the Sun, **vii.** 147
Fouquet, Dr., **i.** 34, 36
Four Hundred Years, Stele of, **iii.** 156
Fowling, **i.** 79; scene, **iii.** 119
Frâda, **vii.** 70, 71
Fraser, Mr. G. W., **iii.** 30, 31, 164
Fravartish, **vii.** 70
Fringed garments, **i.** 51
Frontiers, marked out, **iii.** 3
Fulvia, wife of Antony, **viii.** 97, 99.
Funeral chapels, **i.** 108; of Alexander the Great, described, **vii.** 156; offerings, **i.** 109; shaft, **i.** 108
Funerals, tax on, **viii.** 130
Future life, belief in, **i.** 110

Gabinius, A., **viii.** 82, 90
Gadara, **vii.** 234
Gadashuna, **iv.** 241
Galaestes, **viii.** 57
Galilee, **v.** 169; **viii.** 62
Galleys on pottery, **i.** 26
Gambulu, **vi.** 135
Gandara, **vii.** 70
Ganges, **v.** 86
Ganymedes, **viii.** 94, 95
Gap, the, at Abydos, **iv.** 12
Garden tax, **viii.** 131
Garlic (garlike) **ii.** 33, 36
Garmapada, **vii.** 56

Garrisons of Psammetichus I., **vi.** 207
Garstang, J., **i.** 22, 171, 219
Garstin, Sir W., **vii.** 108, 240
Gates of Syria, **vii.** 131
Gato, **v.** 170
Gaugamela, **vii.** 136, 138
Gauls, **vii.** 234
Gaumāta, **vii.** 54, 56, 59, 70
Gawmal, **vii.** 136
Gaza, **iv.** 32, 235, 239, 240; **vi.** 125, 138; **vii.** 137, 183, 184; **viii.** 61, 63; siege of, **vii.** 136
Gazelle, **i.** 58, 83; skins of, **i.** 50; used for funeral wrappings, **i.** 103
Gazri, **iv.** 235
Gebal, **iv.** 137, 207, 210, 213-215, 218-221; **vi.** 136
Gebel 'Atâḳa, **v.** 160
Gebel Barkal, **ii.** 101; **iii.** 205; **iv.** 59, 75, 111, 112; **vi.** 100, 101, 115, 145; height of, 146, 159, 161, 186-188; **vii.** 50; **viii.** 144, 145, 146, 149, 152, 157
Gebel Silsila, **v.** 66, 109
Gebelên, **i.** 6, 9; **iii.** 152, 164, 165; **vi.** 2, 3, 4
Gedaliah, **vii.** 12
Genesis, Book of, **iii.** 154; **v.** 127, 137; **vi.** 62
Genesis of Hermes, **i.** 163
Geometrical ornamentation, **i.** 97
Geometry, **iii.** 153; **v.** 81
George the Monk, **i.** 129
George the Syncellus, **i.** 130, 162; **vii.** 196
Gerar, **vi.** 77
Gerf-Husên, **v.** 66
Gesenius, **vi.** 71
Gezer, **iv.** 136, 233, 238; **v.** 103, 104; **vi.** 10
Gharbîyeh, **iii.** 82
Ghosts, land of, **ii.** 78
Giant of Tenu, **iii.** 9
Gibeon, **vi.** 70
Gilgamesh, **v.** 77
Giliya, **iv.** 191, 202, 203
Gilukhipa, **iv.** 96, 99, 165, 191, 202; **v.** 53
Gimti, **iv.** 235
Gindibu, **vi.** 85
Ginti-Kirmil, **iv.** 234
Giraffes, **ii.** 12
Ḳîrân, **iv.** 106
Gîzeh, **ii.** 26; **vii.** 117
Gizeh, Pyramids of, **ii.** 31 ff.; **iv.** 80
Gîzeh, Sphinx at, **iii.** 70; **iv.** 80

Haggi Ḳandîl, **iv.** 117
Ḥai, **iv.** 207
Ḥaia, **iv.** 216
Ḥaib, **iv.** 218, 221
Hair of predynastic Egyptians, **i.** 49; mode of dressing, **i.** 51
Haḳer, reign of, **vii.** 93-95, 102, 106
Hākha-a-ma-n-i-sh, **vii.** 62
Halicarnassus, **vii.** 30, 76, 130
Hall, H. R., **i.** 189, 196, 202; **ii.** 9, 128, 136; **iv.** 167, 168, 205; **vi.** 35; **vii.** 120; **viii.** 13
Hall of Columns, **v.** 13
Ḥalunni, **iv.** 225
Ḥamashshi, **iv.** 202
Hamath, **vi.** 85; 222
Ḥāmeḥit, **vii.** 207
Hamilton, **vii.** 147, 148
Ḥammâmât, **ii.** 126; **v.** 187; and see under Wâdî Ḥ.
Hammurabi, **iii.** 135, 136
Hamutal, **vi.** 222
Hand of Judah, **vi.** 72
Ḥa-nebu, **iii.** 213; **iv.** 11; **vii.** 14, 17
Ḥani, **iv.** 209
Ḥanigalbāt, **iv.** 201
Ḥanirabbat, **iv.** 201
Ḥanni, **iv.** 209
Hanno of Gaza, **vi.** 125
Ḥanunu, **vi.** 125
Ḥāp, the architect, **iv.** 106, 108-110
Ḥāp, the Nile, levels of, **iii.** 46
Hapharaïm, **vi.** 70
Ḥāpi (Apis), **viii.** 123
Ḥāpi, an official, **ii.** 151
Ḥāpi, Nile-god, **v.** 68, 69, 169; **vi.** 78, 162; **vii.** 210
Ḥāpu, the thief, **v.** 199
Ḥaq-shasu, **iii.** 138
Haram al-Maṣṭaba, **ii.** 116
Haram eṣ-Ṣayyâdîn, **ii.** 210
Ḥaramashshi, **iv.** 195
Harmachis, **ii.** 84; **iv.** 83, 84, 117, 152, 156; **v.** 12, 125, 206
Harmaïs, **ii.** 52
Harper, lament of the, **ii.** 194; song of the, **ii.** 196; tomb of the, **v.** 169
Harpocrates, **i.** 78; **vi.** 6, 7; **vii.** 209, 239
Harpoons of flint, **i.** 69
Harris, **ii.** 202
Harris Papyrus, the Great, **v.** 149
Harris Papyrus, No. 500, **iv.** 66

Harsiesis, **i.** 44
Hasau, **v.** 150
Ḥathàba, queen, **vi.** 18
Hathor, **i.** 46; **ii.** 6, 74, 80, 210; **iii.** 216; **iv.** 22; **v.** 15, 66, 77; **vi.** 184; **vii.** 16, 107, 200, 238, 239; **viii.** 36, 46, 49, 84, 86, 118, 119; seven heads of, **vii.** 238; lady of turquoise, **iii.** 44; heads of in an object, **i.** 189
Hathor goddesses, **iv.** 24; **viii.** 120
Hathor, head of in flint, **i.** 83
Hathor, month of, **iv.** 18
Hathor of Ȧmmaau, **ii.** 119; of Cusae, **iv.** 20; of Sinai, **ii.** 23
Hathor, temple of at Abû Simbel, **v.** 60; at Denderah, **viii.** 65; at Philae, **viii.** 37; at Ṣarbût al-Khâdem, **iii.** 20
Hathor-sa, **iii.** 20, 21
Ḥatib, **iv.** 207, 210, 217
Ḥāt-nefer, mother of Sen-Mut, **iv.** 14
Ḥātshepset, Great Queen, Khnemet-Ȧmen, daughter of Thothmes I. and Ȧāḥmes, half-sister of Thothmes II., aunt of Thothmes III., mother of Rā-neferu, Ḥātshepset Meri-Rā, **iii.** 183, 209; reign of, **iv.** 1 ff., 57, 61, 90, 114, 122, 150, 151, 179; **vi.** 47, 60; **vii.** 145; **viii.** 120; Ḥātshepset and Thothmes III., **iv.** 30 ff.; temple of, **v.** 64
Ḥātshepset - meri - Rā, **iii.** 219; **iv.** 70
Ḥatti, **iv.** 210, 217, 219, 221, 222, 223, 224
Ḥau-nebu, **ii.** 128; **vii.** 171
Ḥawâra, Pyramid of, **iii.** 57 ff.; tomb of Ȧmenemḥāt, **iii.** 59; plan of, **iii.** 61
Hawk, symbol of Isis, **i.** 17
Hawks, two on the "bed of Osiris," **i.** 16
Hawk-standards, animated, **ii.** 15
Hay, R., **vii.** 69
Ḥazor, **iv.** 228
Hearing, god of, **vii.** 239
Ḥebet, **vii.** 208
Hebni (ebony), **iv.** 8
Hebrew language, **i.** 47
Hebrews, **iii.** 14; **iv.** 120,

136; **v.** 112, 118, 123; **vii.** 13, 120, 199, 248; **viii.** 113
Hebron, **v.** 7; **vi.** 69
Hebt, **vii.** 66, 84, 99
Hecataeus, **i.** 146; **v.** 93
Ḥeḥu, **vii.** 67; **viii.** 34
Ḥeḥut, **vii.** 67; **viii.** 34
Ḥeka, **iv.** 103
Helians, **vi.** 229, 230
Heliodorus, **viii.** 24
Heliopolis, **i.** 145, 211; **ii.** 40, 67, 68, 69, 83, 117, 144, 179; **iii.** 116; **iv.** 57, 84, 86, 87, 90, 92, 116, 117, 122, 128, 152, 171, 172, 179; **v.** 58, 98, 108, 113, 116, 133, 167, 168, 197, 218; **vi.** 47, 92, 98, 102, 127, 167, 229; **vii.** 4, 10, 108, 202, 204; **viii.** 33, 55, 60; nome of, **viii.** 32; obelisks of, **v.** 61; **vi.** 8, 110
Helios, reign of 30,000 years, **i.** 163, 164
Hellenes, Asiatic, **vii.** 121
Helus, **vi.** 229
Ḥemaka, **i.** 195, 196; **ii.** 17
Ḥemānat, **viii.** 46
Ḥen-Ȧmen-penā, **v.** 16
Ḥenen-su, **ii.** 164, 169; **vi.** 154, 177
Ḥenen-suten, **ii.** 164, 169; **vi.** 154, 177
Ḥenit, **vi.** 155, 179
Ḥenmemet beings, **ii.** 83
Ḥen-nekht, **i.** 219; tomb of, **i.** 22
Ḥennu Boat, **i.** 198; **ii.** 6, 8; **viii.** 60
Ḥennu, his expedition to Punt, **ii.** 205-207
Ḥennu, shrine of, **i.** 198
Ḥenti periods, **iv.** 25
Hent-ta-meḥt, **iii.** 194
Ḥent-taui, daughter of Rā-men-kheper, **vi.** 26; wife of Pai-netchem I., **vi.** 23
Hephaistos, **vi.** 116, 150, 163, 164, 193; **vii.** 144
Ḥeqet, **ii.** 70; **iv.** 20, 23, 24
Ḥeq-qen (Alexander II. of Egypt), **vii.** 165
Ḥeq semtu, **iii.** 163; title of Khian, **ii.** 174
Ḥeq shasu, **iii.** 163
Ḥequ, **iii.** 137
Ḥequ Shasu, **iii.** 138
Ḥer (Pyramid of Mycerinus), **ii.** 59
Ḥer (Rā-āu-ȧb), tomb of, **iii.** 74

Ḥer-sesheta, a title, **ii.** 152
Ḥerȧ, **v.** 138
Ḥera, **vii.** 25
Herakleopolis, **ii.** 159, 177; **iii.** 14, 34, 41, 106; **iv.** 171; **vi.** 103, 104, 115, 154; Dynasties at, **i.** 133, 134; **ii.** 164; princes of, **ii.** 169, 170; Thirty-eight kings of, **ii.** 161; nome of, **iii.** 55, 56
Herakles, **vii.** 158; of Tyre, **vii.** 135; reign of, **i.** 165
Hercules, **vii.** 110; pillar of, **vi.** 157; pillars of, **vi.** 220
Heresy, **ii.** 194
Ḥer-Ḥeru, an official, **iii.** 11
Ḥer-Ḥeru, high priest of Ȧmen and priest-king, **v.** 16, 73; **vi.** 1, 2, 11-20, 31, 37, 51; despatches Unu-Ȧmen to Syria, **vi.** 13-18; repairs royal mummies, **vi.** 19 ff; usurps power of king, **v.** 216-219
Ḥeri-peṭmai, **vi.** 109
Ḥer-khuf, **i.** 197; **ii.** 78, 112, 134; life of, **ii.** 112-114; meets Unȧ, **ii.** 114
Hermes, **i.** 163; **iii.** 183
Hermitage, the, **iii.** 68
Hermon, master of the elephants, **vii.** 248, 249
Hermonthis, **ii.** 128, 179; **iii.** 106; **iv.** 59, 76, 92, 143; **viii.** 119
Hermopolis, **iii.** 182; **vi.** 104-106, 115, 155, 179; **vii.** 68, 163; **viii.** 18
Herod, king of the Jews, **viii.** 100
Herodotus quoted, **i.** 46, 159, 179, 180; **ii.** 30, 36, 47, 53, 63, 194; **iii.** 32, 50, 54, 63, 64; **v.** 76, 77, 148, 186; **vi.** 116, 117, 127, 130-132, 150, 181, 182, 193, 199, 201, 204, 205, 207, 210, 211, 220, 224, 227, 229; **vii.** 2, 4, 14, 16, 20, 23, 25, 33, 35, 37, 42-44, 47, 50, 53, 54, 55, 57, 60, 63, 66, 69, 74, 75, 77, 83, 88; **viii.** 160; visits Egypt, **vii.** 121-123; the Three hundred and thirty kings of, **i.** 119
Heron, **vii.** 151
Heroöpolis, **vii.** 154
Ḥer-shef, god, **iii.** 34, 41
Ḥeru, **iv.** 116
Ḥeru-ȧ, **v.** 135, 215

Ḥeru-ȧ-ka-u, **ii.** 72
Ḥeru-Beḥuṭet, **iv.** 82
Ḥeru-em-ḥeb, **iv.** 102, 117, 149-159, **v.** 1, 2, 5, 26, 139; stele of at Karnak, **iv.** 154
Ḥeru-em-khut, **iv.** 81, 83
Ḥeru-ḥekennu, **vi.** 82
Ḥeru-ḥen-nefer, a king, **ii.** 164
Ḥeru-khuti, **ii.** 84, 109; **iii.** 159; **iv.** 83, 116, 117, 173; **v.** 50, 149; **viii.** 22
Ḥeru-khuti-kheperȧ-Rā-Temu, **iv.** 85
Ḥeru-men-kau, **ii.** 75
Ḥeru-merti, **vii.** 239
Ḥeru-nefer-ka, **ii.** 162
Ḥeru-nefer-kau, **ii.** 163
Ḥeru-netch-tef-f, **viii.** 77, 86
Ḥeru-nub, **ii.** 152
Ḥeru-pa-sen, **vi.** 62
Ḥeru-sa-ȧst, **i.** 44; **vi.** 154, 172
Ḥeru-sa-ȧtef, Stele of, **viii.** 151; illustration, **viii.** 153; reign of, **viii.** 149-151, 158
Ḥeru-sam-taui-pa-khraṭ, **viii.** 118
Ḥeru-shā, **ii.** 102, 131; **iii.** 16, 43
Ḥeruṭāṭāf, son of Cheops, **ii.** 43, 62, 63, 195; **iv.** 109
Ḥeru-uaḥ-ānkh (Ȧntef-āa IV.), **ii.** 181, 183
Ḥeru-ur, **viii.** 36, 46, 85
Ḥesepti, **i.** 119, 173, 174, 194-200, 214; **ii.** 7; **vi.** 54
Ḥet-Benben, **iv.** 122; pulled down, **iv.** 156; **vi.** 106, 110, 111
Ḥetchefa, king, **i.** 216
Ḥetchet, the White Crown, **i.** 167
Ḥetepet-hers, **ii.** 137
Ḥetep-sekhemui, **i.** 211
Ḥetep-taui (Nefer-ḥetep I.), **iii.** 96
Ḥeter, Papyrus of, **iv.** 109
Ḥeter-Ḥāp, a title, **viii.** 36
Ḥêth, **vi.** 34
Ḥet-Ḥeru, **i.** 46
Ḥet-ḥetep, **iii.** 32
Ḥet khent, **viii.** 142
Ḥet-nub, **i.** 152, 153; **ii.** 103, 126; **iii.** 22
Ḥet-Ptaḥ-ka, **v.** 153
Ḥet-Sheṭabet, **vi.** 94
Ḥet-suten, Horus of, **iv.** 150, 151
Ḥet-ta-ḥer-ȧbt, **iii.** 86; **vi.** 154, 177

Ḥet-Thet-taui, **iii.** 109
Ḥet-Uārt (Avaris), **iii.** 135, 137, 170
Hezekiah of Judah, **vi.** 135; besieged, **vi.** 137; pays tribute, **vi.** 139, 151, 192
Hezion, **vi.** 188
Hibis, Temple of, **vii.** 66
Hierakonpolis, **i.** 172, 182, 208; **ii.** 97, 136, 145
Hierasycaminus, **viii.** 143
Hieratic writing, **vi.** 199
Hierax, a general, **viii.** 57
Hieroglyphic writing, **i.** 41; **vi.** 198; decay of, **viii.** 135
Ḥikubta, **iv.** 210
Hilkiah, **i.** 198; **vi.** 222
Hills on standards, **i.** 78
Hilprecht, **vii.** 11
Himyar, **vii.** 151
Ḥinatôn, **iv.** 200
Hincks, **iii.** 210; **vi.** 91
Hippodrome at Alexandria, **viii.** 106
Hippodrome at Constantinople, **iv.** 60
Hipponon, **vi.** 106
Hippopotamus, **i.** 58, 80; **ii.** 6; goddess, **viii.** 44, 45; kills Menȧ, **i.** 179; tusk of, **i.** 92; hippopotamuses, **iii.** 171, 172
Hiram I., **iv.** 163
Hittites, **iv.** 136; **vi.** 35
Hiziri, **iv.** 241
Hogarth, P. G., **vii.** 137, 176
Holy of Holies, **vii.** 248
Holy of Holies of Ȧmen, **iv.** 22
Homer, **ii.** 177; **vii.** 144, 247; temple to by Ptolemy IV., **vii.** 237
Honey, **iii.** 8; white, **vii.** 155
Honey, Nile flowed with, **i.** 215
Hophra, reign of, **vii.** 1-13, 45
Horizon of Ȧten, city of, **iv.** 119
Horses of chariot of Rameses II., names of, **v.** 42
Horus, begotten after death, **i.** 17, 18; **ii.** 84, 93, 94, 169; **iii.** 16, 89, 202; **iv.** 22, 24, 55, 70, 77, 149, 151; **v.** 3, 12, 66, 149; **vi.** 144, 161; **vii.** 33, 162, 167, 169, 172, 200, 238, 239, 240; **viii.** 46, 165; Horus and Set, **i.** 46; **iii.** 142; **iv.** 28; avenger of his father, **i.**

17; cippus of, **vii.** 101; figure of, **viii.** 48; followers of, **i.** 44, 165; **viii.** 49; Horus gods, **viii.** 120; legend of, **i.** 45; myth of, ed. Naville, **i.** 45; Horus name of kings, **i.** 16 (note); **ii.** 18; Horus name and *ḳa*, **ii.** 19; the seven Horus names of Ȧmen-ḥetep III., **iv.** 90
Horus of Baka, **v.** 67
Horus of Beḥuṭet, **i.** 44; **ii.** 179; **vii.** 224, 226; **viii.** 16, 84, 85, 86
Horus of gold, **i.** 16
Horus of Ḥebt, **vii.** 99
Horus of Pe and Ṭep, **vii.** 173
Horus, reign of, **i.** 165; shrines of in Nubia, **viii.** 156; the Sky-god, **ii.** 6; standards, **ii.** 19; takes 6000 prisoners, **i.** 190; Horus the Child, **iv.** 83
Horus Rā, **iii.** 14, 158
Horus-Sepṭ, **ii.** 23; **iii.** 25, 26; **viii.** 86
Hoshea, **vi.** 124, 196
Hosh Gebel Silsila, **ii.** 202, 204
Hoskins, travels of, **iii.** 99; **vi.** 146
House of Ȧmen, **iv.** 102
House of Rā, **viii.** 33
House of the Sun, **iii.** 14
House of the Wood, **ii.** 205
Houses, predynastic, **i.** 50; Egyptian, **ii.** 143 ff.
Ḥu, a king, **i.** 201, 204; plague of, **i.** 203
Ḥu, the Sphinx, **ii.** 50
Ḥu-bunu-re-tchauth, **v.** 177
Ḥui, **iv.** 106, 144; **v.** 173
Ḥuia, **iv.** 127, 128
Ḥuni, **i.** 221, 222
Ḥunnu (Ptolemy IX.), **viii.** 46, 47
Ḥunnu-khāni-em-suten-ḥer-ȧst-tef-f. (Ptolemy V.), **viii.** 18
Ḥunnu-nefer (Ptolemy XIII.), **viii.** 79
Ḥunnu-qen (Ptolemy II.), **vii.** 189
Ḥunnu-qen (Ptolemy IV.), **vii.** 229
Hunt, **vii.** 177
Hunting, predynastic, **i.** 57
Ḥurebasa, **vi.** 112
Huts, predynastic, **i.** 56
Hyaena, **i.** 58
Hycsos, **iii.** 147

Hydarnes, **vii.** 58
Hyksos, **ii.** 176; **iii.** 30, 67, 83, 84, 98, 103, 132; history of, **iii.** 133 ff.; city of, **iii.** 134; account of by Josephus, **ii.** 145 ff.; driven out of Egypt, **iii.** 149, 170; defeat of, **iii.** 177, 182, 198; **iv.** 141, 161, 166; **v.** 60, 108, 124; **vi.** 6, 47, 59, 83, 115; meaning of the name, **iii.** 137; their stay in Egypt, **iii.** 138; call themselves "Sons of Rā," **iii.** 141; confounded with Israelites, **v.** 118 ff.; they destroy shrines of the gods, **iv.** 21; dynasty of, **ii.** 175; era of, **iii.** 160; exodus of, **iii.** 165; **v.** 119; list of, **iii.** 137; statues and sphinxes of, **vi.** 5
Hymn, monotheistic, **vii.** 86
Hyperanthe, **vii.** 71
Hyponomos, **vii.** 171
Hyrcania, **vii.** 84
Hystaspes, **vii.** 56, 61, 63, 71

IADI-ADDU, **iv.** 207
Iakamos, **viii.** 30
Iannaeus, **viii.** 61, 62, 63
Ian-Rā, **iii.** 162
Iberians, **vii.** 139
Ibis, Moon-god, **iii.** 183
Ibrîm, **iii.** 197, 207; **v.** 191
Ichthyophagi and Cambyses, **vii.** 47, 48, 53
Iconic Age, **ii.** 5
Idrieus, **vii.** 111
Idrîsî, **ii.** 62
I-em-ḥetep, **ii.** 66, 163, 195; **iv.** 109; **viii.** 49, 133; temple of, **viii.** 20
Ἱερα βίβλος, **i.** 129
Iḥem, city of, **iv.** 32
Iliad, **ii.** 177
Ilium, **v.** 89
Illahûn, **iii.** 30, 118; **vi.** 107
Illyrians, **vii.** 129
Ilu-milki, **iv.** 232
Imanes, **vii.** 70
Immortality, belief in, **i.** 109
Immuriya, **iv.** 187 ff.
Imouthis, **iv.** 109
Implements (illustration), **i.** 88
Inarôs, **vii.** 74, 81, 82, 83, 87, 89
Inbaruta, **ii.** 141
Incarnation of Ȧmen, **iv.** 22
Incense, **ii.** 114; **iv.** 10; trees of, **iv.** 10

Inclined plane used in building the Pyramids, **i.** 147
India, **v.** 86; **vii.** 137, 170, 195
Indians, **vii.** 157
Indicopleustes, **vii.** 214
Indigènes, **i.** 31
Indus, **vii.** 70
Innuāamu, **v.** 7
Innuāmam, **v.** 103
Innuamma, **iv.** 225
Insanity of Cambyses, **vii.** 53
Inscriptions, trilingual, **vii.** 63
Instructions of Ȧmenemḥāt I., **iii.** 5, 6, 118
Inthanai, **iv.** 168
Inundation, the, **i.** 82
Ionia, **iii.** 33; **vi.** 212-215; **vii.** 6, 30, 70, 96
Ionians, **vi.** 205; **vii.** 16
Ipan, **vi.** 69
Ipeq-Ḥeru, **ii.** 173, 175; scarabs of, **iii.** 163
Iphicrates, **vii.** 95, 102, 103
Ipsus, Battle of, **vii.** 185
Ip-ti-khar-di-e-shu, **vi.** 155, 174
Irasa, **vii.** 2
Iribayashshi, **iv.** 220
Irḳata, **iv.** 217; letter from people of to the king, **iv.** 222, 223
Irkhulini, **vi.** 85
Irobastus, **viii.** 22
Iron, early use of, **ii.** 135
Iron, meteoric, **ii.** 137
Iron sky, **ii.** 136
Iron throne, **ii.** 109
Irrigation, **iii.** 3
Irtcha, **iv.** 32
Isaiah, **vi.** 149, 191, 193; **viii.** 32
Ishmael, **vii.** 12
Ishmi-Dagan, **iv.** 166
Ish-pi-ma-a-ṭu, **vi.** 155, 174
Ishtar of Mitanni, **iv.** 192; **vi.** 44, 154
Isiràale, **v.** 104
Isiràare said to be Israelites, **v.** 104-107
Isis, **i.** 17; **ii.** 70, 92, 106, 184, 185; **iii.** 197; **iv.** 22, 149, 151; **v.** 12, 138, 187; **vi.** 28, 96, 144, 184; **vii.** 33, 75, 107, 172, 201, 209, 210, 211, 226, 229, 238, 242; **viii.** 46, 49, 50, 51, 67, 72, 76, 77, 85, 86, 102, 118, 120, 165; lady of North and South Walls, **iv.** 84; she raises

Osiris from the dead and conceives a son by him, **i.** 17; her shrines in Nubia, **viii.** 156; her temple in Rome, **vii.** 4; her temple at Philae, **viii.** 37; gift of land to (illustration), **viii.** 37
Isis-Hathor, **vii.** 201, 212
Isis of Ḥebet, **vii.** 208
Isis of Philae, **vii.** 206
Island civilization, **i.** 32
Island of Argo, **iii.** 98, 99
Island of Cos, **vii.** 73, 74
Island of Elephantine, **i.** 57; **v.** 66; **vii.** 168, 169
Island of Konosso, **iv.** 93
Island of Kunussaw, **ii.** 198
Island of Pharos, **vii.** 144, 150
Island of Philae, **iv.** 78
Island of Mesopotamia, **iv.** 52
Island of Sâhal, iv. 44; **vii.** 240
Island of Tombos, **iii.** 99, 205
Islands of the Blessed, **vii.** 49
Islands of the Great Green, **iv.** 129
Islands of the Mediterranean Sea, **iv.** 63
Isles of the Sea, **vii.** 70
Isma'îlîya, **v.** 129
Israel, **i.** 153, 156; **iii.** 100; **v.** 104-107, 112; **vi.** 42, 189, 190; **vii.** 9; Children of, **v.** 127, 129
Israelites, **ii.** 28; **v.** 104-107, 110, 121, 125, 126, 127 ff., 129; **vi.** 188, 190
Israîlon, **v.** 106
Issus, Battle of, **vii.** 132-134, 137, 138; Gulf of, **vii.** 132
Isthmus of Suez, **i.** 38; **v.** 131; **viii.** 104
Itakama, **iv.** 139, 225; letter from to the king, **iv.** 225, 227
Italy, **viii.** 99
It'amaa, **vi.** 191
Itilluna, **iv.** 205
Iuâa, father of Thi, **iv.** 96, 98, 99
Iuni, wife of Tushratta, **iv.** 204
Iusāaset, **v.** 163
Iuṭhmālk, **vi.** 71, 72
Iuṭhmārk, **vi.** 71, 72
Iuu, a people, **iv.** 20
Ivory, **ii.** 114; **iv.** 10; art of working, **i.** 92; beads, **i.** 54; models of pre-

dynastic Egyptians, **i.** 51; pendants, **i.** 55; plaque of Āḥa, **i.** 175; plaques, i. 55; sticks, **i.** 55

JABAL BARKAL, **iii.** 205 (see Gebel Barkal)
Jackal, i. 58; nome of the, **iii.** 22
Jacob, **ii.** 30; **iii.** 154
Jar-sealings, **i.** 195, 200, 204, 213; **ii.** 16
Jehoahaz, **vi.** 222
Jehoiachin, **vii.** 10
Jehoiakim, **vi.** 222, 223; **vii.** 10
Jeremiah of Libnah, **vi.** 218, 222; **vii.** 1, 12, 13, 20, 120
Jericho, **vii.** 12; **viii.** 100
Jeroboam, **i.** 156; **vi.** 42, 68, 70, 86; marries Pharaoh's daughter, **vi.** 69
Jerome, Saint, **vii.** 216
Jerusalem, **iii.** 149, 168; **iv.** 137, 231, 232, 233, 235; **v.** 114, 116; **vi.** 41, 42, 69, 86, 87, 192, 221; **vii.** 10, 11, 12, 198, 247, 248; **viii.** 29, 32, 60, 129; besieged by Sennacherib, **vi.** 138-140; second siege of, **vi.** 149, 150; tribute of, **vi.** 151, 152
Jews, **v.** 86, 167; **vii.** 244, 247, 248; **viii.** 32, 59, 60, 61, 188
Jews in Alexandria, **vii.** 186, 188, 194, 196, 197 ff.
Jews, persecution of, **viii.** 29
Joachim quoted, **i.** 191, 199
Jollois, **iv.** 113
Jonias, **iii.** 147
Joppa, **iv.** 239, 240; **vi.** 137; story of the taking of, **iv.** 65-69; **vi.** 52
Jordan, **viii.** 62
Joseph, the Patriarch, **ii.** 90; **iii.** 49, 149, 183; **v.** 126, 136, 137
Josephus, **iii.** 133, 134, 135, 138, 143, 144-146, 167, 169; **iv.** 110; **vi.** 68, 149, 150, 151; **vii.** 175 196, 198; **viii.** 12, 30, 32, 33, 59, 63, 69, 99, 100, 113, 114
Josephus on the Exodus, **v.** 112-116
Joshua, Book of, **vi.** 191
Josiah, king, **i.** 198; **vi.** 221, 222

Judaea, **iii.** 168; **vi.** 72, 73, 77; **viii.** 13, 69, 99
Judah, **i.** 156; **vi.** 41, 71, 184, 188, 189, 192, 221, 222, 223; **vii.** 9, 10
Judaism, **viii.** 129
Judgment Scene, **vii.** 238, 247
Julius Africanus, his version of Manetho's King List quoted, **i.** 130 ff., 144, 145, 146, 149; **ii.** 161; **iii.** 139, 167, 195; **vi.** 204; **vii.** 1, 87, 98, 106, 196
Julius Caesar, **vii.** 192; **viii.** 79, 102, 118; his loan to Ptolemy XIII., **viii.** 92
Juno, **v.** 96; **vii.** 30, 32
Jupiter, **ii.** 64; **v.** 93, 96; **vi.** 119; **vii.** 30
Jupiter Ammon, **iii.** 196; **vii.** 47, 48, 51, 144, 181
Justin, **vii.** 133, 150, 228; **viii.** 11, 41, 55, 59

Ka, **i.** 169, 173; **ii.** 3
Ka, chapel of, **iii.** 22
Ka, city of, **ii.** 16
Ka, king of Egypt, **i.** 166
Ka name of kings, **i.** 16
Ka of the king, **ii.** 104
Ka, priest of, **ii.** 155, 158
Ka standard, **iii.** 26
Ka statue of Rā-āu-ȧb, **iii.** 75
Ka-ab-u-j-i-ya (Cambyses), **vii.** 56
Kaau, **ii.** 101, 131
Kabyles, **i.** 26
Kadashman-Bêl, **iv.** 95, 134, 163; **iv.** 164, 187 ff.
Kadashman-Harbe, **iv.** 164
Kadashman-Turgu, **iv.** 164
Kadesh, **iv.** 36, 39, 43; siege of, **iv.** 48, 71, 139, 208, 225, 227; **v.** 7, 28, 30, 32, 34, 36, 44, 94; **vi.** 34
Ka-em-Uast, a thief, **v.** 199
Ka-en-Rā, **i.** 120
Kafr al-Shêkh, **iii.** 82
Kaheni, **vi.** 111
Ka-ḥeseb, **vii.** 111
Ka-ḥetep, **ii.** 93
Ka-ḥrȧ, **viii.** 35
Kahûn Papyri, **i.** 149; **iii.** 32, 118
Kaiechos, **i.** 131, 211
Kakaȧ, **i.** 120; **ii.** 69, 70, 71
Ka-kau, **i.** 120, 211; **ii.** 7
Kaḳemna, **ii.** 146, 147
Kalâbshah, **viii.** 67

Kalâbshi, **vii.** 38
Ḳal'at al-Mudiḳ, **vi.** 85
Kaldu, **vi.** 135
Kalka, a Nubian king, **viii.** 164
Kallatu, **iv.** 131
Kallimma-Sin, **iv.** 95, 134, 165, 198
Kaltelȧ, king of Nubia, **viii.** 164
Kam-bu-zi-ia (Cambyses), **vii.** 43
Ka-meri-Rā, **ii.** 167, 170-172, 177
Kames, son of Rȧ-seqenen, **iii.** 177, 180, 181, 184, 192
Kammusunadab, **vi.** 136
Kamûla, **ii.** 191
Kanaan, **v.** 104
Kanana, **v.** 7
Ka-nekht-āā-suteniu (Rameses III.), **v.** 148
Ka-nekht-ān-em-suten (Rameses VII.), **v.** 194
Ka-nekht Ȧten-meri (Ȧmen-ḥetep IV.), **iv.** 118
Ka-nekht-em-ṭāṭā-Ȧmen (Pasebkhānut I.), **vi.** 5
Ka-nekht-ḥāi-em-Maāt (Menephthah I.), **v.** 97
Ka-nekht-khā-em-Nept (Ḥeru-sa-ȧtef), **viii.** 152
Ka-nekht-khā-em-Uast (Thothmes III.), **iv.** 29; (Ȧmen-ḥetep III.), **iv.** 99; (Rameses X.), **v.** 208
Ka-nekht-khā-em-Uast-seānkh-taui (Seti I.), **v.** 5
Ka-nekht-khu-satu-Rā-Ȧaḥ (Ptolemy XVI.), **viii.** 89
Ka-nekht-meri-Ȧmen (Pai-netchem I.), **vi.** 22
Ka-nekht-meri-Maāt (Rameses II.), **v.** 21; (Thothmes I.), **iii.** 201
Ka-nekht-meri-Maāt-smen-taui (Rameses III.), **v.** 148
Ka-nekht-meri-Rā (Seti II.), **v.** 133
Ka-nekht-sa-Ȧmen (Ḥer-Ḥeru), **vi.** 12
Ka-nekht-sekhāā-Rā (Rameses XI.), **v.** 210
Ka-nekht-sepṭ-sekheru (Ḥeru-em-ḥeb), **iv.** 149
Ka-nekht-theḥent-Khāu (Ai), **iv.** 145
Ka-nekht-tut-khāu (Thothmes IV.), **iv.** 78
Ka-nekht-uatch-suteniu (Rameses I.), **v.** 1
Ka-nekht-ur-peḥpeḥ (Ȧmen-ḥetep II.), **iv.** 70; (Set-nekht), **v.** 144

Ka - nekht - user - peḥpeḥ (Thothmes II.), **iii.** 212
Ḳanṭara, **vi.** 219
Ḳanû, **iv.** 241
Kapur, a Libyan chief, **v.** 154, 155
Ka-qam, **i.** 193
Ka-Rā, king, **i.** 24
Karaduniyash, **i.** 153; **iv.** 88, 95, 135, 140, 164-166, 188 ff., 197
Kara-Ḥardash, **iv.** 164
Kara-Indash, **iv.** 89, 164, 166, 197
Karāmā, wife of Shashanq I., **vi.** 68
Karbaniti, **vi.** 154
Kar-Bêl-matati (Saïs), **vi.** 203
Kareāmā, wife of Osorkon II., **vi.** 80
Karei, **iv.** 99
Karemāmā, **vi.** 88
Kares, steward of Àāḥ-ḥetep, **iii.** 179
Kareṭept, **viii.** 159
Kari, **iv.** 80; **v.** 67, 75
Ḳarḳar, **i.** 156; Battle of, **i.** 156, 157; **vi.** 85
Karkĕmish, **iv.** 37, 38, 47; **v.** 28; **vi.** 188, 221, 223
Karnak, **ii.** 177; **iii.** 4, 15, 16, 90, 197, 206, 207, 209, 216; **iv.** 27, 31, 50, 101; **v.** 8, 62, 134, 138, 147, 166, 188, 191, 208, 215, 216; **vi.** 31, 44, 47, 48, 52, 53, 70, 73, 97, 127, 206, 228; **vii.** 22, 33, 92, 93, 94, 96, 99, 100, 108, 118, 163, 164, 166, 168, 169; **viii.** 84; Hall of Columns at, **v.** 3, 13
Karnak, Tablet of, **i.** 125; **ii.** 180; **iii.** 79, 84, 93, 95, 97, 100; **vi.** 53; its great importance, **ii.** 179
Karpusa, **v.** 172
Ḳarret, **viii.** 156
Kar-Shalmaneser, **vi.** 85
Karṭept, **viii.** 160
Karthat, **vi.** 228
Karut-het, **viii.** 156
Kas, Nubian tribe, **iii.** 17
Kash (Nubia), **iii.** 19, 35; **iv.** 219, 234
Kashi, the, **iv.** 136, 233, 234
Kashid aibi, **ii.** 189
Kashshi, **vi.** 135
Kashta, **vi.** 117, 122, 123, 190, 204, 207
Ḳaṣr al-'Agûz, **viii.** 47
Ḳasr al-Gehda, **viii.** 68

Kassite Dynasty, **i.** 153
Kassite Kings, **i.** 154; **vi.** 34
Kassites, **iii.** 136; **iv.** 164
Katarṭit, **viii.** 161
Ḳatchatu, **iv.** 32
Ka-tep, **ii.** 137
Ḳaṭna, **iv.** 136, 223, 224
Kau, the Fourteen of Ḥatshepset, **iv.** 24
Kaukones, **vii.** 139
Kawâmil, graves at, **i.** 105 ff.
Keane, Prof., **ii.** 133
Kĕbhâr, Canal of, **vii.** 10
Kedemoth, **vi.** 70
Kefti, **iv.** 53, 63, 76, 168
Keftiu, **iv.** 168, 169
Kek, **viii.** 34, 46
Keket, **viii.** 34, 46
Kekiu, **vii.** 67
Kekiut, **vii.** 67
Kemā, a queen, **iii.** 96
Kembathet, reign of, **vii.** 42-56
Ḳena, **i.** 45; **ii.** 77; clay of, **i.** 92; the Mudîr of, **iii.** 180
Kenbutcha, **vii.** 42
Kenemet, **vii.** 66
Kenemtet, **vi.** 26
Kenkenes, **i.** 130, 143, 191
Kennesat, queen, **vi.** 116
Kenrethreqnen, king of Nubia, **viii.** 164
Kenset, **iii.** 195; **iv.** 92; **viii.** 142, 159
Kenseti, **iii.** 188
Kenthaḥebit, king of Nubia, **viii.** 164
Kenyon, F. G., **vii.** 176, 177
Kephala, **ii.** 173
Kepna (Byblos), **vi.** 15
Kept, **iv.** 55
Ḳereȧrhenti, **vi.** 161
Ḳerḥ, **vii.** 67
Ḳerḥet, **vii.** 67
Kerkîs, **vi.** 227, 228
Kerma, **iii.** 98, 99, 205; **vii.** 50
Kerpheres, **i.** 131, 221
Ḳer-taui (Nefer-ḥetep I.), **iii.** 96 (a Nubian king); **viii.** 162
Kertos, **i.** 142, 143
Ḳes, **ii.** 94
Kesh, **iii.** 205, 214, 195, 196; **iv.** 79; **v.** 67, 217; **vi.** 185, 186, 195; **viii.** 142; Royal son of, **v.** 54, 191; **vi.** 11
Ḳeti, prince of, **v.** 54
Kha gods, **ii.** 88
Khā of South and North, **ii.** 24

Kha-at-khi-ri-bi, **vi.** 154, 176
Khā-ba (Pyramid of Saḥu-Rā), **ii.** 68
Khabbesha, revolt of, **vii.** 71, 72 ff., 171, 173
Khabiri, **iv.** 136, 137
Khabruen, **ii.** 46
Khā-em-ȧpt, **v.** 172
Khā-em-khebit (Sa-Ptah), **v.** 140
Khā-em-maā-en-re, **v.** 172
Khā-em-men-nefer, name of a ship, **iii.** 186; **vi.** 59
Khā-em-Uast, a governor of Thebes, **iii.** 199
Khā-em-Uast (Rameses IX.), reign of, **v.** 200, 201, 203, 204
Khā-em-Uast, son of Rameses II., **v.** 25, 70, 71
Khā-em-Uast, son of Rameses III., **v.** 177
Khā-f-Rā (Khephren), **i.** 120; reign of, **ii.** 46-52; Sphinx made by, **iv.** 86
Khagaranu, **vi.** 135
Khā-kau-Rā (Usertsen III.), **i.** 123; **iii.** 33
Khalîfas, the Fâṭimite, **vii.** 125
Khallâf, **i.** 219
Khalmet, **vii.** 201
Khammurabi, **i.** 154
Khamranu, **vi.** 135
Khā-nefer, Pyramid of, **i.** 152; **ii.** 110
Khā-nefer-Rā, **iii.** 100
Khanigalbat, **iv.** 167
Khar (Syria), **v.** 104
Kharbatâ **vii.** 18
Khardishpi, **vi.** 135
Khare, v. 7
Kharebu (Aleppo), **iv.** 47
Khareui, father of Pai-Kharei, **v.** 202
Khârga, Oasis of, **v.** 26; **vii.** 51, 66; **viii.** 68
Kharmet, **vii.** 201
Khar-si-ya-e-shu, **vi.** 154, 172
Kharṭûm, **i.** 57; **ii.** 120; **iii.** 99; **iv.** 95; **viii.** 158
Kharu, **iv.** 32; **v.** 104
Khas, the god, **iv.** 28, 78
Khasaȧ, Nubian tribe, **iii.** 17
Khā-sekhem, **i.** 168, 172
Khā-sekhemui, **i.** 169, 172, 207, 209
Khaṭā-neter, **i.** 45
Khati, an official, XIIth Dynasty, **iii.** 28
Khati I., son of Tefabȧ,

Prince of Siut, reign of, **ii.** 164, 165, 167-169
Khati II., not a king, **ii.** 167, 171, 172
Khati the chancellor, **ii.** 202
Khatti, **iv.** 41, 136, 139, 164 ff., 205; **vi.** 33, 40, 41, 84, 86, 87, 134, 136, 149, 188
Khebit, **v.** 138, 139-141
Khefu, **ii.** 28
Khemenniu gods, **iv.** 20
Khemennu (Hermopolis), city of, **iii.** 183; **vi.** 106, 155, 179; **vii.** 68; **viii.** 18
Khemthitet, **vii.** 203
Khen-setcher, **ii.** 201
Khensu (Khonsu), **ii.** 87, 144, 179; **iv.** 102; **v.** 54, 56, 134, 215, 216; **vi.** 11, 20, 22, 25, 48, 51, 53, 145, 161; **vii.** 99, 226; **viii.** 36, 44, 46, 49, 67; Temple of, at Karnak, **v.** 166
Khensu-em-Uast, **viii.** 149
Khensu-nefer-ḥetep, **v.** 212, 213, 214; **vii.** 96, 103, 212
Khensu-Sepṭ, **ii.** 85
Khent, a king, **i.** 19, 174, 181; his tomb, **i.** 166, 172
Khent-Ȧmenti, or Osiris, tomb of, **i.** 19
Khent-ḥen-nefer, **iii.** 188, 190, 203
Khent-khat-ur, returns from Punt, **iii.** 23
Kheops, **ii.** 28; **vi.** 7
Kheper, a city, **ii.** 16
Kheperȧ, god, **iii.** 34; **iv.** 84, 116; **v.** 3, 23
Kheper-ka-Rā, **i.** 123
Kheper-kha-Rā, **i.** 123
Kheperȧ - kheper - kheperu (Ȧmen-ḥetep IV.), **iii.** 70
Kheperȧ-Set, **v.** 146
Khephren, **ii.** 46
Kher-āḥa, **vi.** 110
Kher-Āḥaut, **iv.** 84
Kher-ḥeb, a priest, **i.** 158; **ii.** 156
Kherp (Pyramid of Ȧmen-emḥāt II.), **iii.** 21
Kheta, **iv.** 43, 135, 136, 157, 164 ff.; **v.** 2, 103, 154; **vi.** 33-35, 52, 134, 157; the gods of, **v.** 52
Kheta League, **v.** 39
Kheta tribes, **v.** 7; battle of Rameses II. with, **v.** 21, 26 ff.; Kheta princess marries Rameses II., **v.** 54 - 57; fight between

Egyptians and Kheta described, **v.** 28; Treaty with, **v.** 48 ff.
Kheta-sar and his treaty with Rameses II., **v.** 48, 50, 51, 52, 53
Khetem, **v.** 130
Khian, reign of, **ii.** 173-176; **iii.** 138, 161 ff.; scarabs of, **ii.** 175; statue usurped by Osorkon II., **ii.** 173
Khi-mu-ni, **vi.** 155, 178
Khindaru, **vi.** 135
Khi-ni-in-shi, **vi.** 154, 176
Khipa, **v.** 53
Khirebu (Aleppo), **v.** 30, 32
Khirepa, **v.** 51
Khisasapa, **v.** 51
Khnemet-Åmen, **iv.** 21
Khnemet-Ḥeru, **iii.** 189
Khnemu, **i.** 83; **ii.** 70, 110, 198; **iii.** 96; **iv.** 20, 23, 24, 26, 59, 77, 110; **vi.** 77; **vii.** 16, 168, 209, 210; **viii.** 3, 86, 166
Khnemu-ḥetep I., erpā-hā at Beni-Ḥasan, **iii.** 3, 21, 22
Khnemu-ḥetep II., **iii.** 27, 28 ff.
Khnemu-ḥetep (not of Beni-Ḥasan), **iii.** 25, 33
Khnemu-Khufu, **ii.** 29
Khnemu-Rā, **vi.** 162
Khoiak, **iv.** 18; **vi.** 83; **viii.** 158
Khorasmia, **vii.** 70
Khouther, **ii.** 165
Khoutooui, **iii.** 85
Khoutoouiri, **iii.** 85
Khshaiarsha (Xerxes the Great), reign of, **vii.** 72-78
Khshathrita, **vii.** 70
Khsherisha, **vii.** 74
Khsheṭrep (satrap), **vii.** 173
Khshyārsha, **vii.** 77
Khu = *Νεκύες*, **i.** 179
Khu, a city, **ii.** 16
Khu-åst, tomb of Menthu-ḥetep II., **ii.** 201
Khu-en-Åpt (Ḥer-Ḥeru), **vi.** 12
Khu-en-Åten (Åmen-ḥetep IV.), reign of, **iv.** 161 ff., 172, 173; **v.** 20; **vi.** 37, 39; his mummy, **v.** 110, 111
Khufu (Cheops), **i.** 120; his reign described, **ii.** 28-45, 69, 195; **iv.** 57; **vi.** 7, 183
Khut, name of the Great Pyramid, **ii.** 42

Khut-Åten, city of, **iv.** 122, 142; founding of, **iv.** 118; city described, **iv.** 124; **v.** 164; discovery of cuneiform tablets at, **iv.** 185; decline of, **iv.** 144
Khut-en-Åten (Åmen-ḥetep IV.), **iv.** 118
Khu-taui (Sebek-ḥetep II.), **iii.** 95; (Tirhâkâh), **vi.** 143
Kilti, **iv.** 229, 230, 235
Kinaḥḥi, **iv.** 200, 208, 228
Kinanat, **iv.** 224
King, Leonard W., quoted, **i.** 154, 155; **iii.** 135
King List of Manetho, the four versions of, **i.** 129; King Lists at Abydos, Karnak, and Saḳḳâra, **i.** 126; **v.** 12; King Lists, their value, **i.** 158
King of Egypt, his names, **i.** 16; position of in early times, **ii.** 19
Kings, Book of, **vi.** 192
Kings of Egypt, their Horus and Set names, **i.** 16
Kings, the Twelve, **vi.** 201; submission of the Twenty-two Syrian, **vi.** 154
Kinsman of Apis, **viii.** 36
Kipiû, **vi.** 135
Ḳipḳip, **vi.** 164
Kirâsi Fîr'aun, **ii.** 64
Kirḳipa, **iv.** 99
Kish, **vi.** 41, 134
Kitchener, Viscount, **iv.** 95
Kléber, General, **vii.** 16
Kleinios, **vii.** 112
Knives in chert, flint, and stone, **i.** 68, 86
Knossos, **ii.** 173, 175; **iii.** 163; **iv.** 169
Koenigsbuch, **iii.** 134; **viii.** 144
Kohl tubes, **i.** 55
Kôm al-Aḥmar, **vii.** 186, 208
Kôm al-Åtrîb, **iii.** 86
Kommagene, **vi.** 40
Kôm Ombo, **iv.** 59; **v.** 66; **viii.** 35, 84; temple of Ptolemy IX., **viii.** 49
Koncharis, **i.** 142, 143
Konosso, **iv.** 78, 93
Kordofân, **iii.** 19
Korosko, **iii.** 27; **vii.** 49, 50
Korti, **vi.** 228
Kortis, **vi.** 228
Kosseir, **ii.** 206
Krall, **i.** 219; **ii.** 75; **iii.** 42, 59, 138, 144; **v.** 105;

vi. 98, 121, 149, 166, 227; vii. 24, 151
Kretschmer, iv. 167
Kronos, reign of 3984 years, i. 163, 164
Ḳubbân, vii. 243; viii. 165; Stele of, v. 67, 68
Kudur-nankhundi, i. 154
Kumidi, iv. 220, 224, 225
Kummeh, forts at, iii. 38, 40, 46, 71, 93, 112; iv. 77; vi. 187
Ḳummûkh, vi. 40, 188
Kundi, vi. 152
Kunia, iv. 205
Kunussaw, Island of, ii. 198
Ku-ra-u-sh (Cyrus), vii. 56
Kuri-galzu I., iv. 164
Kuri-galzu II., iv. 164, 166, 196, 197
Ḳûrna, iii. 71, 126; iv. 31, 63, 64; v. 8, 14; Temple of Rameses II. at, v. 64
Ḳurnet-murrai, iv. 144
Kurodes, i. 141
Ḳûrta, vi. 228
Ḳûsêr, i. 44, 45, 47; ii. 77, 206; v. 159
Kush, iv. 41-43, 79, 144; v. 166; vi. 101, 153, 156, 161, 167, 168, 185, 186
Kûsi, vi. 195
Kuyunjik, ii. 189
Kynanê, vii. 160, 161

Labour, tax on, viii. 130
Labyrinth of Àmenemḥāt, iii. 45; description of, iii. 52 ff., 55, 120; dedicated to Sebek, iii. 59; derivation of name, iii. 59
Labyrinth of Menas, i. 181
Labyrinth of Usertsen III., iii. 41
Labyrinths of Crete, Italy, and Lemnos, iii. 55
Lachares, i. 134; iii. 42
Lacedaemonians, vii. 92, 104
Lachish, iv. 136, 139, 233, 240; vi. 69; vii. 11
Lac Moeris, iii. 48
Lacrates, vii. 110, 112
Ladder, mythological, ii. 84, 85
Ladyce, vii. 31
Lady Meux Collection, iii. 77
Laenas, M. P., viii. 27
Lagash, i. 67
Lagus, vii. 179; viii. 57, 138
Lake, Great, vii. 111; lake

at Thebes breaks its bounds, **vi.** 2
Lake Mareotis, **vii.** 144, 150
Lake Menzâleh, **iii.** 68; **v.** 130
Lake Moeris, dimensions, plan, names of, description of, temple of, **iii.** 46, 47, 48, 57, 63, 64, 69, 74, 120; **vii.** 65, 194, 208
Lake of Fire, **ii.** 86
Lake of Kha, **ii.** 84
Lake of Menā, **ii.** 109
Lake of Seneferu, **iii.** 7
Lake of the Scorpion, **vii.** 201, 202
Lake Sirbonis, **vii.** 111
Lake Timsâh, **v.** 131, 132; **vi.** 219
Lakes of Central Africa, **ii.** 79
Lamaris, **i.** 134
Lamb with 8 legs, 2 heads, 2 tails, and 4 horns, **vi.** 120, 121
Lament of the Harper, **ii.** 196
Lāmersekni, **vi.** 103
La-mi-in-tu, **vi.** 155, 174
Lamp of gold at Onion, **viii.** 32
Land of God, **iii.** 33
Land of the Inundation, **v.** 146
Land of the Lake, **iii.** 48
Land of the spirits, **ii.** 119
Land tax, **viii.** 130
Lange, **v.** 111
Lanius, **vii.** 112
Lanzone, **iii.** 48
Laodice, **vii.** 212, 213
Laomedon, **vii.** 160
Lapana, **iv.** 224
Lapaya, **iv.** 229, 230, 233, 235-237
Lapethus, **viii.** 27
Lapis-lazuli eyes, **i.** 51; seal of Tukulti-Ninib, **i.** 155; vessels, **iii.** 215
Late Prehistoric Period, **i.** 22
Lateran, **iv.** 60
Lathyrus, **viii.** 58-68, 74
Latona, **vi.** 212
Lauseion, **vii.** 24
Lauth, **vi.** 117
Law, Book of the, **viii.** 30; translated from Hebrew into Greek, **vii.** 198
Lawgivers, the six of Egypt, **vi.** 119
Layard, **vi.** 128
Leather fastenings of mace heads, **i.** 68
Leather roll, **iv.** 35

Lebanon, **iv.** 41; **v.** 8
Lebanon trees, **vi.** 15
Lebu-mer, **v.** 150
Lee and Rollin Papyrus, **v.** 175
Leemans, **vii.** 16, 177
Lefébure, **v.** 3, etc.
Legge, F., quoted, **i.** 184; **ii.** 9, 12, 16
Leghorn, **ii.** 60
Legrain, G., **vi.** 97, 206
Le-ḥent (Illahûn), **vi.** 107
Lenaeus, **viii.** 204
Leonnatus, **vii.** 160
Leontopolis, **viii.** 32, 33
Leopard, **i.** 58
Lepers, the 80,000, **v.** 113, 116, 117
Lepidus, M. A., **viii.** 11
Lepsius and his works quoted, 1, 125, 129; **iii.** 98; **v.** 48; **vi.** 7, 146; **viii.** 114, 119; and see *passim;* Chronology of, **i.** 159; labyrinth, **iii.** 58
Lesbos, **vii.** 131
Les Origines quoted, **i.** 35
Letopolis, **i.** 199, 214
Leuce, **vii.** 104
Leucophryne, **viii.** 98
Lenkos-Limen, **ii.** 206
Libationer, **ii.** 217
Libnah, **vi.** 222
Library of Alexandria, **vii.** 226, 227, 236, 247; and see under Alexandria
Libu, **ii.** 31
Libya, **i.** 31, 32; **ii.** 34, 101, 114; **iii.** 50, 112; **iv.** 54, 76; **v.** 24, 84, 99, 100, 104, 166; **vi.** 157, 190, 207, 220; **vii.** 65, 70, 140, 141, 160, 161, 187, 193; **viii.** 102, 104
Libyan immigrants, **i.** 26; Libyan-negro mixture, **i.** 26
Libyans, **i.** 30, 33, 48; **ii.** 176; **iii.** 6, 83; **iv.** 54, 92; **v.** 9, 24, 149, 150, 156, 157, 160, 163, 166, 172; **vi.** 38, 39, 62, 69, 78, 81, 90, 221, 223; **vii.** 2, 39, 82, 112, 234; revolts and wars, **v.** 98, 158; defeated by Menephthah, **v.** 101
Libyans and the "New Race," **i.** 26
Lichas, **vii.** 244, 245
Lieblein, **i.** 202; **iii.** 84; **v.** 111
Life, Double House of, **v.** 175

Liia, **iv.** 209
Limestone beads, **i.** 54
Limir-patesi-Ashur, **vi.** 203
Lindos, **vii.** 24
Lindus, **vii.** 32
Linplum, **vii.** 69
Linos Dirge, **ii.** 194
Lion, **i.** 58
Lion from Baghdad, **ii.** 173, **iii.** 162
Lion of Rameses II., **v.** 27
Lions, 920 killed and speared by Tiglath-Pileser I., **vi.** 40; Åmen-ḥetep III. kills 102, **iv.** 99
Lisht, Pyramids of, **iii.** 17
Li'ta, **vi.** 135
Litany, **vi.** 34
Literature, **vi.** 52
Little Oasis, **iii.** 216
Livre des Rois, **vii.** 89; **viii.** 144
Lizards, **i.** 97
Lockyer, Prof. Sir N., **i.** 149, 157; **ii.** 145
Loftus, **vii.** 77
Look-out of a boat, **i.** 77
London, **iv.** 60
Loret, **iv.** 45, 77, 112, 113, 175; **v.** 110
Louvre, **ii.** 10, 75, 142, 165, 183, 184; **iii.** 95, 129, 155; **iv.** 109; **v.** 170; **vi.** 9, 26, 99, 115; **vii.** 22, 23
Lubims, **vi.** 78
Lubkhentṭen, **viii.** 161
Lubuluna, **vi.** 15
Lucina, **vi.** 210
Lucius Septimius, **viii.** 91
Lucullus, **viii.** 65
Luka, **vi.** 35
Lukki, **iv.** 205
Luli, **vi.** 136
Lupus shuts up Onion, **viii.** 33
Lu-uk-ki, **iv.** 169
Luxor, **ii.** 177; **iii.** 180; **iv.** 143; **v.** 138, 208; **vi.** 31, 47, 87, 127; **vii.** 37; temple of, **iii.** 104 ff.; **v.** 134; **vi.** 2
Lybia, **i.** 180; **vii.** 154
Lyceas, **iii.** 55
Lycia, **vii.** 36, 160, 193; **viii.** 63, 70
Lycians, **iv.** 169; **vi.** 35; **vii.** 104
Lycidas, **vii.** 153
Lycopolis, **viii.** 22
Lydia, **i.** 157; **vi.** 36, 204; **vii.** 43, 70, 104, 160
Lying Pyramid, **ii.** 24
Lyndus, **vii.** 32

Lyons, H. G., **v.** 141; **vii.** 108, 240
Lysias, **viii.** 30
Lysimachus, **vii.** 165, 182, 189, 231

MAĀ-ÀB-RĀ, **ii.** 167, 175
Maȧḥes, **vi.** 82
Maā-kheru (Antef-āa II.), **ii.** 184; (Nekau II.), **vi.** 218
Maā-kheru-Rā, **i.** 123; **iii.** 71
Ma-an-ti-me-an-khi-e, **vi.** 155, 174
Maāt, **iii.** 26, 158, 181, 202; **iv.** 90, 119, 146, 150; **v.** 3, 22, 23, 97, 137, 148, 215; **vi.** 9, 67, 80, 161, 168; **vii.** 239; **viii.** 35, 49, 87, 149; land of, **viii.** 142
Maāt-Àmen, **v.** 190
Maāt-en-Rā, **i.** 123; **iii.** 46, 63
Maati-sen, Stele of, **ii.** 202
Maāt-ka-Rā (Ḥātshepset), **iii.** 210; **iv.** 15, 24; wife of Osorkon I., **vi.** 10
Maāt-khā, **ii.** 65
Maccabees, Third Book of, **vii.** 175, 247, 248, 249
Macedon, **vii.** 128, 137, 140, 161, 179; **viii.** 4, 10
Macedonia, **vii.** 137, 140, 155, 159, 160, 161, 165, 166; **vii.** 227; **viii.** 6
Macedonians, **vii.** 129, 135, 136, 154, 155, 182, 227; **viii.** 8, 14, 29, 129
Mace-head of Ningirsu, **i.** 67
Mace-head of Sargon I., **i.** 62
Mace-heads, **i.** 62, 64
Maces, stone, **ii.** 11
Maconians, **vi.** 35
Madamût, **viii.** 66, 84
Madys, **vi.** 157
Maeander-garden, **viii.** 8
Mā-en-Teḥuti, **i.** 126
Maeris, **vi.** 202
Mafek, **v.** 160
Mafkat, **iii.** 44
Magas, **vii.** 184, 190, 191, 212
Magas, son of Ptolemy III., **vii.** 228, 230, 231
Magdolos, **vi.** 226
Magians slain by Darius, **vii.** 58
Magic, book of, **v.** 173; **vi.** 56; in early times, **ii.** 17; of Nectanebus, **vii.** 140; use of, **ii.** 28
Magnesia, **viii.** 98

Magoi, **i.** 139
Mahaffy, **vii.** 168, 176, 242
Mahanaïm, **vi.** 70
Maḥeteh, **ii.** 188
Mahler, **vii.** 223; his system of chronology, **i.** 149-152; his date for the Exodus, **v.** 127, 128
Maia, **iv.** 241
Maikhentka, **viii.** 161
Mȧi-sherȧui, **v.** 202
Mākamāle, **vi.** 15
Makan, **ii.** 129, 130
Māket-Ȧten, **iv.** 132
Makhalliba, **vi.** 136
Makida, **iv.** 236, 237
Malakhu, **vi.** 135
Malaria, **iii.** 140
Malaya, **v.** 77
Malia, **iv.** 209
Malikrammu, **vi.** 136
Mallet, **vi.** 114; **vii.** 24
Mammeisi, **viii.** 119
Man in the Nile Valley, **i.** 5
Manakhbirya, **iv.** 206
Manerôs, Dirge of, **ii.** 194
Manes, reign of the, **i.** 164
Manetho, **i.** 48, 118, 149, 164, 191, 193, 194, 200, 201, 204, 206, 210, 211-213, 214-217, 219 ff.; **ii.** 20, 31, 89, 123, 161, 165; **iii.** 1, 13, 59, 72, 78, 81, 82, 84, 132-135, 137, 139, 143, 167, 192, 195, 201, 212; **iv.** 29, 78, 90, 113; **v.** 5, 117, 118, 119, 219; **vi.** 1, 2, 4, 7, 13, 67, 76, 79, 80, 88, 96, 116, 118, 121, 123, 133, 142, 151, 202, 204, 218, 226; **vii.** 1, 13, 14, 87, 91, 93, 95, 97, 98, 99, 103, 106, 126; described by Josephus, **iii.** 145, 149; his Egyptian History, **i.** 126; **vii.** 195 ff.; **viii.** 137; works of enumerated, **i.** 129
Manganese, bi-oxide of, **i.** 93
Mani, envoy, **iv.** 192, 202, 204
Mānkabuthȧ, **vi.** 14
Manshîyah, **vii.** 186
Manṣûra, **viii.** 33
Maraphian, **vii.** 60
Marathon, **vii.** 71
Mȧrȧuat, **viii.** 142
Marea, **vi.** 207
Marduk, **i.** 63
Mȧreȧuat, **viii.** 142
Māreaiu, **v.** 151
Māreiui, **iv.** 99, 100
Māresha, **vi.** 69
Mareshah, **vi.** 77

Margiana, **vii.** 71

Mariette, **i.** 119, 125; **ii.** 49, 65, 75, 81, 99, 104, 105, 110, 190, 191, 196, 202; **iii.** 15, 48, 64, 90, 94, 97, 124, 155, 160, 161, 179; **iv.** 31, 101; **v.** 99; **vi.** 6, 93, 95, 101, 156; **vii.** 80, 99, 169, 205, 225; **viii.** 145; his system of chronology, **i.** 159; on the sphinxes at Ṣân, **iii.** 67, 68

Marius, **vi.** 8

Mark Antony, **viii.** 79, 96 ff.; marries Octavia, **viii.** 99; stabs himself and dies, **viii.** 106

Mark, Saint, **vii.** 79

Mārmaiui, **vi.** 38

Marriages, Egypto-Semitic, **vi.** 44; official, **viii.** 40, 41; Ptolemaïc with nieces and sisters, **viii.** 124, 140

Marseilles, **iii.** 181

Marshes of Egypt, **i.** 58, 60

Marsyas, **viii.** 57

Martes, **vii.** 70

Marti, Prof., **v.** 128, 156

Martiya, **vii.** 70

Martu, **vi.** 136

Marus, **iii.** 57

Mārusaru, **v.** 28

Mary, the Virgin, **iii.** 183

Masa, **iv.** 169; **v.** 28; **vi.** 35

Masahairethȧ, **vi.** 29

Masaharth, **iii.** 200

Masaherth, **vi.** 5, 24, 25, 26

Ma'ṣara, **vii.** 94

Māsha, chief of, **vi.** 185; tribes of, **v.** 39; **vi.** 39, 57

Māshaken, **v.** 151

Mashâkit, **iv.** 149

Mashamet, **viii.** 161

Māshashare, **v.** 154

Māshauasha, **v.** 150, 154, 157, 163; **vi.** 36, 38, 39, 57, 62, 67, 88, 94, 104

Mashonaland, **ii.** 132

Masistes, **vii.** 71, 77, 78

Maspero, quoted or referred to, **i.** 18, 214; **ii.** 51, 60, 81; **iii.** 67, 167; **vii.** 24, 145, etc.

Maṣṭaba tombs, **ii.** 26, 139

Maṣṭabat al-Fîr'aûn, **ii.** 81, 116

Masts of boats, **i.** 78

Mas'ûdî quoted, **ii.** 39; **vii.** 151-153, 157

Maṭarîyeh, **v.** 133

Māt Boat of Rā, **vi.** 111

Mātchaiu, **iii.** 4, 6, 159; **v.** 188, 200; **vi.** 57
Mathematical Papyrus, **iii.** 152
Māthen, **iv.** 54
Māthena, **iv.** 38
Māt . . . . ḥenen, **viii.** 146
Matiene (Mitanni), **iv.** 164
Mats of reeds, **i.** 56
Mattaniah, **vii.** 11
Maunna, **iv.** 169; **v.** 28; **vi.** 35
Mausoleum, **vii.** 76
Mausolus, **vii.** 104
Māuthenre, **v.** 28, 50
Mau-uasan, **vi.** 63
Maxyes, **v.** 150; **vi.** 39
Mayer Museum, **i.** 87
Mazakes, **vii.** 143
Medes, **iii.** 150; **vi.** 222, 223; **vii.** 55; **viii.** 113
Media, **vii.** 56, 59, 70, 137, 160, 215, 216; **viii.** 102, 104
Median Language, **vii.** 76
Medical Papyrus, **i.** 199, 214
Medicine, books of, **i.** 199; **ii.** 17
Medînet Habu, **iii.** 193, 207; **iv.** 57; **v.** 139, 147, 178; **vi.** 47, 59, 127, 147, 156; **vii.** 94, 108; **viii.** 46, 66; buildings of Rameses III. at, **v.** 162 ff.
Mediterranean Sea, **i.** 1; **ii.** 128; **iii.** 1, 92, 98, 114; **iv.** 54, 76, 129; **v.** 128, 131, 186; **vi.** 162, 219; **vii.** 64; **viii.** 142, 150, 187; galleys of, **i.** 14; Islands of, **iv.** 63; peoples of, **v.** 98; tribes of enumerated, **v.** 150; **vi.** 37; the civilization of, **i.** 26
Mêdûm, skeletons found at, **i.** 26; Pyramid of Seneferu at, **ii.** 24; illustration of, **ii.** 25, 41; **vi.** 107
Megabyzus, **vii.** 58, 82, 83
Megades, **vii.** 153
Megasthenes, **vi.** 157
Megiddo, **iv.** 236, 237; **vi.** 70, 86, 221; attack on, by Thothmes III., **iv.** 33 ff.
Meḥat, **viii.** 156
Meḥit, **viii.** 142
Meḥt-em-usekht, **vi.** 63, 64, 67; **vii.** 15
Meḥti-em-sa-f, **ii.** 61, 110
Meïr, **iii.** 110, 111
Mekha, **i.** 170

Mekhet-ḥi, **viii.** 155, 156
Mekhir, **iv.** 18; **vi.** 93
Mekhneṭ-Qenenet, **viii.** 160
Mekhsherkherthet, **viii.** 161
Mekhu, tomb of, **ii.** 112
Mekran, **vii.** 70
Meleager, **vii.** 189
Melukhkha, **ii.** 130
Memnon, **iv.** 105, 106; **v.** 191; the Colossi of, **iv.** 104, 106 ff.
Memnon, a general of Darius, **v.** 130, 131
Memnon of Sienitas, **v.** 93
Memnonium, **iii.** 16; **v.** 11, 62, 64
Memoirs of Ptolemy IX. Physcon, in twenty-four Books, **viii.** 55, 139
Memphis, **i.** 152, 179, 191; **ii.** 34, 59, 69, 79, 80, 120, 134, 158, 178; **iii.** 4, 7, 13, 50, 106, 116, 135, 146, 155, 190, 196; **iv.** 59, 76, 83, 84, 117, 128, 152, 179; **v.** 26, 58, 59, 98, 108, 115, 117, 147, 168, 178, 188, 197, 218; **vi.** 3, 7, 9, 59, 73, 92, 94, 107-109, 112, 127, 151-154, 163, 164, 169, 170, 195, 196, 209, 213-216, 224, 225, 228; **vii.** 3, 6, 9, 23, 28, 29, 38, 39, 43, 51, 52, 65, 66, 69, 79, 81, 82, 92, 94, 100, 104, 108, 113, 121, 127, 143, 144, 152, 153, 155, 181, 187, 233; **viii.** 14, 32, 49, 57; built by Menȧ, **i.** 180; canals of, **v.** 89; cemetery of, **i.** 193; dynasties at, **i.** 131-133, 140; The ninety-seven kings of, **ii.** 161; The thirty kings of, **i.** 164; wall from to Pelusium, **v.** 125
Memphites, **viii.** 42, 57
Memphites, city of, **iii.** 50
Men, reign of in Egypt, **i.** 180
Men, the father of Bek, **iv.** 122
Menȧ (Menes), **i.** 119, 125, 147, 149, 166, 170, 174, 176, 177; **ii.** 109; **v.** 12; establishes worship of Apis, **i.** 212
Menahem of Samaria, **vi.** 136
Menander, **vii.** 160
Men-ānkh (Pyramid of Pepi II.), **ii.** 116
Menant, **vii.** 64

Menȧs, pursued by crocodile, **i.** 181
Men-ȧst (Pyramid of Ȧn), **ii.** 72
Menȧt, the, **viii.** 119
Menāt-Khufu, **iii.** 3, 22, 28
Mencheres, **i.** 132
Mendes, a king, **iii.** 57
Mendes, city of, **vi.** 104, 111, 155, 177; **vii.** 207; dynasty at, **i.** 139; title of high priest of, **iii.** 94
Mendes, nome of, **vi.** 98
Mendes, Ram of, **i.** 7, 212; **vii.** 127, 143, 205 ff.
Mendes, Stele of, **vii.** 205-208
Mendesian Goat, **i.** 211
Menecrateia, **vii.** 218
Menelaus, **v.** 89; **vii.** 186
Menen-em-khā-em-Maāt (Soleb), **iv.** 59, 94
Men-en-Ptaḥ-ḥetep-ḥer-Maāt, a son of Rameses II., **v.** 71
Menephthah I., reign of, **v.** 97 ff.; the Exodus, **v.** 112 ff., 148; **vi.** 36; the Stele of, **v.** 103
Menes, **i.** 36, 130, 141, 159, 166, 170; reign of, alters course of Nile, builds Memphis, **i.** 179, 180; **ii.** 9, 178; **v.** 12
Menetas, **vii.** 152
Menis, **i.** 181; **vi.** 119
Men-ka-Rā, **i.** 120
Men-ka-Rā, a priest, **vii.** 16
Men-ka-Rā (Nitocris), **ii.** 122
Men-kau-Ḥeru, **i.** 120; reign of, **ii.** 75
Men-kau-Rā, **i.** 120; **ii.** 7, 53-63, 65, 195
Menkh-ȧb (Psammetichus II.), **vi.** 226
Men-khāu (Men-kau-Ḥeru), **ii.** 75
Men-kheper-Rā, priest-king, **vi.** 23, 25, 26-29
Men-kheper-Rā (Thothmes III.), **i.** 123; **iv.** 50, 206
Men-kheper-Rā-senb, **iv.** 169
Men-kheper-Rā-uaḥ-Sati, **iv.** 35
Men-kheperu-Rā (Thothmes IV.), **i.** 123
Menkheres, **ii.** 75
Menkhet-Ȧmsu, **ii.** 192
Men-Maāt-Rā (Seti I.), **i.** 123; name of tomb of Seti I. at Abydos, **v.** 11
Men-nefer, **vi.** 154, 163

Men-nefer (Pyramid of Pepi I.), **ii.** 104
Menna, the charioteer of Rameses II., **v.** 42, 43
Mennu, **iv.** 76
Menophres, Era of, **i.** 150
Men-peḥ-Rā, **i.** 150
Men-peḥtet-Rā, **i.** 123
Menth, lady of Tcherti, **vi.** 3
Menth-em-masha-f, **viii.** 164
Menthesuphis, **ii.** 121
Menthu, the, **ii.** 96; land of, **ii.** 73
Menthu, the god, **ii.** 130, 179, 198; **iii.** 15, 183; **iv.** 22, 26, 34, 72, 79, 104; **v.** 25, 30, 36, 154-156, 206; **vi.** 3, 46, 72, 133, 161, 164
Menthu-em-ānkh, **vi.** 155, 174
Menthu-em-ḥā, **vi.** 174, 175
Menthu-em-ḥāt, **vi.** 147
Menthu-her-khepesh-f, **v.** 177
Menthu-ḥetep I., reign of, **ii.** 197
Menthu-ḥetep II., reign of, **ii.** 199; **iii.** 2
Menthu-ḥetep III., reign of, **ii.** 201
Menthu-ḥetep kings, **ii.** 180, 182; **iii.** 106, 166
Menthu-ḥetep, father of Sebek-ḥetep II., **iii.** 95
Menthu-ḥetep, governor of Aswân, **iii.** 26
Menthu-ḥetep, official at Abydos, **iii.** 15, 16
Menti, the, **ii.** 130; **iii.** 138, 143; **iv.** 76, 92; **v.** 6
Mentiu of Asia, **iii.** 188, 213
Mentor, the Rhodian, **vii.** 109, 110; betrays Sidon, **vii.** 112, 113
Menyllus, **viii.** 55
Menzâleh, Lake of, **iii.** 68; **v.** 131
Mephramuthosis, **iii.** 149
Mephres, **iii.** 149
Merbap, **i.** 119, 173
Merbapen, **i.** 125, 200
Mercenaries, **v.** 160; **vi.** 57; **viii.** 56, 126
Mercury, **vi.** 182
Mer-en-Àpt, a scribe, **v.** 135
Mer-en-Ḥeru, **i.** 120; **ii.** 162
Mer-en-Ptaḥ, **i.** 151, 152; **iii.** 69; **vi.** 36, 38, 41, 58; name erased, **vi.** 5
Mer-en-Ptaḥ-ḥetep-ḥer-Maāt, the reign of, **v.** 97 ff.

Mer-en-Rā, **i.** 120, 152, 153; **ii.** 102; (Meḥti-em-sa-f), **ii.** 110, 115, 118, 131; Canal of, **iii.** 205; remains of, **ii.** 111
Mer-en-Rhā-sa-emsaf, **i.** 120
Meri-āb-taui (Khati), **ii.** 165
Meri-khat (Pepi I.), **ii.** 97
Meri-Maāt, a Nubian king, **viii.** 164
Meri-mes of Kush, **iv.** 93
Meri-Rā, **i.** 120
Meris, Lake, **i.** 181; **iii.** 51, 52
Meri-Tem, **v.** 177
Mer-ka-Rā, **viii.** 145
Mer-Mashāu, reign of, **iii.** 93, 94, 142, 154; a title of high-priest of Mendes, **iii.** 94
Mer-Neit, **i.** 172; **ii.** 6; tomb of, **i.** 193
Merodach-Baladan, **vi.** 134
Meroë, **vi.** 185; **vii.** 50, 51; **viii.** 142, 144, 150, 155, 157, 166, 169
Meroïtic Inscriptions, **viii.** 169
Mer-pe-ba, **i.** 125, 173, 200, 201, 202
Merrhis, **iii.** 100
Mersebes, **ii.** 155
Mer-taui (Nekau I.), **vii.** 98
Mer-Tem, **vi.** 102, 107
Mert-Ḥāp, **vii.** 114
Merthet, **viii.** 156
Merti-sen, **ii.** 202
Merti-tefes, **ii.** 26, 45
Meru, Stele of, **ii.** 201
Merui-tensa, **ii.** 160
Mer-ur (Moeris), **iii.** 48
Mesenti, the, **i.** 44
Mes-ḥem, **vi.** 128
Mes-ḥent-themeḥu, **vi.** 76
Meskhent, Meskhenet, **ii.** 70, 83; **iv.** 20
Meskher, **ii.** 113
Mesniu, the metal workers, **i.** 44, 45
Mesochris, **i.** 131, 220
Mesopotamia, **i.** 39, 40, 42, 63; **iii.** 135, 163, 206; **iv.** 87, 89, 92, 98, 222; **vi.** 34, 39, 40, 42; **vii.** 215; **viii.** 124; brick-making in, **i.** 42; home of wheat and barley, **i.** 82; Island of, **iv.** 52; mace-heads in, **i.** 63
Mesore, **iii.** 159; **iv.** 18
Mesphres, obelisks of, **iv.** 60
Mesṭ, city of, **vi.** 112
Mestchemet, eye paint, **iii.** 30

Mesṭ-en-Rā, a chancellor, **v.** 172
Mesthȧ, **iii.** 117
Mesthu-Rā (Cambyses), **vii.** 45
Mestraens, **i.** 163
Metal workings and remains of, **i.** 44, 56, 112
Metchā, **ii.** 131
Metempsychosis, **v.** 192
Meṭeṭ, **viii.** 155
Methusuphis, **i.** 133; **ii.** 110
Methymna, **vii.** 131
Meṭi, **viii.** 161
Metternich, Stele of, **vii.** 101
Meures, **ii.** 167
Meuṣel, **vii.** 138, 175
Meyer, E., **i.** 150; **vii.** 84, 176
Miamus, **i.** 141
Mice destroy bows, **vi.** 150, 194
Midwives, Hebrew, **v.** 105
Miebis, **i.** 130
Migdol, **vii.** 9; in Egypt, **iv.** 229; near Pelusium, **v.** 130
Miḥarraḳah, **viii.** 143
Mi-im-pi, **vi.** 154, 176
Milesians, **vi.** 226; **vii.** 30, 119, 120
Milesiôn-Teichos, **vii.** 119
Miletus, **i.** 147; **ii.** 37; **vii.** 130
Milk-calf, **i.** 83
Milkili, **iv.** 229, 235, 236; letters from, **iv.** 230
Miller, **vii.** 218
Miluḥa, **iv.** 216-218
Milukhkhi, **vi.** 137, 139, 141
Mimaut removes Tablet of Abydos, **i.** 125
Mimmuriya, **iv.** 187 ff.
Min, a god, **ii.** 179, 191; **iii.** 95, 96, 124, 125; **vi.** 50; **vii.** 288; **viii.** 83; king dances before, **i.** 196
Min-Ȧmen, **vi.** 9
Minerva, **vii.** 7, 27, 32
Mines in Sinai, **i.** 41
Minutoli, **i.** 218; **vii.** 147
Minyeh, **iii.** 109
Misaphris, **i.** 136
Miṣir, **vii.** 21
Misphragmuthosis, **i.** 136, 142; **iv.** 29
Misphres, **i.** 136, 142
Miṣraim, **v.** 132
Miṣrayim, **vi.** 85
Mission Amélineau, **i.** 21
Mitani, **iv.** 38, 54, 87, 88, 89, 95, 96, 114, 130, 134, 140, 164, 165, 185, 191-193, 201-203, 217, 219;

v. 33 ; vi. 34, 42, 48 ; language of, iv. 165
Mitannians, iv. 167
Mithradates, vii. 78 ; viii. 74, 81
Mithras, vii. 155
Mithrobarzanes, vii. 130
Mitinti, vi. 136, 138
Mitylene, vii. 30, 131 ; boat of, vii. 38
Mizpah, vii. 12
Mnemon, vii. 94, 96
Mnevis Bull, i. 211 ; ii. 7 ; iii. 14 ; vi. 120 ; vii. 204, 220 ; viii. 17
Mnevis the law giver, vi. 119
Moab, vi. 136 ; vii. 11
Moeragenes, viii. 6, 7
Moeris, Lake of, iii. 46, 48 ff., 51 ; vii. 65 ; Tomb of, iii. 55
Moeotis, v. 86
Momemphis, vi. 179, 215 ; vii. 16
Monkey Tomb, iv. 149
Monkeys, iv. 10
Monomotapa, ii. 132
Montfaucon, vii. 215
Month, the Little, vii. 220
Moon, vi. 90
Moon-god, Ȧāḥ, iii. 183
Morgan, J. de, iv. 79, 93 ; vi. 95 ; viii. 49 ; his excavations, i. 12 ff. ; iii. 42 ; his views, i. 21, 28
Morning Star, ii. 109
Moschion, vii. 218
Moscioni, vii. 45
Moses, i. 71 ; ii. 28 ; iii. 100, 192 ; v. 117, 129 ; Five Books of translated into Greek, vii. 199
Môṣul, vii. 136
Moteris, iii. 55
Mother-of-pearl, i. 54
Mound of the Jew, v. 166, 167 ; viii. 33
Mount Casius, v. 159 ; viii. 90
Mount of the East, v. 123
Mount Seir, v. 158
Mount Zâbărâ, v. 10
Mountain of Sunrise, iii. 74
Mountain, the Holy, vi. 101, 145, 146 ; viii. 149, 150
Moyses, v. 116
Mucianus, iii. 50 ; vii. 24
Mueller, C., vii. 138
Mueller, D. H., vii. 215
Mueller, W. M., ii. 128, 131, 196 ; iii. 144, 190, 213 ; iv. 54, 168 ; vi. 13, 71 ; vii. 175

Muḥammad 'Ali, **iv.** 59, 111; **vii.** 101; **viii.** 52
Muḥammad Ḳûrshid, **vii.** 169
Muḥammadans, **iii.** 15
Muḳaṭṭam Hills, **ii.** 24
Mukhipaina, **v.** 52
Mules, the sixteen, **vii.** 156; the sixty-four, **vii.** 158
Mul-mullu, **i.** 63
Mummies, royal, at Dêr al-Baḥarî, **iii.** 176; repair of, **vi.** 27
Mummy chamber, the, **i.** 108
Munashiku-garri-shu, **ii.** 189
Muqeyyer, Ruins of, **i.** 42
Murray, A. S., **vii.** 119
Murtadi, **ii.** 125
Muṣawwarât aṣ-Ṣufra, **viii.** 144
Mushanth, **v.** 28
Musheṣu-limnute, **ii.** 189
Muṣrai, **vi.** 85, 86
Mustard seed, **ii.** 33
Mut, **ii.** 144, 179; **iv.** 102, 104; **v.** 134, 167; **vi.** 20, 48, 68, 73, 88, 145, 147, 161; **vii.** 94, 100, 209, 226; **viii.** 149, 166
Mut-Adda, **iv.** 241
Mut-em-ḥāt, **vi.** 23
Mut-em-ḥāt-sat-Åmen, **vi.** 88
Mut-em-uàa, **iv.** 90, 98
Mut-ḥetch-ānkh-s, **vi.** 81
Mut-is-content, name of a horse, **v.** 42
Mut-khā-neferu (Åmenarṭas), **vi.** 128, 129
Mut-nefert, wife of Thothmes I., **iii.** 209, 212
Mut-netchemet, **iv.** 149-153
Mutallu, **v.** 50
Muthes, **vii.** 93, 97
Mutzu, **iv.** 241
Mu-ur (Moeris), **iii.** 48
Mycenaean civilization, **iv.** 168
Mycenaeans, **iv.** 177
Mycerinus, **ii.** 7, 123; his pyramid, coffin, and sarcophagus, **ii.** 59-61
Myriandros, Gulf of, **vii.** 132
Myris, **i.** 179; **iii.** 52
Mysia, **vii.** 104
Mysians, **vi.** 35
Myth of Horus, **i.** 45

NA-AKH-TI-ḤU-RU-AN-SI-NI, **vi.** 155, 174
Na-aḳ-ki-e, **vi.** 154, 172

Na-Åṭḥu, **vi.** 154, 177
Na-at-khu-u, **vi.** 154, 176
Nabatu, **vi.** 135
Nabarzanes, **vii.** 180
Nabonidus, **i.** 153, 154; **vii.** 70, 71
Nabû-Kudur-uṣur, **vi.** 222
Nabû-pal-uṣur, **vi.** 222, 223
Nabû-shezib-ani, **vi.** 156
Nachares, **iii.** 42
Nâga, **viii.** 144, 167
Naharaina, **vi.** 40
Naherina, **iii.** 206
Nahr al-kalb, **v.** 25; **vi.** 59, 196
Naḥrima, **iv.** 217, 234
Naif-āaui-ruṭ, **vii.** 91, 93
Naḳâda, **i.** 9, 23, 27, 32, 48, 174; **ii.** 16; excavations at, **i.** 11 ff.; tomb of Åḥa at, **i.** 171
Namyawiza, **iv.** 139, 224, 225, 227, 228
Napata, **iii.** 205; **iv.** 75; **vi.** 100, 102, 104, 113, 116, 122, 124, 143-147 ff., 153, 159, 161, 162, 169, 186, 187, 188; **vii.** 50, 124; **viii.** 142-168
Napkhuriuya, **iv.** 195
Napkhuriya (Åmen-ḥetep IV.), **iv.** 130, 131
Napt, **viii.** 142
Naqada, **i.** 34, 36
Naram Sin, **ii.** 129, 130
Nār-mer, **i.** 172, 182, 189; **ii.** 6, 9, 10, 11; slate, objects of, **i.** 185, 187; mace-head of, **i.** 183
Nāru Kabari, **vii.** 11
Nasal passages, **i.** 36
Nåstasenen, **viii.** 151
Nåstasenen, Stele of, **viii.** 146
Nathan-Adda, **iv.** 217
Natron tax, **viii.** 130
Naville, **i.** 189; **ii.** 173; **iii.** 92, 103, 139, 151, 162, 212; **iv.** 2, 6, 122; **v.** 104, 105, 122, 123, 132; **vi.** 10, 13, 14, 127, 181; **vii.** 200; **viii.** 33
Naucrates, **vii.** 29, 30
Naucratis, **ii.** 59; **vii.** 17, 24, 119, 120, 121, 151, 154
Nazibugash, **iv.** 164
Nazimaruttash, **iv.** 164
Nazuna, **iv.** 241
Neb-ā (Psammetichus I.), **vi.** 204
Neb ābui, **vi.** 162
Nebat, **vi.** 42, 68
Nebenshå, **vi.** 63

Neb-er-tcher, **iv.** 83, 85
Neb-Ḥebu-mȧ-Ȧmen, **v.** 137
Neb-ḥetep, **ii.** 181, 197, 198
Nebka, **i.** 120, 216
Neb-ka-Rā, **i.** 217
Neb-khā-Rā, **ii.** 164
Neb-khāu (Saḥu-Rā), **ii.** 68
Neb-khepesh, **vii.** 1
Neb-kheru-Rā, **i.** 123; **ii.** 181
Neb-Maāt, **ii.** 21 ff.
Neb-Maāt-Rā, **i.** 213; **iv.** 88, 98; (Ȧmen-ḥetep III.), **v.** 192
Neb-peḥtet-Rā, **i.** 123
Nebseni, **vi.** 23
Neb taui, a title, **ii.** 196
Neb-taui (Menthu-ḥetep II.), **ii.** 199
Neb-taui-Rā, **ii.** 181
Nebt per, **iv.** 198
Nebt-taui, **v.** 70
Nebuchadnezzar II., **vi.** 157; **vii.** 2, 3, 9, 10, 11-13, 20, 21, 70, 71, 116, 121; Jewish libels on, **vi.** 250
Nechao, **i.** 138, 144; **vi.** 218
Nechepsos, **i.** 138, 142, 144
Necherochis, **i.** 131
Necherophis, **i.** 131, 217
Necho II., **vi.** 219-226; **vii.** 63, 70, 116
Nechos, **i.** 144
Necklaces of beads, **i.** 54
Nectanebids, **viii.** 136
Nectanebus I., reign of, **vii.** 98 ff., 102; **vii.** 106, 208, 226
Nectanebus II., **vii.** 106, 126; flight of, **vii.** 138; his magic, **vii.** 139; his death, **vii.** 142, 143, 144
Necthebis, **iii.** 56
Necus, **vi.** 224, 225
Needle, **i.** 177
Nefer (Pyramid of Ȧssȧ), **ii.** 78
Nefer, a thief, **v.** 199
Nefercheres, **vi.** 8
Nefer-f-Rā, **i.** 120
Nefer-ḥetep I., reign of, **iii.** 96, 98
Nefer-ḥetep, a scribe, **iii.** 28
Nefer-ḥetep-s, **ii.** 74
Nefer-ḥetep-ur, **ii.** 192
Nefer-ka-ȧri-Rā, **i.** 123
Nefer-ka-Ḥeru, **i.** 120
Nefer-ka-Rā, **i.** 120, 215; Ḥuni, **i.** 221, 222; Pepi II., **ii.** 115 ff.; Rā-āa-sekh, **vi.** 6

Nefer-ka-Rā-em-pa-Åmen, iii. 199; v. 200, 206
Nefer-ka-Rā-Khenṭu, i. 120
Nefer-ka-Rā-nebi, i. 120
Nefer-ka-Rā-Pepi-senb, i. 120
Nefer-ka-Seker, his gigantic stature, i. 215
Nefer-ka-tererl, i. 120
Nefer-kau-Ḥeru, i. 123
Nefer-kau-Rā, i. 120
Nefer-khā (Åspelta), viii. 146
Nefer-kheperu (Åntef V.), ii. 183, 191; iii. 167
Nefer-Maāt, ii. 26
Nefer-neferu-Åten, iv. 130
Nefer-neferu-Åten-ta-sherȧ, iv. 132
Nefer-neferu-Ra, iv. 132
Nefert, ii. 26
Nefert, wife of Usertsen II., iii. 32
Nefert-ȧri, queen, iii. 193, 197; v. 170
Nefert-ȧri-meri-Maāt, v. 69
Nefert-ȧri-mert-en-Mut, v. 60
Nefer Tem, v. 3, 142; vi. 82
Nefertith, iv. 114, 115, 120-123, 130
Nefert-kau, ii. 26
Neferu-khebit, iii. 202
Neferu-kheperu-Rā, iv. 195
Nefru, the "look-out" place, i. 77
Negroes, ii. 133, 134; iv. 75; edict against by Usertsen III., iii. 36 ff.
Negro-land, iii. 21; vii. 67, 203; viii. 142
Nehanat, viii. 156
Neharinȧ, iv. 99
Nehāu, viii. 142
Neheb, i. 170
Neḥeb-kau, ii. 84; iv. 20
Neheren, vi. 40, 42, 80
Neherina, iv. 32, 40
Nehern, iv. 40, 47, 52, 76, 96, 99; v. 9; vi. 34; water of, iv. 38
Neḥes, ii. 131
Nehiren, v. 34
Neḥsi, a Negro king, iii. 104, 137
Neḥsi, an officer, iv. 8
Neith, ii. 74; iv. 22; v. 127; vi. 112, 206, 208, 211; vii. 15, 23, 45, 53, 62, 96, 123, 173; viii. 35; antiquity of her worship at Saïs, i. 193; vi. 115

Nekau II., reign of, **vi.** 218-226; **vii.** 116; Nekau and the Red Sea Canal, **v.** 69
Nekau, prince of Saïs, **vi.** 154, 156, 173, 197, 203
Neḳeb, land of, **iv.** 47
Nekhâo, **vi.** 202, 203
Nekheb, **ii.** 18; **iii.** 184, 186
Nekheb and *shen*, **i.** 209
Nekhebet, **i.** 168; **ii.** 21; Seti I. dances before, **i.** 197; **ii.** 72, 75, 95, 193, 201, 204; **iii.** 73, 202, 212; **iv.** 29, 70, 78, 92, 98, 110, 118, 146, 150; **v.** 22, 66, 97, 137, 148, 186, 190, 194, 208, 214; **vi.** 12, 67, 123, 128, 134, 143, 204, 218, 226; **vii.** 1, 15, 93, 94, 99, 107, 167, 169, 189; **viii.** 18, 37, 46, 72, 120, 146; Nekhebet and Uatchet, **viii.** 86; names of kings, **i.** 16
Nekhen, **ii.** 85, 94; **iii.** 105
Nekhepsôs, **vi.** 202
Nekht, king, **i.** 201, 203, 204
Nekht, son of Khnemu-ḥetep, **iii.** 22
Nekht-Ḥeru-ḥebt, reign of, **vii.** 98
Nekht-Ḥeru-na-shennu, **vi.** 111, 155, 175
Nekht-kai, **vi.** 154, 173
Nekht-neb-f, **vii.** 92, 106
Nekht-Set, **v.** 144, 146
Nekôs, **vi.** 218
Nektanebes, **i.** 140; **vii.** 98
Nektanebos, **i.** 140; **vii.** 106
Νέκυες = Manes = Khu, **i.** 165, 179
Nemareth, a Libyan and not Semitic name, **vi.** 61, 62
Nemareth, great-great-great-grandson of Buiu-uaua, **vi.** 63, 64, 66
Nemareth of Hermopolis, **vi.** 104-106, 155
Nemareth, priest of Åmen, **vi.** 79, 81
Nemāsha, a warship, **vi.** 59
Nemåusha, **iv.** 107
Nemesis, 40 statues of, **iii.** 56
Nem-mestu, a title, **ii.** 190; Åmen-em-ḥāt I., **iii.** 1
Nencoreus, **iii.** 42
Neni, **iv.** 40
Nensersa, **viii.** 146
Neolithic antiquities, **i.** 111; Period, **i.** 86, 113
Neoptolemus, **vii.** 137

Neos Dionysos (Ptolemy XIII.), **viii.** 76, 83
Nephelcheres, **i.** 136, 137; **vi.** 6
Nephercheres, **i.** 132, 137, 143; **ii.** 71
Nepherites, **i.** 139; **vii.** 91-93
Nepherites II., **vii.** 97
Nephreus, **vii.** 92
Nephthys, **ii.** 70, 92, 93, 94, 106, 184, 185; **iv.** 22, 148, 151, 195; **vii.** 75; **viii.** 46, 77
Nepita, **vi.** 100, 186; **viii.** 142
Nept, **vi.** 100
Nereids, **viii.** 97
Nergal, **iv.** 205
Nero, **viii.** 83, 125
Nes-Ȧmen, a trustee, **v.** 200, 206
Nes-Ȧmsu, **iii.** 71; **vii.** 174
Nes-ba-neb-Ṭeṭ, **vi.** 1, 2 (note), 4
Nes-ba-Ṭeṭ, **vi.** 7, 31
Nes-ba-Ṭeṭ, son of Nectanebus II., **vii.** 114
Nes-ba-Ṭeṭṭeṭ, reign of, **vi.** 1-4
Neserna, **iv.** 39
Nes-Ḥeru, a general, **vii.** 14
Nesi-Ȧmen, the thief, **v.** 199
Nesi-ur-heka, **vi.** 79
Nes-na-qeti, **vi.** 104, 111
Nes-Net, **v.** 127
Nes-nub-ḥetep, **vi.** 79
Nessu-Ȧmen, **iii.** 199
Nessu-ba-neb-Ṭeṭ, **v.** 218, 219; **vi.** 14, 15
Nessu-Khensu, vi. 29
Nes-ta-neb-Ȧsher, **vi.** 29
Nesta-utchat-khut, **vi.** 78
Nes-thent-meḥ, **vi.** 106
Net, fishing, **i.** 69
Net, **ii.** 198, see Neith
Netȧqert, } **ii.** 122, 124,
Netȧqerti, } 126, 127
Netȧt, **ii.** 106
Netchem, an official of Thothmes III., **iv.** 62
Netchemet, a queen, **v.** 218; **vi.** 12, 13
Netchet-neteru, **viii.** 152
Neter-Ȧst (Pyramid of Mycerinus), **ii.** 75
Neter-baiu (Pyramid of Rā-nefer-f), **ii.** 72
Neter-baiu, **ii.** 206-210
Neter-ḥen-ṭep-en-Ȧmen, **vi.** 11 ff.
Neter-ḥetch, **ii.** 198
Neter-ka-Rā, **i.** 120
Neter-kha, a king, **i.** 217

Neter-khāu, **ii.** 115
Neter-kheperu (Usertsen III.), **iii.** 34
Neter-menkh-neter, etc. (Ptolemy X.), **viii.** 58
Neter-mer-Ḥeru, **vi.** 79
Neter-nefer, a title, **ii.** 167
Netert, city of, **vi.** 102
Neter-taui (Punt), **v.** 159; **vi.** 113
Neter-Ṭuat ("Morning Star"), **iii.** 199; **vi.** 63, 122, 204, 206; **vii.** 15
Neterui-āā-en-Ptaḥ-setep-en-ȧri Maāt-Rā-Ȧmen-sekhem-Ānkh (Ptolemy IX.), **viii.** 39 ff.
Neterui-menkhui-āā-Ptaḥ, etc. (Ptolemy IV.), reign of, **vii.** 229-251
Neterui-menkhui, etc. (Ptolemy XI.), reign of, **viii.** 68 ff.
Neterui-merui-ȧtui-āā-setep-en-Ptaḥ-usr-ka-Rā-Ȧmen-sekhem-Ānkh (Ptolemy V.), **viii.** 1
Neterui-pertui-āā-en-Ptaḥ-kheper-setep-en-Ȧmen-ȧri-Māat-Rā (Ptolemy VII.), **viii.** 23
Neterui-senui-āā-en-Rā (Ptolemy III.), reign of, **vii.** 211
Neteru-mer (Nekau II.), **vi.** 219
Nethaniah, **vii.** 12
Newberry, Mr. P., **iii.** 3, 18, 22, 23, 129; **iv.** 63; v. 196
New Race, **i.** 22, 38; statements about by J. de Morgan and Petrie, **i.** 23-28 ff.; Prof. Sergi on, **i.** 36; writing of, **i.** 40; conquerors of, **i.** 41-45; and the Mesniu, **i.** 46, 158; **ii.** 1, 136, 176
Ni'=Nut=Thebes, **ii.** 178; **vi.** 155, 167, 178
Ni on the Euphrates, **iv.** 40, 48, 59, 93, 136, 160, 207, 224
Nicanor, **vii.** 165
Nicklin, **i.** 150
Nicolaus, **vii.** 234
Nicostratus, **vii.** 110, 112; **viii.** 7
Nidintu-Bêl, **vii.** 70
Niebaes, **i.** 130
Niebuhr, **ii.** 22; **vi.** 69
Nikau of Saïs, **vi.** 156
Niku, **vi.** 203
Ni-ku-u, **vi.** 154, 172

Nile, **i.** 6, 45 ; **ii.** 168, 186, 196, 197, 203, 205 ; **iv.** 32, 58, 117 ; **v.** 8, 89, 108, 120, 187 ; **vi.** 2, 103 ; **vii.** 50, 63, 64, 66, 75, 81, 82, 100, 117, 194, 201, 204, 210, 220, 226 ; **viii.** 38, 95, 158 ; Nile and Lake Moeris, **iii.** 150 ; Àten, the lord of, **iv.** 126 ; Canopic arm of, **vii.** 144 ; its course altered, **i.** 179 ; flowed with honey, **i.** 215 ; galleys, **i.** 74 ; highest rise of, **vi.** 87 ; levels of Àmenemḥāt III., **iii.** 46, 47, 71, 93 ; Mendesian mouth of, **vii.** 102 ; Nile-mud for pottory, **i.** 92 ; ships of, **vi.** 60 ; North and South Niles, **vi.** 5 ; the celestial, **ii.** 87 ; the 45 inscriptions at Karnak, **vi.** 97 ; the Valley of, **i.** 2-4 ; **iii.** 1 ; **vi.** 185, 186 ; rain in the, **vii.** 37, 38

Nile, the Blue, **i.** 57 ; **vi.** 185

Nile, the White, **i.** 57

Nilus, **vi.** 213, 214

Nimmuriya (Àmen - ḥetep III.), **iv.** 88, 96, 114, 130, 187 ff.

Nimrod, **v.** 77

Nine Bows, **iii.** 213 ; **iv.** 51, 78 ; **v.** 6, 103, 186, 194, 208 ; **vi.** 9, 67, 161 ; **vii.** 205 ; **viii.** 54, 158

Nineveh, **ii.** 189 ; **iv.** 40 ; 121, 135, 139, 140, 141, 148, 149, 152, 167-169, 171, 193, 195, 196, 203, 222 ; Fall of, B.C. 607, **vi.** 223 ; **vii.** 136 ; Royal Library of, **vi.** 128

Ninewêh, **iv.** 40

Nini, **iv.** 40

Ninib, **vi.** 155, 174

Nisan, **v.** 128

Nisaya, **vii.** 59

Nisroch, **vi.** 152, 195

Nit (Neith), antiquity of her worship, **i.** 193 ; **iv.** 148, 151 ; **vi.** 206 ; **viii.** 35, 120

Nitaqert, daughter of Psammetichus I., **vi.** 206 ; **vii.** 15, 33

Nitetis, **vii.** 34, 35

Nit-ḥetep, wife of Menȧ, **i.** 175, 176

Nitocris, **i.** 133 ; reign of, **ii.** 123, 163 ; daughter of

Psammetichus I., **vi.** 206; **vii.** 15, 16, 33
Nitre, **ii.** 36
No=Nut=Thebes, **ii.** 178; **vii.** 9
No-Ȧmen, **ii.** 178
Nome of the Jackal, **iii.** 22
Nome of the Oryx, **iii.** 18
Nome standards, **i.** 79
Noph, **vii.** 9
Nothus (Darius II.), **vii.** 83
Nu, Papyrus of, **ii.** 7
Nu, the god, **ii.** 93; **vii.** 67; **viii.** 35
Nubia, **i.** 44; **ii.** 78, 202; **iii.** 6, 17, 18, 20, 35, 38, 93, 188, 195, 205, 214, 216; **iv.** 30, 39, 41, 51, 55, 59, 63, 74-76, 78, 79, 92, 99, 149, 156, 162; **v.** 9, 24, 30, 57, 58, 66, 68, 75, 82, 141, 142, 158, 173, 191, 218; **vi.** 68, 142; **vii.** 14, 69, 88, 194, 242, 243; **viii.** 20, 38, 53, 160; invaded by Cambyses, **vii.** 49; kings of Egypt from, **vi.** 123 ff.; largest temple in, **iv.** 94; seven kings of slain, **vi.** 186; the Thirteen provinces of, **viii.** 142; the Dodekaschoinos, **viii.** 143; history of the kingdom of, **viii.** 141-171
Nubians, **iii.** 19, 26, 27, 37, 40, 43, 83, 189, 204, 214; **iv.** 44, 93; **v.** 3, 39, 124, 156, 162; **vi.** 90, 207, 223, 227, 228; **vii.** 53, 251; Nubians invade Egypt under Piānkhi, **vi.** 100 ff.
Nub-kau-Rā, **v.** 77
Nub-khā-s, queen, **iii.** 127, 128, 129; **v.** 198
Nub-kheper-Rā Ȧntuf, **v.** 203
Nub-kheperu-Rā, **ii.** 182, 190, 196
Nubti, reign of, **iii.** 156-161; **v.** 23, 61, 101
Nuḥashshi, **iv.** 22, 136, 206, 207, 210
Nuncoreus, **v.** 77
Nut, **vii.** 67; **viii.** 35
Nut, the City *par excellence*, i.e., the City of Ȧmen-Rā (Nut-Ȧmen-Rā), i.e., Thebes, **ii.** 178; **vii.** 9
Nut, the goddess, **ii.** 61, 93, 106, 108; **iii.** 158, 159; **iv.** 22; **v.** 50; **vi.** 110; **viii.** 46

Nut-[Ȧmen], **vi.** 155, 179
Nylus, **vii.** 30

Oar, for steering, **i.** 80
Oases, the **ii.** 121 ; **iv.** 76
Oasis, **ii.** 113 ; city of, **iii.** 134
Oasis of Al-'Ayûn, **iii.** 216
Oasis of Al-Khârga, **vi.** 26, 29 ; **vii.** 51, 56, 66, 67 ; literature of, **vii.** 67, note, 80, 100
Oasis of Baḥrîyeh, **iii.** 216
Oasis of Jupiter Ammon, **iii.** 196 ; **vii.** 47, 49, 144, 181
Oasis of Siwa, **vii.** 138, 144, 146-148 ; literature of, **vii.** 147, note 2
Oasis of Ta-àḥet, **v.** 99
Oasis of the South, **vi.** 26-28 ; **vii.** 66
Oasis, the Great, **ii.** 132 ; **v.** 217 ; **vi.** 27 ; **vii.** 66
Obelisk, **ii.** 68 ; obelisks in granite, **iii.** 14 ; **vi.** 47
Obelisk of Hophra, **vii.** 4
Obelisk of Psammetichus I., **vi.** 210
Obelisk of Thothmes I., **iii.** 207
Obelisks of Ḥātshepset, **iv.** 15
Obelisks of Nectanebus, **i.** 7, 100
Obelisks of Rameses II., **v.** 61, 63
Obelisks of Thothmes III., **iv.** 60
Obelisks of Usertsen I. at Heliopolis, **iii.** 42 ; **vi.** 8
Occipital foramen, **i.** 36
Ochre, red and yellow, **i.** 50
Ochus, **vii.** 83, 84, 126, 143
Ochyras, **i.** 143
Octavia, **viii.** 99, 101-103
Octavianus Caesar, **viii.** 98, 99, 101, 103, 107
Odrysae, **vii.** 129
Oebares, **vi.** 58
Oenanthe, **viii.** 4, 7, 9
Offerings to the dead, **ii.** 2
Officials, classes of, **iv.** 180
Old Chronicle, the, **i.** 140, 144, 145, 146, 162, 167
Old Race, **i.** 37
Olive trees, **iii.** 8
Olympiads, **vi.** 96
Olympias, mother of Alexander the Great, **vii.** 137-142 ff., 159, 161, 162, 163, 165
Omen texts, **ii.** 129

On (Heliopolis), **ii.** 108, 144; **iii.** 14; **vii.** 10
Onias, **v.** 167; petition of, **viii.** 30, 32, 33, 60
Onion, **v.** 167; pillaged by Lupus and temple of shut up, **viii.** 32, 33
Onions, **ii.** 36
Onnos, **i.** 132
Opening of the Year, **iv.** 143
Ophir, **ii.** 132
Oppert, **vi.** 126
Oracle at Sîwa, **vii.** 150
Orientation of temples, **i.** 148, 157
Orion, **ii.** 87
Ornaments, predynastic, **i.** 54
Orontes, **iv.** 72; **v.** 27, 30, 33, 38; **vi.** 34; **vii.** 232, 233
Orontes of Mysia, **vii.** 104
Oros, **i.** 136, 142; **iv.** 113
Orosius, **vii.** 133
Orus, **iii.** 149; **iv.** 110; **v.** 112
Oryx, nome of, **iii.** 18, 28; in green slate, **i.** 6; Oryxes, **i.** 97
Osarsiph, **v.** 114
Osiris, the god, **ii.** 94, 141, 197; **iii.** 10, 25, 32, 197, 199; **iv.** 22, 27, 57, 77; **v.** 62, 96, 121, 149, 194, 195; **vi.** 50, 65, 158; **vii.** 33, 44, 75, 143, 172, 187, 207, 238; **viii.** 35, 46, 53, 86, 102, 123, 165; Bed of Osiris described, **i.** 16; ceremonies of at Saïs, **vi.** 211; colossal figures of, **v.** 59; early worship of, **ii.** 6; head of at Abydos, **v.** 12; Hymn to quoted, **i.** 17; Pillars of, **iii.** 192; **v.** 166; the skull of, **i.** 16; staircase of, **i.** 182; illustration, **i.** 183; great temple of at Abydos, **i.** 119; **v.** 15; shrines of in Nubia, **viii.** 156; tomb of at Abydos, **i.** 15; **vii.** 22, 23; king Ṭen dances before Osiris, **i.** 195; Pepi I. dances before, **i.** 197; Osiris and the Ram of Mendes, **i.** 212; Osiris and Isis, reign of, **i.** 164; of Philae, **viii.** 38; of Heliopolis, **v.** 116; of Re-àbt, **vii.** 200
Osiris-Àmsu, **viii.** 134
Osiris-Àpis, **vii.** 187
Osiris Bull of Àmenti, **i.** 83

Osiris-khent-Àmenti, **i.** 19, 166; **iii.** 124
Osiris-Min, **viii.** 134
Osiris-Ptaḥ, **vi.** 147, 158
Osiris-Un-nefer, **iii.** 99; **vii.** 210, 211; **viii.** 45; inscription of, **i.** 17; tomb of, **i.** 17
Osiropis, **i.** 141
Osmandyas, **v.** 64, 65; his tomb described, **v.** 92 ff.; **vi.** 44; **vii.** 53
Osochor, **i.** 137; **vi.** 7
Osorcho, **i.** 138
Osorkon I., reign of, **vi.** 76-78, 81
Osorkon II., reign of, **vi.** 80-88, 98, 181, 207; usurps a statue of Khian, **ii.** 173
Osorkon III., reign of, **vi.** 98 ff., 116, 122
Osorkons, the, **vi.** 184
Osorthon, **i.** 137, 138, 143
Ostenes, **vii.** 128
Ostrich, predynastic, **i.** 61, 72; eggs in churches, **i.** 61, 62; feathers, **vi.** 162; on pottery, **i.** 98
Otanes, **vii.** 54, 57, 58
'Othmân, **ii.** 39
Othoes, **i.** 132, 133; **ii.** 89
Ouaphris, **vii.** 1
Oudamos, **vi.** 227
Οὐενέφης, **i.** 192
Οὐσαφάϊς, **i.** 194
Ox of wood, **ii.** 55; magical experiments on, **ii.** 45
Oxathres, **vii.** 180
Oxydrakians, **vii.** 139
Oxyrhynchus, **vi.** 102, 105
Oynyons, **ii.** 33

PA-AKH-NU-TI, **vi.** 155, 178
Pa-ak-ru-ru, **vi.** 154, 172
Paanauk, **v.** 172
Pa-àn-en-Mut, **vi.** 79
Pa-ān-khāu, a priest, **v.** 201
Pa-àrt, **v.** 99
Pa-Asàr, **vi.** 179
Pa-Àtemt, **v.** 122
Pa-Ba-neb-Ṭeṭ, **vi.** 155, 177
Pabas, **vi.** 112
Pa-Bast, **vi.** 81, 88
Pachnan, **i.** 135; **iii.** 137
Pactyice, **vii.** 70
Padî, **vi.** 137-140, 192
Paḥamnata, **iv.** 219
Paḥanati, **iv.** 206
Pa-Ḥāpu, **v.** 119
Pa-Ḥet-Ḥert-nebt-Ṭep-àḥet, **vi.** 155, 179
Paḥura, **iv.** 220, 236
Paià-neferu, a scribe, **v.** 201

Pai-ānkh, **vi.** 5
Pai-ānkh, reign of, **vi.** 20, 21, 62
Paibakakamen, **v.** 172, 173, 175
Paibauk, a scribe, **v.** 201
Pai-kharei, the chief, **v.** 202, 203
Painetchem, father of Masa, **iii.** 200
Painetchem I., **v.** 171; **vi.** 5; reign of, **vi.** 21, 22; his second name, **vi.** 23, 24, 26
Painetchem II., reign of, **vi.** 26, 29, 30
Paintings on pottery and vases, **i.** 72, 83
Paireqa, **v.** 51
Paishiyāuvādā, **vii.** 56
Pa-iumā (Fayyûm), **iii.** 48
Pa-Kanāna, **v.** 169
Paka-Rā, **v.** 173
Pa-Khennu, **vi.** 179
Pa-Khent, **vi.** 155, 179
Pakhôn, the month, **iv.** 29, 32
Pakht, goddess, **iv.** 19
Paḳrer, **vi.** 154, 156, 173
Palaeolithic Age in Egypt, **i.** 86, 87; antiquities of, **i.** 112; flints *in situ*, **i.** 88
Palaestra, **viii.** 8
Palermo, stele of, **i.** 169, 221
Palestine, **i.** 30, 47; **iii.** 28 114, 134, 135; **iv.** 37, 52, 76, 95, 134, 135, 160 ff., 210; **v.** 6, 8, 9, 57, 66, 75, 104, 107, 118, 122, 154, 155; **vi.** 33, 34, 37, 39, 41, 42, 53, 58, 69, 70, 85, 86, 125, 134, 135, 141, 148, 149, 169, 170, 189, 190, 223; **vii.** 187; **viii.** 11, 20, 22, 30, 32, 126; tribes of, **v.** 102
Palestinian words, **iv.** 184
Palette, offered to Ptaḥ, **viii.** 35; of the Hyksos Period, **iii.** 152
Palettes (?), green-slate, **i.** 184
Palkha, queen, **viii.** 162
Palm trees, **ii.** 12
Palm trees, tax on, **viii.** 130
Palmer, Prof., **ii.** 22
Palmyra, **iv.** 106
Pa-Ma, **vi.** 41
Pamaḥu, **iv.** 200
Pamài, reign of, **vi.** 93
Pamài, the Less, **vi.** 98, 155, 173
Pamphylia, **vii.** 160
Pamphylians, **vii.** 164

Panadorus, **i.** 164, 165
Panbasa, **v.** 125
Pa-nebes, **viii.** 142, 156
Pa-Nebset, **viii.** 158, 159
Panifuemta-Åmen, **v.** 172
Pantaleon, **vii.** 153
Panther skin, **ii.** 84, 108; **iv.** 10
Pa-nub, **vi.** 155
Paoni, **iv.** 18
Paopi, **iv.** 18; **vi.** 94
Pa-Peḳ, **vi.** 105
Paphlagonia, **vii.** 160
Papis, **iv.** 110; **v.** 112, 115
Papremis, **vii.** 81
Papyri of the Alexandrian Library labelled, **vii.** 192
Papyrus, **iv.** 109; as a writing material, **i.** 40
Papyrus de Boulaq, **iii.** 48
Papyrus, Ebers, **i.** 150
Papyrus, Lee and Rollin, **v.** 175
Papyrus of Ani, **i.** 78
Papyrus of Nes-Åmen, **iii.** 71
Papyrus of Nu, **ii.** 7
Papyrus of Rameses III., **v.** 177
Papyrus swamps, **iii.** 6
Pa-qeḥeret, **vii.** 200, 201
Pa-qem, **viii.** 156
Pa-qem-Åten, **viii.** 149, 161
Pa-qemt, **viii.** 158
Paqrer, **vi.** 98, 164
Par, a god, **v.** 33
Paradise, **v.** 12
Paraetonium, **viii.** 104
Pa-Rā-ḥer-unami-f, **v.** 70; son of Rameses III., **v.** 177
Pa-Rā-mes, scribe of Tanis, **iii.** 159, 160
Pa-Rāmessu, **v.** 125
Pa-Rā-sekhem-kheper, **vi.** 107
Parehu, prince of Punt, **iv.** 8
Parembole, **viii.** 38
Parmenio, **vii.** 129, 131
Parmys, **vii.** 71
Parsetet, **vii.** 202
Parthey, **vii.** 147; **viii.** 139
Parthia, **vii.** 70; **viii.** 102
Parthians, **viii.** 82, 97, 99, 100, 113
Parysatis, **vii.** 84
Pasargadae, **vii.** 60
Pasebkhānut I., **iii.** 67; reign of, **vi.** 4, 22, 148
Pasebkhānut II., **vi.** 10, 67, 68, 77
Pa-sen-Ḥeru, **vi.** 154, 173
Pa Sept, **vi.** 111, 154, 155, 156, 164, 177, 179

Pa-ser, **iv.** 149; **v.** 201, 203, 204
Pa-ser-āa, governor of Thebes, **vi.** 200, 201, 203
Pa-shere-en-Ḥeru, **vi.** 154, 173
Pashtummi, **iv.** 205
Pastophorus of the Vatican, **vii.** 45
Pa-suten, shrine of, **iii.** 92
Pat, **v.** 76, 78
Paṭā-Āst, **vi.** 89
Paṭā-Āstet, **vi.** 94
Patarbemes, **vii.** 5, 6
Pa-ta-rest, **vii.** 9
Pa-ta-resu (Pathyris), **vi.** 195
Patchetku, a canal, **iii.** 187
Pa-Tem, **v.** 126, 129; **vi.** 224; **vii.** 63
Pathenef, **vi.** 111
Pathros, **vii.** 9
Pathut, **vi.** 63
Pati, **iv.** 92
Patizeithes, a Magian, **vii.** 54
Patumon, **vi.** 224
Paturisi, **vi.** 195
Paulinus, loots Onion, **viii.** 33
Pa-ur, **iv.** 149
Paura, **iv.** 223
Pausanias, **viii.** 59
Pausanias, murderer of Philip, **vii.** 128
Pausiris, **vii.** 88, 91; **viii.** 22
Pavilion of Rameses III., **v.** 162, 178
Pe, city of, **ii.** 94; **vii.** 73, 169-173, 183
Pe, the souls of, **ii.** 85
Pearl and Clio, **viii.** 114
Pebekkennebiu, **vi.** 109
Pef-tchau-āā-Bast, **vi.** 103, 107, 115
Pef-tchauāā-Nit, **vii.** 22, 45
Peḥ-ān, **vii.** 17
Pe-henu, **ii.** 206
Pehetes, a dog of Āntef-āa IV., **ii.** 188
Peḥ-ka, **ii.** 108
Peḥ-qennes, **viii.** 142
Peithon, **vii.** 160, 182
Peḳa, **ii.** 93; **v.** 12
Peḳuatet, **vii.** 217
Pelekos, **vi.** 227
Pella, **vii.** 140, 153, 234
Pellegrini, Signor A., **i.** 169
Pelops, son of Pelops, **v.** 4
Pelusia, **vi.** 194
Pelusiacum, **vi.** 214
Pelusium, **v.** 90, 130, 149, 150; **vi.** 216, 219; **vii.**

37, 38, 102, 111, 112, 113, 138, 140, 143, 153, 182, 232, 233; **viii.** 5, 25, 43, 82, 90, 92, 114; taken by Antiochus IV., **viii.** 26; wall from to Memphis, **v.** 125
Pelusium Daphnae, **vi.** 207
Pendants, ivory and bone, **i.** 55
Pe-neb-taui, **viii.** 86
Pen-nekheb, **iii.** 189, 195, 214
Pennut, **v.** 191
Pensensen-Ḥeru, **vi.** 39
Pentaur, **v.** 21
Pentaurt, Poet Laureate of Egypt, **v.** 21, 38; **vi.** 52
Pentaurt, the son of the concubine Thi, **v.** 172-176
Penth-bekhent, **vi.** 111
Pen-tuauu, **v.** 172
Pepi I., the reign of, **ii.** 95-109, 112, 115; **v.** 124; **vi.** 83, 183; dancing before Osiris, **i.** 197; colossal bronze statue of, **ii.** 97; Pyramid of, **ii.** 106
Pepi-en-ānkh, the Black, **iii.** 110, 111
Pepi Mer-en-Rā, **iv.** 57
Pepi-meri-Rā, **i.** 148
Pepi II., reign of, **ii.** 115-121; his letter to Ḥer-Khuf, **i.** 197; **ii.** 118
Per-āa=Pharaoh, **ii.** 18, 101; **iii.** 10; **v.** 121; **vi.** 126; **vii.** 78
Per-àb-sen, **i.** 173; tomb of, **i.** 172, 213
Per-àn, **iv.** 72
Per-àrt, **v.** 99, 100
Per-Àtemt, **v.** 122
Per-Baire-Àst (Belbês), **v.** 98
Perdiccas, **vii.** 159, 160, 161; embalms Alexander's body, **vii.** 155; quarrels with Ptolemy I., **vii.** 181, 182
Pergamum, Library of, **viii.** 115
Perigenes, **vii.** 234
Perizzi, **iv.** 204
Per-Ramessu-meri-Àmen, **v.** 50
Perring, **ii.** 81, 104, 105, 110, 111, 116, 124
Per-sen, **ii.** 45
Persephone, **viii.** 7, 9
Persepolis, **vii.** 138
Persia, **v.** 82; **vii.** 34, 35, 53, 58, 59, 61, 64, 65, 70, 71, 105, 110, 137, 202,

215, 216, 220; **viii.** 124; ambassador of murdered, **vii.** 38; Dynasty of, **i.** 139, 140; language of, **vii.** 63, 76
Persians, **i.** 42, 180; **ii.** 77, 97; **vi.** 207; **vii.** 33, 35, 43, 48, 63, 64, 71, 72, 74, 81, 82, 83, 88, 89, 92, 95, 101, 110, 121, 122, 132, 136, 138, 154, 157, 215, 216; invade Egypt under Cambyses, **vii.** 38
Pert, the season of, **iv.** 18, 30, 32; **vi.** 93; **vii.** 218; **viii.** 14
Per-Uatchet, **ii.** 18; **iii.** 184, 202, 212; **iv.** 26, 29; **v.** 141
Pe-sa-Mut, **vi.** 155, 174
Pestilence = Hyksos, **iii.** 139
Pestilence in Egypt, **i.** 204
Pet, mercenaries of, **vii.** 14
Peṭā-Ȧmen, son of Nectanebus II., **vii.** 114
Peṭā-Ȧmen-Ȧpt, **vii.** 117, 118
Peṭā-Ȧmen-neb-nest-taui, a priestly official, **vi.** 112
Pe-ṭā-Ȧst, **vi.** 111, 112; **vii.** 108, 153
Peṭā-Ȧstetȧ, **vi.** 109
Peṭā-Ḥeru-sam-taui, **vi.** 112, 227
Peṭā-Khensu, his family of 17 generations, **vi.** 158, 159
Peṭā-Nit, **vii.** 15
Peṭā-pa-Rā, **v.** 127
Peṭā-sa-Bast, reign of, **vi.** 96
Petchti-shu, **ii.** 131
Peten, **iii.** 7
Peten-Ḥert, **viii.** 142
Peters, C., **ii.** 133
Petesuchis, **iii.** 55
Petisis, **vii.** 152
Petosiris, **vi.** 202
Petou-Bastis, **vi.** 96
Petra, **viii.** 104
Petrie, Prof., his excavations at Naḳada, **i.** 9-11, 23 ff., and see under "New Race"; 151, 152, etc.
Petubastes, **i.** 138, 143
Peucestas, **vii.** 154
Peyron, **vii.** 177
Phallus, **i.** 35
Phacusa, **vi.** 164
Phaedyna, **vii.** 57
Phamenoth, **iv.** 18, 30, 45, 48
Phanes the Halicarnassian, **vii.** 36, 38
Pharaoh, **ii.** 18; **iii.** 199;

iv. 93; **v.** 121; **vi.** 32, 41, 125, 126, 185, 190; **vii.** 20
Pharaoh, a daughter of a marries Solomon, **vi.** 10; host of drowned, **v.** 110
Pharaoh Hophra, **vii.** 1, 9
Pharaoh, Nubian, **vi.** 190
Pharaoh of the Exodus, **v.** 111; the Great, **vii.** 79; who knew not Joseph, **v.** 126
Pharaoh's Bed, **viii.** 119
Pharaoh's Bench, **ii.** 81
Pharaoh's Chairs, **iii.** 64
Pharaohs, **vii.** 99, 109, 116, 164, 187; **viii.** 138, 140; end of line of, **viii.** 121
Pharbaethus, **v.** 128
Pharmuthi, **iv.** 18, 70
Pharnabazus, **vii.** 95, 102
Pharnaces, **vii.** 130
Pharnaspes, **vii.** 35, 57
Pharos erected, **vii.** 192
Pharos, Island of, **vii.** 144, 150; **viii.** 93; account of by Mas'ûdî, **vii.** 153
Pharsalia, Battle of, **viii.** 90
Phaselus, **vii.** 30
Phasis, river, **v.** 79
Pheco, **v.** 82
Phenicia, **ii.** 56
Pheretime, **vii.** 60, 61
Pheron, **v.** 177
Pheros, **iii.** 42
Philae, **iv.** 78; **vii.** 107, 108, 206, 209, 211, 226, 240, 241; **viii.** 20 ff., 36, 50, 133, 142, 158, 166, 168; temples endowed by Ptolemy VII., **viii.** 38
Philae, the obelisk of, **viii.** 51
Philammon, father of Menecrateia, **vii.** 218
Philammon, murderer of Arsinoë, **viii.** 4, 8, 9, 10
Philinna, **vii.** 159, 160
Philinos, **viii.** 14
Philip II. of Macedon, **ii.** 159, **vii.** 128, 129, 137, 140-143, 149, 160, 179; **viii.** 4
Philip III. of Macedon = Philip I. of Egypt, Arrhidaeus, **vii.** 160, 161, 186
Philip V. of Macedon, **viii.** 10
Philistia, **vi.** 149, 190
Philistines, **i.** 47; **iv.** 170; **v.** 63, 150, 152; **vi.** 37, 90, 191
Philitio, **ii.** 48

Philocles, **vii.** 156
Philopator, **viii.** 76
Philophron, **vii.** 111
Philotas, **vii.** 129, 160
Philotera, city of, **vii.** 202
Philoteria, **vii.** 234
Phiops, **i.** 132, 149; **ii.** 115
Phios, **i.** 133, 149; **ii.** 95
Phiuliupuas, **vii.** 160
Phocoea, **iii.** 33; **vii.** 30
Phoenicia, **ii.** 133; **iii.** 150; **iv.** 40, 42, 66, 79; **v.** 34, 166; **vi.** 59, 189; **vii.** 8, 12, 82, 110, 134, 154, 193, 220; **viii.** 12, 24, 69, 99; language of, **vi.** 228
Phoenicians, **i.** 47; **iii.** 190, 191; **iv.** 163, 168; **vi.** 215, 220; **vii.** 2, 70, 82, 104, 109
Phoenix, **vii.** 100
Phoenix Cycle, **i.** 149
Φοίνικες, **iii.** 190
Phoinix, **i.** 48
Phraates, **vii.** 70
Phraortes, **vii.** 70
Phrataguna, **vii.** 71
Phrygia, **vii.** 92, 104, 130; Greater, **vii.** 130, 160; Hellespontine, **vii.** 160
Φυσικῶν ἐπιτομή, **i.** 129
Physcon, **viii.** 26, 56, 73
Piānkhi-ȧluru, **viii.** 151, 152, 157, 158
Piānkhi-meri-Ȧmen, **iv.** 162; **vi.** 99, 101-115, 146, 168, 188, 199, 207; Stele of, **viii.** 149
Piānkhi Rā-senefer, **vi.** 116, 144
Piankhi-Rā-usr-Maāt, **viii.** 116, 144
Piazza della Minerva, **vii.** 4
Pibeseth, **vi.** 81; **vii.** 10
Piehl, **ii.** 124, 136; **iii.** 209; **vii.** 33
Pierret, **ii.** 184; **iii.** 129; **vi.** 9; **vii.** 22, 177, 218; **viii.** 146
Pi-hahiroth, **v.** 129, 130; **vii.** 201
Pi-kha-at-ti-khu-ru-un-pi-ki, **vi.** 155, 178
Pillars of Hercules, **vi.** 157, 221
Pillars of the Sky, **iv.** 51
Pinetchem, **v.** 16
Pirāva, **vii.** 64
Pir-em-us (pyramid), **ii.** 30
Pirkhi, usurper, **iv.** 191
Pir'u (Pharaoh), **vi.** 125, 190
Pi-sab-di-'-a, **vi.** 155, 178
Pi-sap-tu, **vi.** 154, 176

Pi-sha-an-ḥu-ru, **vi.** 154, 172
Pi-sha-mi-il-ki (Psammetichus), **vi.** 204
Pi-shere-en-Ptaḥ, **viii.** 77
Pisidians, **vi.** 35; **vii.** 104
Piṭasa, **iv.** 169; **v.** 28; **vi.** 35
Pithom, **v.** 121-123, 126, 129, 132; **vii.** 63, 200-203, 205; stone of, **vii.** 200 ff.
Pitt Rivers, on flints, **i.** 87, 111
Place de la Concorde, **v.** 64
Plague-bearers = Hyksos, **iii.** 139
Plague in Egypt, **i.** 193, 204
Plaques, bone and ivory, **i.** 55
Pleated garments, **i.** 51
Pleyte, **iv.** 109
Pliny quoted, **ii.** 36, 52; **iii.** 51, 57; **iv.** 60; **v.** 61, 76; **vi.** 210; **vii.** 24, 52, 100; **viii.** 114, 168
Plough, **i.** 184
Plum-pudding stone, **i.** 62
Plutarch quoted, **i.** 126, 145; **vii.** 106, 133, 138, 150, 159, 175; **viii.** 65, 91, 93, 94, 97, 101-105, 110, 115, 116
P-neb-taui, a god, **viii.** 49
P-neter-enti-āa, etc. (Ptolemy XIII.), **viii.** 76
Poeni, **i.** 47
Poenus, **i.** 48
Poisons collected by Cleopatra, **viii.** 105
Pole and Gnomon, **v.** 81
Polemon, **vii.** 153, 154
Police, **vi.** 57
Polishers, flint, **i.** 97
Poll tax, **viii.** 130
Polyaenus, **vii.** 106
Polybius, **vii.** 175, 228, 232, 234-236; **viii.** 2, 10, 11, 12, 13, 22, 28, 54-56
Polycrates, **vii.** 32, 234; **viii.** 7, 12, 13, 20
Polyperchon, **vii.** 161
Pomatum, receipt for, **i.** 191
Pompey, **viii.** 81, 82; murder of, **viii.** 89, 90, 91
Population of Egypt, **i.** 56
Porcelain tablets of Tanis, **vi.** 8
Porphyrion, **vii.** 234
Portico of the Bubastides, **vi.** 77
Porus, **vii.** 137
Potasimto, **vi.** 227

Pothinus, **viii.** 89-92
Potiphar's wife, **v.** 136
Potipherah, **v.** 127
Potter, art of, **i.** 101; wheel of, **i.** 92; Ḥātshepset made on potter's wheel, **iv.** 23
Pottery, glazed in Babylonia, **i.** 42
Pottery, predynastic, **i.** 92 ff.; glazed and painted, **i.** 92; red and black, **i.** 97; with polished surface, **i.** 97
Precepts of Ȧmenemḥāt I., **iii.** 5
Precepts of Kaḳemna, **ii.** 146, 151
Precepts of Ptaḥ-ḥetep, **ii.** 79, 80, 146, 148 ff., 151, 160
Predynastic Period, antiquities, **i.** 8; culture of, **i.** 32; Egyptians of described, **i.** 49; graves of, **i.** 39; duration of, **i.** 163, 164; vases and pottery, **i.** 6, 7
Pre-Mycenaean pottery, **i.** 33
Prexaspes, **vii.** 53
Price, F. G. Hilton, **iii.** 126; **vi.** 99
Priesthood, **ii.** 154; functions of, **ii.** 17
Primis, **iii.** 197, 207
Prince of Kesh (Kush), **iii.** 205
Prince, the predestined, **vi.** 52
Princess, the Possessed, **vi.** 53
Prison Pyramid, **ii.** 89
Prisse d'Avennes, **i.** 125; **ii.** 79, 147; **iii.** 95, 189, 215; **iv.** 168; **v.** 56, 69
Procleius, **viii.** 107
Proclus, **iv.** 61
Prosopis, **v.** 99
Prosopitis, **vii.** 82
Proteus, **v.** 177, 185
Protheus, **v.** 178
Proto Egyptians, **i.** 37
Proto Semitic origin of "New Race," **i.** 39, 44
Proverbs, Book of, **ii.** 80
Prudhoe, Lord, **iv.** 112
Psametek family, **vii.** 123
Psamethek, **vi.** 197
Psammecherites, **i.** 138
Psammetichos, **i.** 138
Psammetichos, son of Theokles, **vi.** 227
Psammetichus, **iii.** 55
Psammetichus (Psammuthis), **vii.** 96

Psammetichus, father of Inarôs, **vii.** 74, 81
Psammetichus I., **i.** 157; **vi.** 97, 129, 203, 204 ff.; 211-214, 218, 219, 220, 227; **vii.** 13, 15, 120, 125
Psammetichus II., **vi.** 226-230
Psammetichus III., **vii.** 15, 32-41
Psammetici, **vi.** 38, 184
Psammis, **vi.** 226, 229
Psammitichos, **i.** 144
Psammitichus, **vii.** 5
Psammonthis, **i.** 139
Psammos, **i.** 143
Psammus, **i.** 138; **vi.** 116
Psammuthes, **i.** 144
Psammuthis, **i.** 138, 142, **vii.** 93, 94
P-sa-Mut, reign of, **vii.** 95
Pschent, **i.** 168
Pselchis, **v.** 109; **vii.** 243
P-Selket, **vii.** 243
Psemthek I., reign of, **vi.** 201-218
Psemthek II., reign of, **vi.** 226
Psemthek III., reign of, **vii.** 32-41
P-Serket (Pselchis), **v.** 67
Pseudo - Callisthenes, the, **vii.** 138, 142, 143, 149, 150, 151, 154, 155, 175
Psinaches, **i.** 137, 143
Psinakhes, **vi.** 7
Psousennes, **vi.** 4
Psuenos, **i.** 143
Psusennes, **i.** 137; **vi.** 61
Psylli, or serpent charmers, **viii.** 109
Ptaḥ, the god, **i.** 102; **ii.** 158; **iii.** 94, 155, 190, 216; **iv.** 57, 77, 149; **v.** 3, 12, 50, 54, 66, 70, 125, 142, 163, 168, 178, 206; **vi.** 3, 9, 108, 109, 150, 151, 201, 224; **vii.** 3, 52, 66, 79, 90, 100, 143, 144, 155, 187, 229; **viii.** 1, 35, 49, 69, 76; appears to Menephthah, **v.** 100; of Memphis, **v.** 58; of the Beautiful Face, **v.** 149; of the South Wall, **iii.** 15; **vi.** 93
Ptaḥ, the Regiment of, **iv.** 181; **v.** 39
Ptaḥ, the Smith-god, **ii.** 66
Ptaḥ-erṭā-su, **vi.** 155, 157, 175
Ptaḥ-ḥetep, Precepts of, **ii.** 79, 80, 147, 160
Ptaḥ-neferu, **iii.** 62, 63

Ptaḥ-neku, **ii.** 95
Ptaḥ-Seker, **vi.** 163
Ptaḥ-Seker-Åsår, **ii.** 6; **iii.** 105, 200; **v.** 12, 194; figures of, **vii.** 125
Ptaḥ-Shepses, **ii.** 65, 66
Ptaḥ-Tanen, **v.** 23, 186, 208; **viii.** 47
Ptaḥ-Ṭeṭun, **vi.** 185
Ptolemaïc Period, authorities, **vii.** 175 ff.
Ptolemaion, **vii.** 185
Ptolemaios, **vii.** 211, 229
Ptolemaïs, **vii.** 232, 234; **viii.** 28, 61, 62, 63, 127, 132
Ptolemaïs Epithêras, **vii.** 203
Ptolemaïs Hermiu, **vii.** 186
Ptolemies, the, **vi.** 208
Ptolemy I., son of Lagus, surnamed Soter, **i.** 126; **v.** 92, 93; **vii.** 160, 161, 165, 167, 168; satrap of Egypt, **vii.** 170, 179, 192, 193, 196, 197, 201; **viii.** 135; Ptolemy Soter, **vii.** 122, 155; **viii.** 123; takes Alexander to Alexandria, **vii.** 156; Stele of, **vii.** 170-173
Ptolemy II. Philadelphus, **i.** 126, **vii.** 100; reign of, **vii.** 188-211, 212, 218, 241, 242; **viii.** 1, 37, 84, 129, 165; hymn of praise of, **vii.** 209-211
Ptolemy III. Euergetes, reign of, **vii.** 212-228, 240, 241, 244; **viii.** 47, 68, 124, 165
Ptolemy IV. Philopator, reign of, **vii.** 229-251; **viii.** 2, 47, 53, 69, 141, 165
Ptolemy V. Epiphanes, **vii.** 229, 240, 251; reign of, **viii.** 1-23, 48, 86, 133
Ptolemy VI. Eupator, **viii.** 23
Ptolemy VII. Philometor, **vii.** 247; reign of, **viii.** 24-38, 48
Ptolemy VIII., reign of, **viii.** 39
Ptolemy IX. Physcon, **viii.** 26-27; reign of, **viii.** 41-58, 84
Ptolemy X. Soter II., Lathyrus, **viii.** 58-68
Ptolemy XI., **vii.** 226; reign of, **viii.** 68-75
Ptolemy XII. Alexander II., **viii.** 73-75

Ptolemy XIII. Auletes, **vii.** 247; **viii.** 48, 76-87, 82, 89
Ptolemy XIV., **viii.** 79, 87, 89, 90, 94, 98
Ptolemy XV., **viii.** 79, 87, 94, 98
Ptolemy XVI. Caesarion, **viii.** 87, 88, 96
Ptolemy Apion, **viii.** 73
Ptolemy Keraunos, **vii.** 189, 190
Ptolemy, son of Agesarchus, **viii.** 4
Ptolemy, son of Eumenes, **viii.** 12
Ptolemy, son of Sosibius, **viii.** 4
Ptolemy, the Geographer, **iii.** 216
Ptualmis, **vii.** 211, 229
Ptulmis, **vii.** 179 ff., 188
Puaarma, **vi.** 103
Pu-adda, **iv.** 241
Puȧm, **iv.** 62, 64
Puarma, **vi.** 112
Puhari, **iv.** 225
Puirsatha, **v.** 182
Puirsathȧu, **v.** 150
Pukudu, **vi.** 135
Pulasthȧ, **v.** 163
Pulsath, **vi.** 37
Pungwe, **ii.** 133
Punic Race, **i.** 26
Punickes, **vii.** 5
Punicus, **i.** 48
Punt, land of, **i.** 46-48; **ii.** 78, 119, 120, 133, 206, 207; **iii.** 23, 109, 114; **iv.** 41, 42, 63; **v.** 9, 78, 159, 160; **vi.** 113; **vii.** 194; Punt and Ophir, **ii.** 132; products of, **vi.** 60; pygmy from, **i.** 197; prince and queen of, **iv.** 7
Punt and Ḥātshepset, **iv.** 5 ff.
Punt and Ḥeru-em-ḥeb, **iv.** 158
Punt and Seȧnkhka-Rā, **ii.** 205
Pu-nu-bu, **vi.** 155, 178
Πυραμίς, **ii.** 29
Purification, ceremonies of, **iv.** 25
Pursatha, **iv.** 170
Puru, **iv.** 235
Pu-ṭu-bis-ti, **vi.** 154, 172
Pu-ṭu-ia-a-..., **vii.** 21
Puukhipa, **v.** 22
Puzur-Ashur, **i.** 154, 155, 156
Pydna, **vii.** 153

Pygmies, **i.** 197, 198
Pygmy, **i.** 197; **ii.** 78, 79
Pylon of Ethiopians, **vi.** 156
Pyramid, derivation of, **ii.** 30
Pyramid, the Great, building of, **ii.** 31 ff.
Pyramid of Hawâra, **iii.** 57
Pyramid of Illahûn, **iii.** 30
Pyramid of Khānefer, **i.** 152
Pyramid of the Hunters, **ii.** 110
Pyramid, spirit of the Southern, **ii.** 125
Pyramid, the Step, **i.** 193, 218
Pyramid Texts, **ii.** 143, **vii.** 118
Pyramidia of obelisks, **iii.** 15
Pyramids, how built, **i.** 147
Pyramids of Lake Moeris, **iii.** 49
Pyramids of Lisht, **iii.** 17
Pyramids, the Black, **iii.** 47
Pyrrha, **vii.** 131; **viii.** 14
Pyrrhus, **vii.** 137
Pythagoras, **vi.** 210
Pythia at Delphi, **vii.** 60

QA, a king, **i.** 174, 205, 206; tomb of, **i.** 172
Qa (Pyramid of Ȧmenemḥāt I.), **iii.** 4
Qa-enen, a prince, **ii.** 192
Qaiqashau, **v.** 150
Qa-ḳebut, scribe, **v.** 135
Qa-Khāu (Tirhâḳâh), **vi.** 142
Qaleqisha, **iv.** 169
Qambasauṭen...... (Cambyses?), **viii.** 159
Qarbana, **vi.** 154
Qarqisha, **vi.** 28, 35
Qa-shuti (Ȧmen-ḥetep IV.), **iv.** 113
Qatchare, **v.** 103
Qauasha, **v.** 99
Qebeḥ, **i.** 174
Qebḥ, **i.** 119, 205, 206; **ii.** 108; **vi.** 55
Qebḥ (Pyramid of Shepseskaf), **ii.** 64
Qebḥet, **viii.** 3
Qebḥu, **ii.** 205, 206
Qebti, **v.** 159
Qehaq, **v.** 161
Qehaqu, **v.** 150
Qelheteṭ, **vi.** 161
Qemāt-en-Ȧmen, **iv.** 180
Qemt, **iii.** 169, 211; **v.** 145, 149
Qemu, **ii.** 188
Qem-ur, **iii.** 7

Qem-urt, **vii.** 202, 203
Qen (Psammetichus I.), **vi.** 204
Qen (Haker), **vii.** 93
Qenna, a scribe, **iii.** 181
Qentcha, **vii.** 75
Qepqepa, **vi.** 167
Qet, **v.** 159
Qeṭ, people of, **iv.** 52
Qeṭesh, Qeṭeshet, **vi.** 43
Qeṭi, **v.** 34
Qeṭshu, **iv.** 32
Qitchauaṭan, **v.** 28
Qitchauaṭana, **v.** 52
Quay Inscriptions at Karnak, **vi.** 97
Queen, position of in Egypt, **ii.** 19, 20
Quibell, **i.** 171, 182
Quintus Aulius, **vii.** 156
Quintus Curtius, **vii.** 138, 143, 150, 175

Rā, the Sun god, **ii.** 69, 91, 106, 107; **iii.** 159, 183; **iv.** 21, 108, 116, 149, 173; **v.** 15, 38, 149; **vi.** 21, 50, 110, 161; **vii.** 45, 46, 73, 139, 209, 210, 229; **viii.** 33, 47; "since the time of," **ii.** 206; Rā and Àmen, **iii.** 116; boat of, **i.** 78; hymns to, **iv.** 121; increase in his worship, **ii.** 68; shrines of in Nubia, **viii.** 156; sets up the ladder, **ii.** 184
Rā names of kings, **i.** 16; **iii.** 165; **iv.** 103
Rā, night form of, **iii.** 97
Rā of Ànnu, **ii.** 67
Rā of Sakhabu, **ii.** 70
Rā, the Regiment of, **v.** 38
Rāà, a nurse, **iii.** 194
Rā-ā......, **iii.** 124
Rā-āa-ḥetep, **ii.** 166
Rā-āa-kheper (Shashanq IV.), **vi.** 95
Rā-āa-kheper-en (Thothmes II.), **iii.** 212
Rā-āa-kheper-ka (Thothmes I.), **iii.** 201
Rā-āa-kheper-setep-en-Àmen (Osorkon III.), **vi.** 98
Rā-āa-kheper-setep-en-Mentu (Pasebkhānut I.), **vi.** 4
Rā-āa-kheperu (Àmen-ḥetep II.), the reign of, **iv.** 69
Rā-āa-kheperu-smen-taui, name of the boat of Àmen-ḥetep II., **iv.** 75
Rā-āa-qen (Àpepà II.) **iii.** 154

Rā-āa-seḥ, **iii.** 164
Rā-āa-seḥ (Nefer-ka-Rā), **vi.** 6, 7
Rā-āa-user (Ȧpepȧ I.), **iii.** 151-154
Rā-ȧb-meri (Khati), **ii.** 164
Rā-Ȧmenemḥāt, **iii.** 89
Rā-Ȧmen-Maāt-meri-neb (Rameses VI.), **v.** 190-193
Raamses, city of, **v.** 121-123
Rā-ānkh-en (Psammetichus III.), reign of, **vii.** 32-41
Rā-ānkh-en, a Nubian king, **viii.** 164
Rā-ānkh-ka, **viii.** 169
Rā-ānkh-kheperu, **iv.** 141
Rā-ānkh-nefer-ȧb, **viii.** 165
Rā-Ȧpepi, **iii.** 170-172
Rā-ari-en-Maāt (Tche-ḥrȧ), **vii.** 103
Rā-āu-ȧb (Ḥer), tomb of, **iii.** 74-76
Rā-āu-ȧb, a king, **iii.** 91
Rā-āut-ȧb, a king, **iii.** 123
Rā-ba-en-meri-neteru (Naif-āaiu-ruṭ), **vii.** 91, 93
Rā-ba-ka (Tanut-Ȧmen), **vi.** 158-167
Rabba Tamana, **vii.** 234
Rabimur, letter of, **iv.** 222
Rabshakeh, **vi.** 192, 193
Radassîyeh, **v.** 89
Radishes, **ii.** 36
Rā-en-ka, **ii.** 162, 164
Rā-en-Maāt (Ȧmenemḥāt III.), **iii.** 43
Rā-en-User (Ȧn), reign of, **ii.** 68, 72, 74
Raft of reeds, **i.** 70
Rā-ḥāā-ȧb (Hophra), **vii.** 1-13
Rā-ḥāā-ȧb-Ȧmen-setep-en (Alexander IV. of Macedon), **vii.** 164
Rā-Harmachis, **iv.** 116; **v.** 168; **viii.** 172
Rā-her-ȧb, **iii.** 123
Rā-Ḥeru-khuti, **iii.** 170; **iv.** 114, 116; **v.** 58
Rā-Ḥeru-khuti-Temu-Kheperȧ, **v.** 194
Rā-ḥetch-ḥeq-...(Pasebkhanut II.), **vi.** 10
Rā-ḥetch-kheper-setep-en-Rā (Nes-ba-Ṭeṭṭeṭ), **vi.** 1-4; (Shashanq I.); **vi.** 67-76
Rā-ḥetch-kheperu-setep-en-Rā (Thekeleth II.), **vi.** 88
Ra-ḥetep, **ii.** 26; **iii.** 183
Rā-Ḥet-Hert-sa, **iii.** 98
Rain in Egypt, **vii.** 37, 38
Rainer, Archduke, **vi.** 121
Rā-ka-..., **iii.** 123

Rā-ka-ānkh (Nȧstasenen), **viii.** 156 ff.
Rā-...-kau, **ii.** 163
Rā-khā-ānkh (Sebek-ḥetep VI.), **iii.** 100
Rā-khā-ḥetep (Sebek-ḥetep V.), **iii.** 100
Rā-khā-ka, a king, **iii.** 100, 102
Rā-khā-kheper (Usertsen II.), reign of, **iii.** 24-33
Rā-khā-kheru, **iii.** 104
Rā-khā-nefer, **ii.** 72
Rā-khā-nefer (Sebek-ḥetep III.), **iii.** 97-99
Rā-khā-seshesh (Nefer-ḥetep I.), **iii.** 196
Rā-khā-user, **ii.** 166
Rā-kheper-ka, a Nubian king, **viii.** 164
Rā-kheper-ka (Nectanebus II.), **vii.** 106
Rā-kheper-ka (Usertsen I.), **iii.** 13
Rā-kheper-khā-setep-en-Ȧmen (Pai-netchem I.), **vi.** 23
Rā-kheper-Maāt-setep-en-Rā (Rameses XI.), reign of, **v.** 210
Rā-kheperu-Maāt-ȧri (Ȧi), reign of, **iv.** 145
Rā-kheperu-neb (Tut-Ānkh-Ȧmen), **iv.** 142
Rā-kherp-kheper-setep-en-Rā (Osorkon I.), **vi.** 76
Rā-khnem-ȧb (Amāsis II.), **vii.** 13-32
Rā-khnem-ȧb, a Nubian king, **viii.** 164
Rā-khu-en-setep-en-Rā (Sa-Ptaḥ), reign of, **v.** 150
Rā-khu-ka, a Nubian king, **viii.** 162
Rā-khu-taui, reign of, **iii.** 84
Rā-maā-ȧb, **ii.** 166, 167
Rā-maā-kheru (Ȧmenemḥāt IV.), reign of, **iii.** 70 ff.
Rā-Maāt-ka (Ȧssȧ), **ii.** 77
Rā-Maāt-ka (Ḥātshepset), **iv.** 1
Rā-Maāt-ka, daughter of Pasebkhānut I., **vi.** 23; daughter of Pasebkhānut II., **vi.** 10, 77
Rā-Maāt-khnem (Haker), **vii.** 93
Rā-Maāt-men (Seti I.), **v.** 5
Rā-Maāt-neb (Ȧmen-ḥetep III.), the reign of, **iv.** 89-113
Rā-Maāt-neb, a Nubian king, **viii.** 169

Rameeses, **iii.** 150
Rā-men-ka (Nitocris), **ii.** 122-127
Rā-men-khāu (Ān-āb), **iii.** 124
Rā-men-kheper, a priest-king, **vi.** 23; reign of, **vi.** 26-29, 75
Rā-men-kheper (Piānkhi), **vi.** 128
Rā-men-kheper (Thothmes III.), **iv.** 29
Rā-men-kheperu (Thothmes IV.), **iv.** 77
Rā-men-kheperu-Teḥuti-mes-khā-khāu, **iv.** 83
Rā-men-mȧ-Rā-setep-en-Rā (Ȧmen-meses), reign of, **v.** 137-140
Rā-men-Maāt (Seti I.), **iii.** 158
Rā-men-Maāt-setep-en-Ptaḥ (Rameses XII.), reign of, **v.** 215-219
Rā-men-peḥpeḥ (Rameses I.), **v.** 1
Rā-mer-en, reign of, **ii.** 110
Rā-mer-en-meḥt-em-sa-f, **ii.** 121
Rā-mer-ḥetep (Ȧnȧ), **iii.** 101
Ra-meri (Pepi I.), reign of, **ii.** 95-109
Rā-meri, **ii.** 167; **iii.** 89
Rā-meri-ȧb (Khati), **ii.** 167
Rā-meri-setep-en-Ȧmen (Alexander the Great), **vii.** 143 ff.
Rā-mer-ka (Ȧspelta), **viii.** 145
Rā-mer-ka, a Nubian king, **viii.** 169
Rā-mer-kau (Sebek-ḥetep VI.), **iii.** 102
Rā-mer-kheper, **iii.** 102
Rā-mer-nefer (Ai), **iii.** 101
Rā-mer-sekhem-ȧn-ren, **iii.** 101
Rā-mert (Sebek-neferu-Rā), **iii.** 72
Rā-mer-tchefa, **iii.** 122
Rā-mes, an ambassador, **v.** 50
Rā-mes, father of Sen-Mut, **iv.** 14
Rameses, **i.** 141; **vi.** 8, 37
Rameses I., **i.** 150, 151; reign of, **v.** 1-4; **v.** 5, 14; **vi.** 76, 147; his mummy removed by Ḥer-Ḥeru, **vi.** 20
Rameses II., **i.** 161; **iii.** 32, 33, 69, 94, 156; **iv.** 13, 60, 102, 175; **v.** 12, 14, 17, 18, 19, 104, 111, 123,

134, 144, 167, 209; **vi.** 24, 32, 34, 35, 39, 40, 44, 54, 58, 59, 60, 76, 83, 151, 196, 219, 227; **viii.** 8, 137; colossal statue of, **v.** 65; exploits of, **v.** 77 ff.; mummy of, **v.** 73; physical characteristics of, **v.** 73, 74; tomb of, **v.** 72; his Horus name on *Serekh*, **v.** 57; orders tablet to be set up to Set, **iii.** 160; his mummy rebandaged and removed, **vi.** 19, 20; his battle with the Kheta, **vi.** 21-26 ff.; treaty with Kheta, **v.** 48 ff.; stelae on the Dog River, **v.** 26; his wives, concubines, and family, **v.** 70

Rameses III., **iv.** 45; reign of, **v.** 147, 148-186, 195, 196, 203, 205, 217; **vi.** 24, 27, 40, 47, 55, 58, 59, 60; **viii.** 33, 137; his Pavilion and Temple, **v.** 162, 164, 165; temple at Karnak, **v.** 166; his gifts to temples, **v.** 168; his mummy, sarcophagus and tomb, **v.** 169, 170; physical characteristics, **v.** 171

Rameses IV., **iii.** 206; **v.** 110, 166; the reign of, **v.** 186-189, 197

Rameses V., **iv.** 175; **v.** 110, 189, 197

Rameses VI., **iii.** 206; **iv.** 175; **v.** 110, 190-193, 197

Rameses VII., reign of, **v.** 193-195, 197

Rameses VIII., reign of, **v.** 195, 197

Rameses IX., **ii.** 191; **iii.** 127, 173, 179, 181; reign of, **v.** 195, 207; **vi.** 56; his persecution of tomb robbers, **v.** 200 ff.

Rameses X., reign of, **v.** 196, 207-210

Rameses XI., reign of, **v.** 210-214

Rameses XII., reign of, **v.** 214-219

Rameses, district of, **v.** 128

Rā-meses-khā-em-neteru-Bai, **v.** 141, 143

Rā-meses-meri-Āmen (Rameses II.), **iii.** 158

Rā-meses-meri-Āmen, son of Rameses III., **v.** 177, 211

Rā-meses-nekht, **v.** 209, 216
Rā-mes-f-su-Åmen-meri-Åmen (Rameses V.), **v.** 189
Ramesomenes, **i.** 141
Ramessameno, **i.** 141
Ramesse Iubassz, **i.** 141
Ramesse Uaphru, **i.** 141
Ramesses, **i.** 136, 141, 142
Ramesseseos, **i.** 141
Ramesseum, **iv.** 77; **v.** 64, 65 (illustration), 103; **vi.** 44
Ramessids, **iv.** 183; **vi.** 32; **viii.** 132
Rā-messu, **v.** 1, 21, 70
Rā-messu-nekht, **v.** 206
Rā-mesuth (Cambyses), reign of, **vii.** 42-56
Ram, Zodiacal Sign, **i.** 163
Ram of Khnemu, **i.** 83
Ram of Mendes, **i.** 212; **ii.** 7, 127, 143, 205
Rammān-nirari I., **i.** 155
Rammān-nirari II, **vi.** 42, 188
Rammānu-nirari III., **vi.** 189
Rammânu, **iv.** 192
Rammânu of Khalman, **vi.** 85
Rampses, **i.** 136; **v.** 21, 115
Rampsinitus, **v.** 178, 184
Rampsis, **i.** 143
Randall Maciver, **i.** 21, 31
Rā-neb, **i.** 211
Rā-neb-åten-..., **iii.** 129
Rā-neb-åti-..., **iii.** 129
Rā-neb-f-āamā (?), **iii.** 104
Rā-neb-kha, **ii.** 163
Rā-neb-khert (Menthu-ḥetep III.), **ii.** 201
Rā-neb-kheru, **ii.** 163, 181, 200
Rā-neb-maāt (Åbå), **iii.** 103
Rā-neb-peḥpeḥ (Amāsis I.), **iii.** 184
Rā-neb-senu, **iii.** 123
Rā-neb-taui, **ii.** 181, 199
Rā-neb-tchefa, **iii.** 122
Rā-nefer-åb, **iii.** 124
Rā-nefer-åb (Psammetichus II.), **vi.** 226-230
Rā-nefer-åri-ka, **ii.** 71, 74, 163
Rā-nefer-f, king, **ii.** 71, 72
Rā-nefer-ka, **i.** 120; **ii.** 162
Rā-nefer-ka (Pepi II.), **ii.** 115
Rā-nefer-ka (Shabaka), **vi.** 123
Rā-nefer-ka-ānnu, **ii.** 162
Rā-nefer-ka-khentu, **ii.** 161

Rā-nefer-ka-Nebi, **ii.** 161, 164
Rā-nefer-ka-..., **iii.** 124
Rā-nefer-ka-Pepi-senb, **ii.** 162
Rā-nefer-ka-tererl, **ii.** 162
Rā-nefer-kau, **ii.** 163
Rā-nefer-kau-setep-en-Rā (Rameses X.), **v.** 207
Rā-nefer-kheperu-uā-en-Rā (Ȧmenḥetep IV.), **iv.** 113
Rā-nefer-Tem, **iii.** 123
Rā-nefer-Tem-khu, **vi.** 142-157
Rā-neferu, daughter of Hātshepset, **iii.** 219
Rā-neferu, wife of Rameses II., **v.** 55, 212
Rā-neḥsi, **iii.** 103, 104
Rā-netchem-ȧb, **iii.** 91
Rā-neter-ka, **ii.** 121
Rā-neter-kheper, **vi.** 8
Rā-neter-kheper-setep-en-Ȧmen (Sa-Amen), **vi.** 6, 7-10
Rā-nub-kau (Ȧmenemḥāt II.), **iii.** 20
Rā-nub-kheperu (Ȧntef), **ii.** 183; **iii.** 167
Rā-nub-taui, **ii.** 166
Raphia, **v.** 159; **vi.** 121, 152, 195; **vii.** 234, 235, 247; **viii.** 18
Raphiḥu, **vi.** 121, 126
Rapsakes, **i.** 136; **v.** 21
Raqeṭet, **vii.** 171
Rāqetit, **vii.** 150
Rā-senetchem-ȧb-setep-en-Ȧmen (Nectanebus I.), **vii.** 98
Rās-al-Fîl, **iv.** 6
Rā-se-āa-ka-kheperu, **iv.** 142
Rā-se-āa-ka-nekht-kheperu, **iv.** 142
Rā-se-āa-ka-tcheser-kheperu, **iv.** 141, 142
Rā-se-ānkh-ȧb, **iii.** 190
Rā-se-ānkh-ka, reign of, **ii.** 163, 204-207; **iii.** 123
Rā-se-ānkh-nefer-utu, **iii.** 101
Rā-Sebek-ḥetep, **iii.** 91
Rā-Sebek-neferut, **iii.** 72-74
Rā-seḥeb, **iii.** 122
Rā-seḥetep-ȧb I. (Ȧmenemḥāt I.), **iii.** 1, 89
Rā-seḥetep-ȧb II., **iii.** 91
Rā-sekha-en, **ii.** 166
Rā-sekhem-......, **iii.** 123
Rā-sekhem-ka, Stele of, **iii.** 86; illustration, **iii.** 87

Rā-sekhem-khu-taui(Sebek-ḥetep I.), reign of, **iii.** 84, 85, 86, 92
Rā - sekhem - se - uatch - taui (Sebek-ḥetep II.), **iii.** 95
Rā-sekhem-sheṭi-taui (Sebek-em-sau-f), **iii.** 126
Rā-sekhem-Uast, **iii.** 130
Rā-sekhem-uatch-khāu (Sebek-em-sa-f), reign of, **iii.** 125
Rā-sekhent-en, **iii.** 180
Rā-sekhent-neb, reign of, **iii.** 180
Rā-sekheper-en, **viii.** 162
Rā-sekheper-ren, **iii.** 123
Rā-semen-ka, **iii.** 91, 129
Rā - semenkh - ka (Mer - Mashāu), reign of, **iii.** 93 ff.
Rā-senefer, **viii.** 144
Rā-senefer (Piānkhi), **vi.** 116
Rā-senefer-......, **iii.** 122, 124
Rā-seqenen I., **iii.** 172
Rā-seqenen II., **iii.** 173
Rā-seqenen III., **iii.** 167-172, 174
Rā-seshesh-àp-Maāt, (Àntef-āa III.), **ii.** 166, 181, 183
Rā - seshesh - em - àpu - Maāt, **ii.** 185
Rā - seshesh - her - ḥer - Maā, **iii.** 166
Rā - seshesh her - ḥer - Maāt, **ii.** 181
Rā - seshesh - kheper - setep - en-Àmen (Shashanq II.), reign of, **vi.** 87
Rā-sesuser-taui, **iii.** 129
Rā-sesusert-à...., **iii.** 130
Rā-setchef..., **iii.** 91
Rā - setep - en - meri - Àmen (Philip Arrhidaeus), **vii.** 160
Rā - setep - en - meri - Àmen (Ptolemy I.), **vii.** 179
Rā-settu (Darius I.), **vii.** 57
Rā-seuaḥ-en, **iii.** 102, 123
Rā-seuser-en (Khian), **ii.** 173; reign of, **iii.** 161 ff.
Ras-Hafûn, **ii.** 133
Rā-shepses (Tafnekhteth), **vi.** 114
Rā-shepses-ka, **ii.** 71
Rā-smen-......, **iii.** 124
Rā-sta-ka, **iii.** 122
Rā-tauit, **viii.** 120
Rā-...-tchefa, **iii.** 123
Rā-tcheser-ka (Àmen-ḥetep I.), reign of, **iii.** 195 ff.
Rā - tcheser - kheperu - setep-

en-Rā, reign of, **iv.** 149-159
Rā-Temu, priests of, **ii.** 117, 158
Rā-ṭeṭ-f (Àssà), **ii.** 45, 77-80
Rā-ṭeṭ-kau (Shabataka), **vi.** 133-142
Rā-ṭeṭ-kheru, **iii.** 123
Rathos, **i.** 136
Rathotis, **iii.** 150
Rathures, **i.** 132 ; **ii.** 72
Ratoises, **i.** 132 ; **ii.** 45
Rā-uaḥ-àb (Àā-àb), **iii.** 101
Rā-uaḥ-àb (Hophra), **vii.** 1-13
Rā-uaḥ-àb (Psammetichus I.), **vi.** 201-218
Rā-uaḥ-ka (Bakenrenef), **vi.** 118
Rā-uatch-kheper (Ka-mes), **iii.** 177
Rā-uben II., **iii.** 122
Rā-uben III., **iii.** 123
Rā-uḥem-àb (Nekau II.), **vi.** 218
Rā-user, a priest, **ii.** 69, 70
Rā-user-..., **iii.** 93
Rā-user-ka, reign of, **ii.** 94, 95
Rā - user - ka - Àmen - meri (Ptolemy II.), reign of, **vii.** 188-211
Rā-user-khāu-Rā-setep-en-Àmen-meri (Set-nekht), **v.** 144-148
Rā - user - kheperu - meri - Àmen (Seti II. Menephthah), **v.** 133-137
Rā - user - Maāt (Piānkhi), **viii.** 144
Rā-user-Maāt-Àmen-setep-en (Ruṭ-Àmen), **vi.** 165
Rā-user-Maāt-Àmen-meri-setep-en-Rā (Rameses VII.), **v.** 193
Rā-user-Maāt-khu-en-Àmen (Rameses VIII.), **v.** 195
Rā-user-Maāt-meri-Àmen (Rameses III.), **v.** 148
Rā-user-Maāt-sekheper-en-Ra (Rameses V.), **v.** 189
Rā - user - Maāt - setep - en - Àmen (Rameses IV.), **v.** 186 ; (Àmen-em-Àpt), **vi.** 6 ; (Thekeleth I.), **vi.** 79 ; (Osorkon II.), **vi.** 80-87 ; (Àmen-Ruṭ), **vii.** 89, 90 ; (Pamài), **vi.** 93, 94
Rā-user-Maāt-setep-en-Rā (Rameses II.), **v.** 21
Rā-user-Maāt-setep-en-Rā (Shashanq III.), **vi.** 91-93

Rā-user-Ptaḥ-setep-en (P-sa-Mut), **vii.** 95
Rā-user-Set-..., **iii.** 94
Rawlinson, Sir Henry, **i.** 154; **vi.** 124, 126, 135, 153, 166, 197; **vii.** 55, 58, 61, 70
Re, a king, **i.** 166, 169, 173; **ii.** 3
Re-ȧbt, **vii.** 200
Re-ȧhet, **iii.** 104
Re-ȧnt, **iii.** 186
Reason, god of, **vii.** 239
Re-āu, quarry of, **ii.** 100
Rebalu, **viii.** 161
Rebu, **v.** 150, 160
Rebu-inimi, **v.** 173
Red and black earthenware, **i.** 7
Red Country or Land, **iii.** 210
Red Crown, **i.** 168; **ii.** 88, 193; **vi.** 158; **viii.** 18
Redêsîyeh, **v.** 8, 9
Red-faced, the, **ii.** 124
Red Land, **vii.** 210
Red Pyramid, **ii.** 62
Red Sea, **ii.** 77, 206, 207; **iii.** 26, 33, 114; **iv.** 5, 6, 10, 78, 86, 126, 129-131, 159, 160, 186; **vi.** 60, 219, 220, 224; **vii.** 36, 53, 64, 75, 201, 214; **viii.** 13, 104
Red Sea Canal, **v.** 69; **vi.** 219, 220; **vii.** 63, 194, 204, 205
Red Town, **ii.** 205
Reed baskets, **i.** 71
Reed boats, **i.** 70
Reed fish traps, **i.** 69
Reed mats, **i.** 56
Reed rafts, **i.** 70
Reed, the broken or bruised, i.e., Egypt, **vi.** 32, 189
Re-ḥer, } a title, **iv.** 151;
Re-ḥeri, } **v.** 68, 145, 149
Rehenu, Valley of, **ii.** 77
Rehob, **vi.** 70
Rehoboam, **i.** 153, 156; **vi.** 42, 69, 71, 73, 86
Rehrehsa, **viii.** 155
Reinaud, **ii.** 39
Reinisch, **vii.** 177, 218
Rekhasna, **v.** 52
Rekh-mȧ-Rā, **iv.** 63, 64, 168
Reku, **v.** 99
Religion, predynastic, **i.** 109
Remphis, **ii.** 341; **v.** 185
Remt, **vii.** 210
Renaissance, the Egyptian, **vi.** 180 ff
Renenet, **iv.** 20
Ren-seneb, **iii.** 91

Re-peḥ, **vii.** 234
Reservoirs in deserts, **ii.** 207
Reshpu, **vi.** 43, 44, 45
Resurrection, god of, **ii.** 6
Reṭennu, the, **iv.** 27; **v.** 169, 187
Rethennu, **iii.** 205; **iv.** 32, 37, 39, 41, 42, 43, 53, 76; **v.** 7; Upper, **iv.** 75
Revenue officers, **vii.** 81, 143
Revillout, **vii.** 174, 177, 218, 221, 222; **viii.** 22
Rhakotis, **vii.** 155
Rhampsinitus, **v.** 148, 177, 186
Rheomithres, **vii.** 104, 132
Rhodes, **vii.** 24, 30, 92, 151, 185, 233
Rhodes, Colossus of, **vii.** 228
Rhodians, **vii.** 92, 120, 185, 228
Rhodopis, the courtesan, **ii.** 37, 59, 124, 125
Rhodopis-Nitocris, **ii.** 125
Rhosakes, **vii.** 112
Rianappa, **iv.** 239
Rib-Adda, **iv.** 137; brother of Aziru, **iv.** 207, 208; letters of, **iv.** 211, 222
Riblah, **vi.** 222; **vii.** 11, 12
Rikhikhu, **vi.** 135
Riḳḳa, **ii.** 72
Rimmon, **iv.** 192
Ritual formulae, **i.** 35
River of Egypt, **vii.** 10
Roesler, **vii.** 177, 218
Rohlfs, **vii.** 147, 148
Rollin papyrus, **v.** 175
Roman Emperors as Pharaohs, **viii.** 121
Romans, **vii.** 191; **viii.** 12, 20, 24, 54, 80, 131, 135, 143
Rome, **v.** 209; **vii.** 4; **viii.** 4, 11, 27, 54, 75, 80, 81, 84, 89, 96, 99, 101, 102, 103, 107
Rosellini, **iii.** 80; **iv.** 90; **v.** 56, 72; on Seyffarth's restoration of the Turin Papyrus, **i.** 116
Rosetta Stone, **viii.** 14; illustration, **viii.** 15; duplicate of, **viii.** 20; literature of, **viii.** 14
Royal Guard, **iii.** 196
Royal Tombs, robbery of, **ii.** 185
Rougé, E. de, **v.** 153
Rougé, J. de, **i.** 117, 159; **ii.** 45, 51, 63-65, 67, 76, 80, 122, 124; **iii.** 67, 80, 129, 134, 146, 160; **v.**

38, 138, 214; **vi.** 12, 36, 100, 115
Roxana, **vii.** 159, 161, 164, 165
Rubric of Chapter LXIV., **i.** 198, 199
Rubutu, **iv.** 235
Ruḥizi, **iv.** 224
Ruka, **iv.** 169; **v.** 28; **vi.** 35
Rushau, **iv.** 20
Rusmana, **iv.** 241
Ruṭ-Ȧmen, **vi.** 164
Ruṭ-Ṭeṭet, **ii.** 69
Ru'ua, **vi.** 135

SȦA, **ii.** 106
Saāaireu, **v.** 150
Sa-ȧb (Nectanebus II.), **vi.** 218
Sa-ai, **vi.** 154, 176
Ṣa al-Ḥagar, **vi.** 227; **vii.** 123
Sa-Ȧmen, **v.** 4, 16, 218; **vi.** 2, 7-10
Sa-Ȧmen-sa, **viii.** 155
Sāaire, **v.** 157
Saaut (Saïs), **vi.** 154, 177
Sāba, **vi.** 191
Sabach, **vi.** 132
Sabaco, a satrap, **vii.** 133
Sabacon, **vi.** 117
Sabakes killed, **vii.** 133
Sabakon, **i.** 138, 144; **vi.** 123
Sabakos, **vi.** 193
Sabatau, **v.** 150
Sabbacus, **vi.** 131, 132, 212
Sacy, de, **ii.** 38; **iii.** 15
Ṣaft al-Ḥenna, **vi.** 156
Sagalassians, **vi.** 36
Sagartia, **vii.** 71
Saḥ, **ii.** 87
Sâhal, Island of, **i.** 217; **iii.** 34; **iv.** 44; **v.** 150; **vi.** 95; **vii.** 240
Sa-Hathor, **iii.** 96
Saḥu-Rā, **i.** 120; **ii.** 67, 68-70, 71
Sailor, the Shipwrecked, **vi.** 53
Sails of predynastic boats, **i.** 80
Saint Ferriol, **v.** 69
Saint John Lateran, Obelisk of, **iv.** 60
Saïs, **ii.** 55; **vi.** 108, 112, 114, 115, 116, 118, 154, 197, 203, 205, 209, 210, 211, 224, 227; **vii.** 6, 7, 14, 16, 23, 25, 43; schools of Cambyses, **vii.** 44-47, 53, 62, 71, 81, 87, 90, 123,

173; **viii.** 22; Dynasty at, **i.** 138, 139, 140
Saïte, nome, **iii.** 146
Saïte Recension, **i.** 199
Saïtes, Hyksos king, **iii.** 137
Saites, **i.** 135, 136, 143
Sakasakaṭit, **viii.** 160
Sakha, **iii.** 82
Sakhabu, **ii.** 69, 70
Sakhemkhoutoouiri, **iii.** 85
Ṣaḳḳâra, **i.** 193; **ii.** 65, 75, 79, 80, 89; **iii.** 201; **iv.** 101, 158, 159; **vi.** 118, 153, 208; **vii.** 117
Ṣaḳḳâra, Tablet of, **i.** 124; **ii.** 180; **iii.** 80
Salamis, **i.** 74; **vii.** 60, 184, 185
Salatîk, **i.** 56
Salatis, **iii.** 103, 135, 137, 146
Sallier Papyrus, **iii.** 4, 156, 169
Salmu, Tushratta's envoy, **iv.** 200
Salt, **ii.** 34, 36; tax on, **viii.** 130
Salt, Mr. H., **iii.** 126; **vii.** 215
Saltpetre, **ii.** 35
Sam priest, **vi.** 94
Samaria, **vi.** 136; **viii.** 13
Samians, **vii.** 32, 120
Samos, **ii.** 36; **iii.** 53; **vii.** 25, 30, 60; **viii.** 91, 103
Samothrace, **viii.** 55
Samsi, **vi.** 191
Samsu-iluna, **iii.** 136
Sam-taui, a Nubian king, **vi.** 128
Sam-taui (Cambyses), **vii.** 42
Sam-taui (Menthu-ḥetep III.), **ii.** 201
Sam-taui, title, **i.** 168
Sam-ur, **ii.** 92
Samus, **vii.** 32
Ṣân, **iii.** 64, 65, 68 ff., 94, 156; **v.** 123-125
Ṣanam abû Dom, **vi.** 146
Sand, dwellers on, **iv.** 55
Sandal, story of the, **ii.** 59
Sandal-bearer, **i.** 184, 189
Sandụarri, **vi.** 152
Sa-nehat, **iii.** 6 ff., 118; **vi.** 53
Sa-Net-sepṭ-taui (Amāsis II.), **vii.** 15
Sangara, **vi.** 188
Sanḳarsi, **iv.** 41
San Lorenzo, **vi.** 210
Sa-pa-àr, **iii.** 194

Sapalul, **v.** 2
Saparere, **v.** 50
Saparuru, **v.** 26
Saphoth, **viii.** 62
Sappho, **ii.** 59
Sa-Ptaḥ, **iv.** 175; **v.** 110, 133, 140-143, 144
Ṣapuna, **iv.** 231
Sar āa, title of Libyan kings, **v.** 63
Ṣarbût al-Khâdem, **iii.** 17, 20, 43, 44, 70-113; **v.** 9
Sarcophagi, Saïte, **vii.** 124; of Alexander the Great, in lead and marble, **vii.** 155, 158
Sardians, **v.** 150; **vi.** 36
Sardinia, **i.** 115
Sardinians, **vi.** 36
Sardos, **iii.** 33
Sa-renput, prince, **iii.** 26
Sarepta, **vi.** 136
Saresu, **v.** 51
Sargon I. of Agade, **i.** 62, 71; **ii.** 129, 130
Sargon II., **vi.** 121, 125, 126, 127, 128, 134, 139, 141, 169, 170, 190
Ṣarhȧ, **iv.** 231
Ṣariptu, **vi.** 136
Sarusaru, **viii.** 161
Sarzec, de, **ii.** 129
Sā-seher-ȧb (Peṭa-sa-Bast), **vi.** 96
Sasiakes, **vii.** 132
Sasyches, **v.** 119
Sasychis, **ii.** 66
Sat, **vii.** 123
Sat-Ȧmen, **vi.** 76
Satet, **ii.** 198; **iii.** 26, 96, 197, 207; **iv.** 53, 149; **vii.** 14, 168
Sȧthȧrna, **iv.** 96, 99
Sathet, **ii.** 130
Sathti, **ii.** 130
Sati I., **iii.** 138; **v.** 149
Satrap, **vii.** 173; **viii.** 127
Sattagydia, **vii.** 70
Satyrus, **v.** 100
Sau, **vii.** 123
Saul, **vi.** 41
Saut (Saïs), **vi.** 179, 206
Sauu, **iii.** 23
Sawâkin, **vii.** 203
Ṣawba, **viii.** 158
Saws of flint, **i.** 81
Sayce, Prof., **i.** 88; **ii.** 165; **vi.** 165
Scanderûn, Gulf of, **vii.** 132
Scarab, decline of use of, **viii.** 136
Scenae, Veteranorum, **viii.** 33
Schaefer, **viii.** 145, 146, 157

Scheil, **iv.** 79
Schiaparelli, **i.** 197; **ii.** 113
Schools of Cambyses at Saïs, **vii.** 47
Schrader, **vi.** 62, 153
Schubart, **vii.** 176
Schweinfurth, Prof., **i.** 82
Scopas the Aetolian, **viii.** 4, 11, 12, 13
Scorpion King, **i.** 172, 184, 190
Scorpion on early vase, **i.** 81
Scourge, a rebel, **iii.** 188, 189
Scrapers of flint, **i.** 68, 87
Scriptures, the, **viii.** 129
Scylax, **vii.** 70
Scythia, **v.** 82; **vii.** 70
Scythians, **v.** 79, 86
Scythopolis, **vii.** 234
Sea, Isles of, **vii.** 70
Seal impression of Ȧmen-ḥetep IV., **iv.** 186
Seānkhka-Rā, **i.** 123; **iii.** 2, 109, 114; **vi.** 59
Se-ānkh-taui (Rā-sekem-ka), **iii.** 89
Se-ānkh-taui-f, reign of, **ii.** 204, 207
Seāsht qennu, king, **vi.** 128
Seasons, the Three, **iii.** 18
Seb, **ii.** 85, 86, 92, 108; **iv.** 22, 83, 85; **v.** 149; **vi.** 46, 144
Sebechon, **i.** 144
Sebek, god of the Labyrinth, **iii.** 59; lord of Bakhau, **iii.** 74
Sebek, **iii.** 109, 110, 116, 120, 183; **iv.** 149; **vii.** 208; **viii.** 46, 49, 123; Temple of, **iii.** 44
Sebek-em-sa-f, **iii.** 125, 129, 130; **v.** 201, 202; tomb robbed, **v.** 198, 199; reign of, **iii.** 125; scarab of, **iii.** 125
Sebek-ḥetep I., **iii.** 84, 92, 93
Sebek-ḥetep II., **iii.** 94, 95
Sebek-ḥetep III., **iii.** 98-100
Sebek-ḥetep IV., **iii.** 100
Sebek-ḥetep V., **iii.** 100
Sebek-ḥetep VI., **iii.** 102
Sebek-ḥetep kings, **iii.** 110
Sebek-ḥetep, a scribe, **iii.** 126, 127
Sebek-ka-Rā, **ii.** 66
Sebek-neferu, **iii.** 72, 78, 85, 110
Sebek-neferu-Rā, **iii.** 73
Sebek-neferut-Rā, **iii.** 74
Sebek-Nit, **viii.** 120
Sebennytus, **i.** 126, 140;

vi. 111, 154, 177; vii. 98, 108, 195
Sebercheres, i. 132
Seberkheres, ii. 63, 66
Sebichos, i. 133, 138
Secundianus, vii. 83
Sedênga, iv. 111
Seher-ab-neteru (Nectanebus I.), vii. 99
Seher-ȧb-taui (Ptolemy IX.), viii. 46, 69
Seher-taui (Ȧmeni Ȧntef), iii. 94
Seḥetep-āb-Rā, i. 123
Seḥetep-neteru (Haker), vii. 93
Seḥetep-neteru (Ḥer-Ḥeru), vi. 12
Seḥetep-neteru-ȧrit-khu-en-ka-sen (Painetchem I.), vi. 22
Seḥetep-taui (Ȧpepȧ II.), iii. 155
Seḥetep-taui (Tetȧ), ii. 89
Seḥetep-taui-f (Piānkhi), viii. 144
Sehresat, viii. 156
Seh-taui, viii. 162
Seir, v. 150
Seka, i. 169
Sekaruḳat, viii. 156
Seker, i. 215; ii. 6, 8, 66; iv. 84; vi. 108; vii. 94; viii. 60
Seker-Osiris, viii. 77; temple of, ii. 49
Sekhā-en-Rā-meri-Ȧmen (Rameses IX.), reign of, v. 195-207
Sekhā-nes-tef (Ptolemy II.), vii. 190
Sekhem, i. 214
Sekhem-ȧb, i. 213
Sekhem-ka-Rā, ii. 67
Sekhet, iv. 68, 77, 79, 84; v. 15, 142, 156, 163, 175; vi. 3, 73, 82, 98, 163, 184; viii. 33
Sekhet-Ȧaru, ii. 84, 88, 91
Sekhet-Am, iv. 76
Sekhet-Amt (Siwah) vii. 49, 144
Sekhet-Bast-urt-ḥekau, v. 194
Sekhet-ḥetep, ii. 91, 109
Sekhet-Mafek, vii. 17
Sekhet Tchā, } v. 123-125
Sekhet Tchānt, }
Sekhet, the double crown, i. 168
Sekhmakh, queen, viii. 162
Sekhmet, i. 168
Sektet Boat, i. 203; of Tem, vi. 111

Selene (Cleopatra), **viii.** 59
Seleucia, **vii.** 232, 233
Seleucid kings, **viii.** 128
Seleucus, **vii.** 190
Seleucus II. Callinicus, **vii.** 213, 214
Seleucus Kybiasaktes, **viii.** 81
Seleucus Philopator, **viii.** 24
Seleucus, governor of Pelusium, **viii.** 105, 114
Sellasia, Battle of, **vii.** 228
Selq, **iv.** 22
Selqet, **iv.** 148; **vii.** 243
Sem priest, **ii.** 156, 158
Sema-ur, **ii.** 109
Semempses, **i.** 130, 202; **ii.** 79; pestilence in reign of, **i.** 204
Semenkh-taui (Nectanebus II.), **vii.** 107
Semennu-kherp-khā-kau-Rā, a name of Semneh, **iii.** 40
Semen-Ptaḥ, **i.** 174
Sem-en-Ptaḥ, **i.** 202
Semerkha, Semerkhat, **i.** 33, 172, 174, 204
Semiramis, **v.** 89
Semites, **iii.** 154; **vi.** 43, 44; in the Delta, **iii.** 143, 144; expelled from Delta, **v.** 118; nomadic, **v.** 125, 150
Semitic Chaldeans, **i.** 39; elements in the Egyptian language, **i.** 39; idioms, **vi.** 186
Semitic Race, cradle of, **i.** 44
Semneh, forts at, **iii.** 38, 40, 46, 93, 99, 112; **iv.** 94; **vi.** 187
Sempronius, **viii.** 91
Semsem, **i.** 102, 206
Semsu, **i.** 119, 201-204
Sem-taui (Usertsen II.), **iii.** 24
Semti, **i.** 174, 182, 194-200, 214; **ii.** 2, 7; **vi.** 55; in Book of the Dead, **i.** 198; tomb described, **i.** 195 ff.
Sen, a king, **i.** 174, 205, 206; **vi.** 55
Senbmâiu, a king, **iii.** 164
Seneb, brother of Sebek-ḥetep II., **iii.** 95
Seneb-Sen, **iii.** 96
Senefer-ka, **i.** 120; **ii.** 162
Senefer-ka-ānnu, **i.** 120
Senefer-taui (Psammetichus II.), **vi.** 226

Seneferu, king, **i.** 120 ; pyramids of, **ii.** 21-28, 45
Seneferu, Lake of, **iii.** 7
Seneferu-khāf, **ii.** 26
Senekhten-Rā, **iii.** 181
Senen - Ptaḥ - setep - Tanen (Khabbesha), revolt of, **vii.** 72 ff.
Senka-Ȧmen-seken, **viii.** 162, 163
Senmut, Island of, **vii.** 209, 210 ; **viii.** 3
Senmut, the architect, **iv.** 12-14, 182
Sennacherib invades Syria, **i.** 155 ; **vi.** 127-134, 137-139 ; besieges Jerusalem, 148, 149 ; his army destroyed, **vi.** 151, 165, 169, 191-195, 201
Sen-seneb, **iii.** 201
Senses, gods of the four, **vii.** 238
Senṭ, **i.** 199, 200, 214
Senṭ, a name of Teta, **ii.** 92
Senṭȧ, **i.** 120, 214
Sentchar, **iv.** 47
Sent-nefert, **viii.** 49
Senṭ-ur, **vi.** 163
Senusert, **v.** 76
Sep, **vi.** 110
Sepa, city of Anubis, **ii.** 185
Sephouris, **i.** 221
Sephres, **i.** 132 ; **ii.** 68
Sephuris, **i.** 131
Sepphoris, **viii.** 62
Sepṭ (Sothis), **viii.** 85
Sepṭet, **ii.** 109
Septimius, **viii.** 91
Septimius Severus, **iv.** 105
Septuagint, **vi.** 68 ; **vii.** 195-198
Seqebet, **viii.** 67
Seqeb-taui (Shabaka), **vi.** 123
Seqenen-Rā I., **iii.** 172
Seqenen-Rā II., **iii.** 173
Seqenen-Rā III., **iii.** 174-177, 181, 182, 184, 186, 191, 198 ; **iv.** 160
Serapeum at Alexandria, **viii.** 138
Serapeum at Ṣaḳḳâra, **ii.** 75 ; excavated by Mariette, **iv.** 101 ; **v.** 70, 211 ; **vi.** 93, 95, 118, 153, 208, 218 ; **vii.** 23, 62, 73, 100
Serapeum near Shalûf, **vii.** 63
Serapion, **viii.** 98
Serapis, worship of, **vii.** 186, 187 ; **viii.** 123

Serekh, **ii.** 18, 115; **vi.** 5; of Rameses II., **v.** 57
Sergi, Prof., **i.** 33
Serpent charmers, **viii.** 109
Serpent King, tomb of, **i.** 191
Serqet, **iv.** 148; **vii.** 243
Ses (Sesoses), **v.** 76
Sesebi, **v.** 9
Sesetsu = Rameses II., **v.** 76
Seshesh - àp - Maāt - Rā, **ii.** 181, 183
Seshesh-her-ḥer-Maāt-Rā, **ii.** 181, 183
Sesheta, goddess, **iii.** 173; **viii.** 35, 73
Sesochris, **i.** 131
Sesodes, **iii.** 42
Sesonchis, **i.** 137
Sesonchosis, **i.** 134, 137, 141; **iii.** 13; **vi.** 7
Sesorthros, **i.** 131
Sesoses, **v.** 76
Sesosthes, **v.** 61
Sesostris, **i.** 134; Usertsen II., **iii.** 24; his height, **iii.** 32; Rameses II., **v.** 76; exploits of, **v.** 76 ff., 178; **vi.** 119, 130, 157, 210
Set, **i.** 18, 84; **ii.** 92, 93; worshipped by Rā-Neḥsi, **iii.** 104, 141, 142, 155; **iv.** 22, 26, 28, 84, 152; **v.** 20, 23, 133; **vi.** 83; **vii.** 224; prophet of, **iii.** 159; addresses to by Seti the *erpā*, **iii.** 159, 160; Set in Nubti, **v.** 23
Seṭ Festival, **i.** 151; House or Hall of the, **vi.** 83, 84, 92
Set name, **i.** 16; **ii.** 18; of Besh, **i.** 207; of Peràbsen, **i.** 213
Set-āa-peḥpeḥ, reign of, **iii.** 156
Setcher, **ii.** 101
Setches, **i.** 120, 221
Setem priest, **vi.** 94, 156
Setep-en-Rā, daughter of Àmen-ḥetep IV., **iv.** 132
Setep-neteru (Amāsis II.), **vii.** 15
Setep-neteru (Haker), **vii.** 93
Sethe, Prof., **i.** 173; **v.** 76, 189; **viii.** 143
Sethenes, **i.** 131
Sethon, **vi.** 116, 150, 151, 193, 201
Sethos, **i.** 136, 142; **v.** 115
Sethosis, **iii.** 150, 151

Sethroïte Nome, **iii.** 135
Sethu, **ii.** 113, 114, 131, 132
Seti I., **i.** 202, 206, **iii.** 32, 174; **iv.** 102, 161, 175; **v.** 3, 5, 21, 61, 62, 68, 124, 139, 167, 209; **vi.** 3, 29, 39, 44, 53; Seti I. dances before Nekhebet, **i.** 197; Seti I. and his 75 ancestors, **i.** 119; his temple excavated, **i.** 11; mummy of, **v.** 16; rebandaged and removed, **vi.** 19, 20; ushabti, coffin, sarcophagus, **v.** 15; tomb of, 14, 16, 17
Seti II. Mer-en-Ptaḥ, **iv.** 175; **v.** 133-137, 148
Seti, *erpā* of Tanis, **iii.** 159, 160
Seti, prince of Kush, **v.** 140
Seti, son of Rameses II., **v.** 70
Seti-em-pa-Ȧmen, **v.** 172
Seti-em-pa-Teḥuti, **v.** 172
Seti-meri-en-Ptaḥ (Seti I.), **iii.** 158
Setna, Romance of, **v.** 70
Setnau Khā-em-Uast, **viii.** 134
Set-nekht, reign of, **iv.** 175; **v.** 144-148, 149, 169; tomb of, **v.** 142
Seuatch-taui (Ānȧb), **iii.** 125; (Hophra), **vii.** 1
Se-user-en-Rā (Khian), **ii.** 173
Seve, **vi.** 190
Seven kings of Nubia, **iv.** 75
Seven Wonders, **ii.** 38
Seyffarth, **i.** 115 ff.; **iii.** 80; **vi.** 54
Sha, nominal termination, **vi.** 35
Shaāt, **iii.** 17
Shabaka, **vi.** 117, 122; reign of, 123-133, 144, 166, 190, 191, 192; **vii.** 88; seals of at Nineveh, **vi.** 128
Shabaka, satrap, killed, **vii.** 133
Shabakû, **vi.** 124, 166
Shabataka, reign of, **vi.** 125, 133, 142, 143, 149, 192
Shabtun, **v.** 30, 36, 39
Shaddâd, **vii.** 151
Shaddu, **iv.** 225
Shagashalti - Ouriyash, **i.** 154; **iv.** 164
Shāi-qa-em-Ȧnnu, **vi.** 110
Shaireṭana, **v.** 150, 161
Shaireṭen, **v.** 99

Shaiu, **v.** 150
Shaiuárkaru, **viii.** 156
Shakalaska, **v.** 163
Shakana, canal of, **v.** 98
Shakaresha, **v.** 102
Shakelesha, **iv.** 169 ; **v.** 99 ; **vi.** 36
Shalmaneser I., **i.** 155 ; **vi.** 40, 84
Shalmaneser II., **i.** 156, **vi.** 189
Shalmanezer IV., **vi.** 189, 190
Shalmayâtî, **iv.** 227
Shalûf, **vii.** 63
Shamḥuna, **iv.** 241
Shamu-Adda, **iv.** 241
Shanḥar, **iv.** 205
Shanku, **iv.** 223
Shaphan the scribe, **i.** 198
Shaqsha, **vi.** 39
Sharetana, **v.** 163 ; **vi.** 36
Sharezer, **vi.** 151, 195
Sharon, **vi.** 195
Sharpe, **vii.** 177
Sharru, **iv.** 209
Sharru-ludari, **vi.** 154, 172 ; he is sent to Nineveh, **vi.** 156
Sharṭana, **v.** 28
Sharṭina, **iv.** 169 ; as mercenaries, **vi.** 57, 58
Sharuḥana, **iii.** 187
Sharuhen, **iii.** 188 ; **iv.** 32, 161
Shasakhire, **v.** 52
Shashanq I., **i.** 153, 156 ; **vi.** 38 ; repairs his father's tomb, **v.** 65 ff. ; reign of, **vi.** 67-76, 86, 87, 97, 180, 184, 187
Shashanq II., reign of, **vi.** 87, 88
Shashanq III., reign of, **vi.** 91, 94
Shashanq IV., **vi.** 63, 118
Shashanq V., **vi.** 95
Shashanq, a Libyan name, **vi.** 61
Shashanq, a Māshauasha chief, **v.** 185
Shashanq, governor of Busiris, **vi.** 155, 172
Shashanq, great-great-grandson of Buiu-uaua, **vi.** 63
Shashanq of Pa-Asár-neb-Ṭeṭ, **vi.** 104
Shashanqs, the, **vi.** 184
Shasu = Shepherds, **iii.** 137, 138, 143, 163, 206, 215 ; **iv.** 32, 42 ; **v.** 6, 7, 150, 158, 160 ; = robber, **iii.** 144

Shasu spies, **v.** 30, 32, 34, 44
Shat, season of, **iv.** 83, 99, 108; **vi.** 83, 94, 105; **vii.** 18, 73
Shataui, **iv.** 149
Shatiya, **iv.** 241
Shatt al-'Arab, **vii.** 202
Sheep, Asiatic origin of, **i.** 83
Sheep, green slate, **i.** 6
Sheepskin, **iii.** 11
Shêkh 'abd al-Ḳûrna, **iii.** 175, 207; **iv.** 47
Shêkh abu Manṣûr, **ii.** 104
Shêkh al-Balad, **ii.** 141, 142
Shell beads, **i.** 54
Shemaiah, **vi.** 69
Shemik, a Nubian tribe, **iii.** 17
Shemsu, **i.** 202, 203, 206
Shemsu-Ḥeru, **i.** 44, 165, 167
Shemshu-àtu-mā, **iv.** 72
Shemu, season of, **vi.** 90
Shemut, **iv.** 18, 32, 44, 72, 73, 74, 90; **v.** 30; **viii.** 38
Shen, **ii.** 75
Shen, earliest form of cartouche, **i.** 209
Shep-en-Àpt, **vi.** 122, 123, 129, 133
Shep-en-Àpt II., **vi.** 204, 206
Shep-en-Àpt, sister of Tirhâḳâh, **vi.** 206, 207; **vii.** 15
Shep-en-Sept, **vi.** 79
Shepes, wife of Thekeleth I., **vi.** 79
Shepherd-Kings, **iii.** 132, 137, 138, 147, 167
Shepherds, Dynasties of, **i.** 135; **iii.** 143, 148; **v.** 117
Shepherds, the 200,000, **v.** 114, 117
Shepseskaf, **i.** 120; **ii.** 63-66, 67
Sheri, **i.** 213, 214
Shesem, **ii.** 87
Shesh, mother of Tetà, **i.** 191
Sheṭ, **iii.** 120
Shetet, city of, **vii.** 208
Shetet (Lake Moeris), **iii.** 48
Shet-urt (Lake Moeris), **iii.** 48
Shibîn al-Ḳanaṭîr, **vi.** 49; **viii.** 33
Shields, green stone, **i.** 184
Shigata, **iv.** 210, 213, 219
Shilo, **vi.** 68
Shiltannu, **vi.** 126
Shindishugab, **iv.** 197

Ship, 280 cubits long, **v.** 90
Ships of war, **vi.** 59; in the Mediterranean, **vi.** 60
Shipti-Addu, **iv.** 240, 241
Shipwreck, Story of, **iii.** 118
Shirdana, the, **iv.** 136, 214
Shirdani, **iv.** 220; **v.** 28
Shirdanu, **iv.** 217
Shiri, **iv.** 234
Shirpurla, **i.** 67; **ii.** 16
Shishak, **vi.** 67, 95
Shi-ya-a-u-tu, **vi.** 155, 178
Shoe, the Attic, **viii.** 102
Shoes, **vi.** 69, 70
Shoes of the queen of Egypt, **vii.** 67
Shoulders of predynastic Egyptians, **i.** 49
Shu, **ii.** 93, 94; **iv.** 22; **v.** 169; **viii.** 46
Shu, the Āamu of, **iii.** 28, 29
Shuarbi, **iv.** 214
Shuardata, letter from, **iv.** 229, 230, 235, 237
Shubandi, **iv.** 241
Shubarti, **vi.** 40
Shukburgh, his translation of Polybius, **vii.** 175, 228, 230; **viii.** 2
Shumadda, **iv.** 200
Shûnat az-Zebîb, **vi.** 79
Shunem, **vi.** 70
Shurâta, **iv.** 200
Shushan, **vii.** 214
Shushter, **vii.** 214
Shuta, an Egyptian, **iv.** 228
Shutarna, **iv.** 95, 134, 191, 192, 200-202, 241
Shuth (read Shuti), **iv.** 190
Shuti, **iv.** 220
Sib'e, **vi.** 125, 126, 171, 191
Sibylline Books, **viii.** 81, 82
Sicilians, **vi.** 36
Sicily, **i.** 169; **vii.** 151
Sickle of flint, **i.** 81, 86
Sicyon, **vii.** 227
Ṣidḳa, **vi.** 137
Ṣidkâi, **vi.** 136
Sidon, **iv.** 138, 139, 208, 215, 218, 219, 225, 226, 228; **vi.** 136, 152; **vii.** 2, 8, 11, 109, 110, 111, 112, 113, 234; **viii.** 100
Sidon, Greater, **vi.** 136
Sidon, Lesser, **vi.** 136
Sidonians, **vii.** 2, 110
Sienitas, **v.** 93
Sight, god of, **vii.** 239
Siḫru, **iv.** 205
Sikayauvatish, **vii.** 59
Sikyon, **viii.** 99
Silites, **i.** 142
Silli-Bêl, **vi.** 138
Silsila, **iii.** 197, 207; **iv.**

59, 102; **v.** 142; **vi.** 73, 74, 228
Silsilis, Gebel, **ii.** 128
Silver, coinage of, **vii.** 61
Silver Tablet inscribed with the Kheta Treaty, **v.** 50
Simyra, **iv.** 39, 136, 209, 210, 215, 216-218, 220, 221, 226
Sinai, Peninsula of, **i.** 41, 43; **ii.** 22, 23, 68, 73, 75, 77, 97, 101, 126, 129, 130; **iii.** 43, 44, 70, 71, 113, 188; **iv.** 19, 60, 101; **v.** 9, 109, 160, 187
Sinjâr Mountains, **iv.** 40, 41, 106
Sin-Muballiṭ, **iii.** 135
Sinope, **viii.** 123
Sin-shar-ishkun, **vi.** 223
Sirbonian Bog or Lake, **v.** 130, 155
Sirdana, **iv.** 169
Sirdar, **iv.** 95
Sirius, **i.** 148, 149, 150, 151
Sisamnes, **vii.** 54
Sisires, **i.** 132; **ii.** 71
Sister-marriage, **vii.** 205
Sisu, **vi.** 152
Sisygambis, **vii.** 128, 133
Sitratachmes, **vii.** 70
Siut, **ii.** 167, 168, 169, 172; **vi.** 155; Inscriptions of, **ii.** 168; Princes of, **ii.** 158, 177, 180
Sîwa, Oasis of, **vii.** 138, 144; described, **vii.** 49, 146-148; literature of, **vii.** 147, 181
Skeletons at Mêdûm, **i.** 26
Skellios, **viii.** 104
Skemiophris, **i.** 134; **iii.** 72, 78
Skin, drawers of, **i.** 57
Skin of the god, **iv.** 151
Skins of animals, as dress, **i.** 55; used for covering the dead, **i.** 57
Skull in tomb of Osiris, **i.** 16
Skulls, forms of, **i.** 36-49; deposits in, **i.** 36
Sky-God, **ii.** 18
Slane, McGuckin de, **ii.** 39
Sma, a king (?), **i.** 173, 176
Smam-khefti-f, a lion of Rameses II., **v.** 94
Smen, **i.** 137
Smen-em-hepu, **viii.** 164
Smen-Hepu (Nectanebus I.), **vii.** 99
Smen-Maāt (Amāsis II.), **vii.** 15
Smendes, **i.** 137; **v.** 219; **vi.** 1, 2, 4, 13

Smerdis, **vii.** 53, 54, 56-58
Smer uăt, **ii.** 100, 119, 152; **vii.** 44
Smith, George, **ii.** 173; **iii.** 162; **vi.** 153, 155, 164, 165
Smyrna, **iii.** 33
So, king of Egypt, **vi.** 124-126, 190
Soane, Sir John, **v.** 15
Sôchos, **iii.** 109
Socrates, **vii.** 234
Sogdiana, **vii.** 70, 137
Sogdianos, **i.** 139
Sogdianus, reign and murder of, **vii.** 83, 84
Soknoparos, **viii.** 123
Soldiers, models of two companies of, **iii.** 107
Soleb, **iv.** 59, 94, 111
Solomon, **vi.** 10, 42, 68, 69, 70
Solon, **vii.** 29
Somaliland, **i.** 87; **iii.** 26, 33; **iv.** 5, 53
Son of the Sun, **i.** 16 (note), 19; **ii.** 67, 154
Song of the Harper, **ii.** 196
Sophocles, **vii.** 227
Soris, **i.** 132; **ii.** 21
Sosibius, **vii.** 231, 233, 235, 244, 249; **viii.** 2, 4, 9
Sostratus the Cnidian, **vii.** 192
Sosus, the reign of, **i.** 165
Soter, a title given to Ptolemy I., B.C. 305, **vii.** 179
Sothic Period, **i.** 148, 150-152
Sothis, Book of the, **i.** 141, 144, 150; **ii.** 84, 109
Souls, disembodied, **v.** 12
Souphis, **ii.** 28
Sousakeim, **vi.** 69
Sovkhotpou, **iii.** 85
Soyphis, **i.** 131, 220
Spamitres, **vii.** 78
Spanios, **i.** 141
Sparta, **vii.** 92, 106, 122, 227
Spartans, **vii.** 104, 231
Spear head of Kames, **iii.** 178
Spear heads of flint, **i.** 18
Spearing of fish, **i.** 69
Spendus, **vii.** 234
Speos Artemidos, **iv.** 19, 57, 179
Sphinx, the, at Gîzeh, **ii.** 49, 52, 124; **iii.** 70; history of, **iv.** 82; cleared of sand, **iv.** 83 ff., 116; the symbol of Tem-Harmachis, **iv.** 86

Sphinx in bronze from Tanis, **vi.** 9
Sphinx, Stele of, **iv.** 81, 87
Sphinx, Temple of, **ii.** 49
Sphinx, the winged, **vi.** 48
Sphinxes of Ṣân, **iii.** 64; **vi.** 74
Spiegelberg, Dr., **v.** 103, 105, 106
Spinther, P. L., **viii.** 81
Spirits, Land of, **i.** 197; **ii.** 78, 119
Spirits of the Cardinal Points, **iv.** 24
Spirits, the Four, **ii.** 84, 92
Spithrobates, **vii.** 130
Staan, **i.** 135; **iii.** 137
Ṣtabl 'Antar, **iv.** 19
Staff of Thothmes III., **iii.** 66-68
Staircase, Osiris, the god on, **i.** 15, 182, 196
Standard-bearers, **i.** 189
Standards of boats, **i.** 78
Star tables in tomb of Rameses VII., **v.** 193
Statira, **vii.** 159
Statues, art of making, **ii.** 9
Steering oar, **i.** 80
Steering poles, **i.** 74, 166
Steindorff, **v.** 127; **vi.** 167, 172, 175
Stelae at the Dog River, **v.** 25
Stele of Alexander II., **vii.** 74, 80
Stele of Antef-āa IV., **ii.** 187
Stele of Canopus, **vii.** 217; illustration, **vii.** 219
Stele of Darius I., **vii.** 63
Stele of Excommunication, **viii.** 149
Stele of Four Hundred Years, **iii.** 156; **v.** 61
Stele of Meru, **ii.** 201
Stele of Palermo, **i.** 221
Stele of Piānkhi, **vi.** 115
Stele of Pithom, **vii.** 200 ff.
Stele of Ta-nut-Amen, **vi.** 159
Stele of the Famine, **i.** 217
Stele of the Vultures, **i.** 43; **ii.** 12
Stele of Xerxes, **vii.** 76
Stephinates, **i.** 138; **vi.** 202
Stephinathes, **i.** 144
Stephinathis, **i.** 138
Step Pyramid at Ṣaḳḳâra, **i.** 193, 218; **ii.** 9, 81
Stern, Dr., **iii.** 14
Stibium tubes, **i.** 55
Stick, the predynastic, **i.** 62
Stone, art of working in, **i.** 89

Stone knives, **i.** 86
Stone vases, **i.** 91, 93
Story of Åpepå and Seqenen-Rā, **vi.** 52
Story of Sa-Nehat, **iii.** 118; **vi.** 53
Story of the Possessed Princess, **vi.** 53
Story of the Predestined Prince, **vi.** 52
Story of the Shipwreck, **iii.** 118; **vi.** 53
Story of the taking of Joppa, **vi.** 52
Story of the Two Brothers, **vi.** 52
Strabo, **ii.** 59, 100; **iii.** 15, 16, 50, 55; **v.** 11, 62, 64, 157; **vi.** 210, 220; **vii.** 51, 52, 155, 247; **viii.** 55, 83, 169; on pyramids, **ii.** 38
Strack quoted, **vii.** 176, 215, 221; **viii.** 38, 39
Strassmaier, the Rev. Dr., **vii.** 20, 56
Strategos of the elephants, **viii.** 13
Strato's Tower, **viii.** 61
Stratopedon, **vi.** 216
Sua, King of Egypt, **vi.** 124
Suakim, **vii.** 203
Suashtet (Susiana), **vii.** 216
Subayadi, **iv.** 241
Subnat, **vi.** 40
Succoth, **v.** 129-131
Suchos, **iii.** 109
Sûdân, **i.** 29, 56, 105; **ii.** 105, 131; **iii.** 196; **iv.** 10, 106; **vii.** 194, 214; **viii.** 141; trade in, **ii.** 121; tribute from, **v.** 25, 66
Suetonius, **vii.** 155; **viii.** 84, 95, 96, 110
Suez, **i.** 38; **v.** 129; **vii.** 63, 64, 194; **viii.** 104; Canal of, **vi.** 219; **vii.** 120; Gulf of, **vii.** 120
Suicide, **vi.** 56
Sulla, **viii.** 74
Sulphur of antimony, **i.** 55
Sumerian ideographs, **iv.** 184
Sumerians of Babylonia, **i.** 44; **iii.** 136; civilization of, **i.** 41; **v.** 77
Sumu-abu, **iii.** 135
Sumu-la-ilu, **iii.** 135
Ṣumur, **iv.** 206, 207, 209
Sun, Temple of, **iii.** 14
Sun-god of Crocodilopolis, **iii.** 74
Sun-god, statue of carried off, **iv.** 223, 224

Sunrise, Mount of, **iii.** 74
Sunt, **viii.** 155
Suph, city of, **vii.** 25
Suphis I., **i.** 132; **ii.** 46
Surasḥar, **iv.** 241
Surata, **iv.** 228
Susa, conquered B.C. 2285, **i.** 154; **vi.** 55; **vii.** 53, 58, 70, 138, 214
Susakeim, **i.** 143
Susakim, **vi.** 69
Susian Language, **vii.** 63
Susiana, **vii.** 215
Su-si-in-ku, **vi.** 155, 172
Sutekh, **iii.** 103, 141, 155, 170, 171; **iv.** 68; **v.** 20, 38, 39, 44, 50, 124; picture of, **v.** 52
Sutekh of Ȧrenna, **v.** 51, 52
Sutekh of Heaven, **v.** 51, 52
Sutekh of Khirepa, **v.** 51, 52
Sutekh of Khisasapa, **v.** 51, 52
Sutekh of Mukhipaina, **v.** 51, 52
Sutekh of Paireqa, **v.** 51, 52
Sutekh of Rekhasna, **v.** 51, 52
Sutekh of Saresu, **v.** 51, 52
Sutekh of Tanis, **v.** 60
Sutekh of Thapu-Arenuta, **v.** 51, 52
Suten, meaning of, **i.** 167
Suten bȧt, **ii.** 18
Suten rekh, **ii.** 153
Suten-ḥenen (Herakleopolis), **ii.** 164; **vi.** 81, 103
Suten-ḥet, **vi.** 102
Suti, **iii.** 141; **iv.** 201, 214, 217; **iv.** 238, 240
Sûwêz, **v.** 129
Swamps of Egypt, **i.** 58, 60; **vii.** 184, 185
Swamps, Papyrus, **vii.** 172
Swine offered up by Antiochus IV., **viii.** 29
Sycamine, **viii.** 61
Sycamore, Holy, **viii.** 143
Sycamore of Sarusaru, **viii.** 161
Syclon, **vii.** 5
Syene, **ii.** 112, 113; **vii.** 9, 50; **viii.** 168
Syncellus, George the, **i.** 129, 130, 162, 163; **vii.** 87
Synchronisms, **i.** 148, 154
Syria, **i.** 30; **iii.** 33, 114, 134, 148, 168, 188; **iv.** 36-38, 63, 73, 76, 92, 95, 129, 134, 135, 144, 160 ff., 210; **v.** 2, 7, 8, 9, 25, 26, 46, 48, 57, 60, 66, 90, 104,

106-108, 121, 141, 153, 160, 166, 169, 187; **vi.** 13, 14, 19, 34, 41, 42, 85, 86, 125, 135, 154, 188, 189, 192, 214, 216, 221, 223; **vii.** 2, 32, 55, 104, 131, 160, 171, 181-183, 187, 213, 217, 220; **viii.** 11, 20, 27, 28, 43, 60, 61, 97, 99, 100, 102, 105, 113, 118, 128; routes from to Egypt, **v.** 128
Syrians, **iv.** 27, 73; **v.** 24, 51, 90, 207, 226; **vii.** 104; garrisons of at Pelusium; **viii.** 26
Syrtis, **iii.** 50

TAA, title of kings, **ii.** 181
Ta-āa, reign of, **iii.** 172
Ta-āa-āa, reign of, **iii.** 173
Ta-āa-qen, reign of, **iii.** 174; death of, **iii.** 176; mummy of, **iii.** 177
Tȧa-en-Rā-setep-en-neteru (Ȧtcha-khar-Ȧmen), **viii.** 38
Tȧa-en-Rā-setep-en-neteru, **viii.** 168
Ta-ȧḥet, Oasis of, **iii.** 219; **v.** 99
Ta-ai-ni, **vi.** 155, 178
Taȧn, **vi.** 111
Taanach, **vi.** 70
Ṭaȧnȧu, **iv.** 169; **vi.** 37
Ṭaȧnȧunau, **v.** 150
Tabi, **iv.** 235
Table for shewbread, **viii.** 29
Tablet of Abydos, **i.** 119, 125, 147, 159; **iii.** 78, 99; **v.** 12; **vi.** 54
Tablet of Al-Bersheh, **i.** 151
Tablet of Karnak, **i.** 125, 126, 127; **iii.** 79; **vi.** 53, 54
Tablet of Ṣaḳḳâra, **i.** 124, 126; **iii.** 80
Tablets of clay, inscribed, **i.** 40
Tab-na-akh-ti, **vi.** 155, 172
Tabrimmon, **vi.** 188
Tacḥompso, **viii.** 143
Tachôs, **vii.** 103, 104, 105, 106, 122
Tada, **iv.** 237
Tadukhipȧ, **iv.** 130
Ta-en-ta-rert, **viii.** 65
Taf-nekht, see Taf-nekhteth
Taf-nekhteth, **vi.** 102, 103, 106, 108, 112, 114, 118, 155, 172
Tagi, **iv.** 235, 236
Tahapanes, **vii.** 120

Taharqa, **vi.** 142
Ta-ḥeḥet, city of, **viii.** 151, 157
Taherq, **vi.** 142, 192
Ta-ḥet, **viii.** 38
Tahpanhes, **vii.** 13, 20
Tails of animals worn, **i.** 50, 51
Tait, goddess of bandages, **iii.** 10
Taiutchait, **vi.** 102
Ta-khāt, **v.** 138
Takalophis, **i.** 143
Takeloth not Tiglath, **vi.** 62
Takelothis, **i.** 137; **vi.** 88
Ta-kens, **iii.** 26, 27; **iv.** 75
Ta-kenset, **iii.** 21; **iv.** 152; **viii.** 142
Tākhet-Åmen, **vi.** 144
Takhisa, **iv.** 71
Takhuath, **vii.** 15
Talbot, the Hon. A.G., **vi.** 145
Tales of the Two Brothers, **v.** 135; **vi.** 52
Talismans, **vii.** 153
Taluṭipeḥt, **viii.** 159
Tamai, **vii.** 206, 207
Tamai al-Amdîd, **vii.** 206
Tamakhithet, **viii.** 161
Ta-meḥt, **iv.** 76
Ta-mera, **v.** 104
Ta-meri (Egypt), **iii.** 170
Ta-mert, **viii.** 18
Tammuz, **iv.** 190; **vi.** 195
Tamna, **vi.** 137
Tamos, **vii.** 96
Tanais, **v.** 86
Ṭanauna, **iv.** 169; **vi.** 37, 38
Tancheres, **i.** 132; **ii.** 77
Tandamanie, **vi.** 166, 167, 196, 197; **vii.** 90
Tanen, **vii.** 94
Tanen, Fortress of, **v.** 98
Ta-neter, **i.** 46; **iii.** 26; **iv.** 5, 8, 53; **vii.** 201
Tanis, **ii.** 97; **iii.** 4, 15, 41, 64, 65; sphinxes of, **iii.** 68 ff., 94, 98, 104, 135, 142, 146, 154, 156, 157, 158, 159, 161, 171; **v.** 108, 133, 218; **vi.** 14, 42, 84, 92, 111, 143, 144, 148, 154, 156, 180, 184; **vii.** 9; Dynasty at, **i.** 137, 138, 140; kings of, **vi.** 1 ff.; Hyksos obelisk at, **iii.** 164; Hyksos treaty made at, **v.** 125; rebuilt by Rameses II., **v.** 60; Tanis = Zoan, **v.** 123-125
Tanis, Stele of, **vii.** 217, 219
Tanites, **i.** 140

Tanuath - Åmen, reign of, **vi.** 158-167
Ta-nut-Åmen, **vi.** 147, 158-167, 196, 197, 209; **viii.** 141
Tanut-Åmen, Stele of, **vi.** 159; **viii.** 149
Tape (Thebes), **ii.** 178
Ta-qemt, **iii.** 187
Taqetet, **viii.** 160
Ṭāqnat, **viii.** 155
Tarakes, **i.** 144
Tarakos, **i.** 138
Tarasius, Patriarch, **i.** 129
Taremut, **viii.** 159
Tares, **iv.** 76
Target, shooting at, **iv.** 84
Tarhundaraush, **iv.** 167
Tarkos, **i.** 138; **vi.** 142
Tar-ḳu-u (Tirhâḳâh), **vi.** 153
Tarleqet, **viii.** 160
Tarsus, **viii.** 110
Tartan of Assyria, **vi.** 191
Tartan of Egypt, **vi.** 125, 170, 190
Tartars, **viii.** 150
Ṭarṭeni, **vi.** 35
Ṭarṭenui, **iv.** 169; **v.** 28
Tarthisebu, **v.** 50
Taruna, **iv.** 241
Ta-she (Fayyûm), **iii.** 48
Ta-shert-pi-Menthu, **vii.** 16
Ta-sheṭ-Khensu, **vi.** 76, 79
Tashmetum, **iv.** 132
Taste, god of, **vii.** 239
Taṭā-Bast, **vi.** 99
Tatcheserta, **ii.** 93
Ta-tham, **ii.** 101
Ta-Tehen, **vi.** 105
Ta-Tenen, **v.** 149
Ta-Thenen, **v.** 148, 190
Tattooing, **i.** 50; patterns of in tomb of Seti I., **i.** 26
Ṭaṭṭu, **iii.** 32
Tatumkhipa, **iv.** 96, 114, 115, 130-132, 165, 192, 193, 201, 202, 204
Tàu, king, **i.** 170
Ta-uatchet, **viii.** 142
Taud, **vi.** 3
Tauḥibit, **vi.** 109
Ta-urt, **ii.** 5, 6; **iv.** 24
Taurus, Mount, **vi.** 86
Ta-usert, **v.** 140, 142, 147
Taxation, **viii.** 128, 130
Taxes levied by priest-kings, **vi.** 12
Taylor Cylinder, **vi.** 135
Tcha, king, tomb of, **i.** 33, 172, 191
Tcha, Tchah, **v.** 30, 169
Tchahi, **iv.** 40-42, 66, 79
Tchai-tath-khereri, **v.** 52

Tchakaire, **v.** 163
Tchakare, **vi.** 14, 16, 17
Tchakare-Bār, **vi.** 15-17
Tchakarei, **vi.** 37, 38
Tchakarui, **iv.** 169
Tchakireu, **v.** 150
Tchalu, city of, **iv.** 32
Tcham, **ii.** 101
Tchamāre, **iv.** 136; **v.** 151
Tchamāru, **iv.** 39
Tchamut, **vii.** 16
Tchanni, **iv.** 79
Tchānt, **vi.** 154, 177
Tchar = Tanis, **iii.** 158; **iv.** 155; **v.** 7, 152
Tchart, **viii.** 159
Tchārukha, city of Thi, **iv.** 99
Tchatcha-em-ānkh, **ii.** 27
Tchatchai, **i.** 120, 216
Tchaui-nefer, **vi.** 30
Tchefau food, **vii.** 210
Tche-ḥrȧ, reign of, **vii.** 103, 106
Tcherti, **vi.** 3
Tcheser, architect, physician, king, **i.** 193, 218; **ii.** 8, 9, 129, 217-220; in Sinai, **ii.** 23; tomb of discovered by Mr. Garstang, **i.** 22, 173
Tcheser-ka-Rā, **i.** 123
Tcheser-kheperu-Rā-setep-en-Rā, **i.** 123
Tcheser-mes-khāu-ḥeter-Ḥāp (Ptolemy XIII.), **viii.** 86
Tcheser-Tcheser, Ḥātshepset's temple at Dêr al-Baḥarî, **iv.** 21
Tcheser-Tetȧ, **i.** 220
Tchesersa, **i.** 120, 220
Tchet-Åmen-ȧuf-ānkh, **v.** 127; **vi.** 104-111
Tcheṭkhiȧu, **vi.** 112
Tchet-pa-nete-ȧuf-ānkh, **v.** 127
Tcheṭ-pa-neter-ȧuf-ānkh, **v.** 126
Tcheṭ-Ptaḥ-ȧuf-ānkh, **v.** 127; **vi.** 89
Te, king of Egypt, **i.** 166, 169; **ii.** 3
Tearko, the Ethiopian, **vi.** 157
Ṭebhêth, **vi.** 157
Tefabȧ, tomb of, **ii.** 167, 169-171
Tefnut, **iv.** 22; **v.** 163; **viii.** 46, 49, 166
Tehaphnehes, **vii.** 10, 120
Teḥuti-ȧ, **vi.** 52
Teḥuti-ȧ and the taking of Joppa, **iv.** 65 ff.

Teḥuti-em-heb, a scribe, **v.** 56, 212
Teḥuti-mes I., reign of, **iii.** 201 ff.
Teḥuti-mes II., reign of, **iii.** 215 ff.
Teḥuti-mes III., **iv.** 29 ff.
Teḥutimes-khā-khāu, reign of, **iv.** 77-89
Teḥuti - mes - nefer - khāu (Thothmes I.), **iii.** 212
Teḥuti-nekht, **iii.** 22
Teïspes, **vii.** 62
Tekenru, master of hounds, **ii.** 188
Tekoa, **vi.** 69
Tell Defenneh, **vii.** 120
Tell el-'Amarna, **ii.** 103; **iii.** 168; **iv.** 117, 124, 126, 133; Tablets of quoted, **iv.** 88, 89, 95; discovery of, summary of contents of tablets, **iv.** 184-241; **vi.** 60
Tell el-Hesi, **iv.** 240
Tell el-Kebîr, **v.** 128
Tell el-Maskhûṭa, **v.** 122; **vi.** 74, 84; **vii.** 63, 99, 200
Tell el-Yahûdîyeh, **v.** 166, 188; **vi.** 49; **viii.** 33
Tell Lo, **i.** 67
Tell Maḥrê, **ii.** 39; **iii.** 154
Tell Muḳdam, **iii.** 103
Telut, **viii.** 159
Tem, the god, **ii.** 85, 93; **iv.** 83; **v.** 149, 163; **vi.** 40; **viii.** 46, 150
Ṭemaā (Nectanebus II.), **vii.** 107
Temai al-Amdîd, **vii.** 23
Tem-àri-tās, **vii.** 45
Temple, the, pillaged, **vii.** 10; **viii.** 29
Temple of Lake Moeris, **iii.** 64
Temu, **ii.** 86; **iii.** 3, 14, 97, 217; **iv.** 22, 26, 78, 108; **v.** 23, 38, 50, 98, 122, 168, 169; **vi.** 82; **vii.** 46, 200-202, 204
Temu-Harmachis, **iv.** 86, 87
Ṭen, king, **i.** 194; **ii.** 17; tomb of, **i.** 33, 172
Tenen, **vii.** 94
Teni, **ii.** 106; **vi.** 155, 179
Ṭenḳ, a pygmy, **i.** 197; **ii.** 78, 119
Tennes, **vii.** 109-111
Tenu, country, giant, and prince, **iii.** 7, 8, 9
Teôs, **i.** 140; **vii.** 103
Ṭep, **vii.** 73, 169-173, 183
Tepa, **vi.** 156

Teqethet, **viii.** 156
Teqru, a dog, **ii.** 188
Ṭeriusha, **vii.** 57
Terres, **ii.** 113
Terut, **viii.** 159
Ṭesāu, **i.** 169
Ṭesher, **vi.** 156
Ṭeshert, the Red Crown, **i.** 168
Teshit, **vii.** 201
Ṭeṭ, the, with the attributes of Osiris, **v.** 195
Ṭeṭ-Ȧst (Pyramid of Tetȧ), **ii.** 89
Ṭeṭ-Ȧst (Pyramid of Unȧs), **ii.** 81
Ṭeṭ-f-kā, **i.** 120; **ii.** 45
Ṭeṭ-ka-Rā, **i.** 120
Ṭeṭ-ka-Rā-Mā, **i.** 120
Ṭeṭ-khā (Shabataka), **vi.** 133
Ṭeṭ-khāu (Ȧssȧ), **ii.** 77
Ṭeṭ-Seneferu, **ii.** 43
Tetȧ, **i.** 119
Tetȧ (IIIrd Dynasty), **i.** 120
Tetȧ (VIth Dynasty), **i.** 181 ff.; **ii.** 89-94; his remains, **ii.** 91, 99, 105, 112
Tetȧ, decree concerning, **ii.** 192-194
Tetȧ-khart, a royal mother, **iv.** 64
Tetȧ, the magician, **ii.** 43, 44
Tetȧān, a rebel, **iii.** 189
Tethmosis, **iii.** 149; **iv.** 114
Ṭeṭṭa, a magician, **ii.** 69
Tetu, chief reader, **ii.** 201, 202
Ṭeṭun=Ptaḥ, **iv.** 78, 185
Teucrians, **vi.** 37
Teukrians, **v.** 150
Textile fabrics, **i.** 177
Thaȧ, mother of Seti, *erpā* of Tanis, **iii.** 159, 160
Thais, **vii.** 105
Thakhsi, **iv.** 48
Thales, **ii.** 37
Thameh, **ii.** 101
Thames Embankment, **iv.** 60
Thamphthis, **i.** 132; **ii.** 66
Thannyras, **vii.** 83
Thanurei, **i.** 125
Thapu-Ārenuta, **v.** 51
Thebaïd, **i.** 25; **ii.** 196, 197, 205; **iii.** 106, 131; **v.** 125; **vi.** 26, 93, 99, 101, 103, 122, 124, 142, 209; **vii.** 71, 251; **viii.** 64, 127, 178
Thebaïs, **iii.** 148

Thebans, **v.** 90; **vi.** 1, 99; **vii.** 37
Thebes, **ii.** 185; **iii.** 14, 83, 106, 116, 165; **iv.** 171; **v.** 8, 22, 60, 70, 72, 92 ff., 99, 103, 168, 191, 215; **vi.** 2, 14, 18, 51, 70, 89, 90, 97, 119, 122, 124, 132, 141, 144, 147, 155, 162, 167, 168, 170, 171, 179, 206, 229; **vii.** 3, 9, 16, 37, 48, 51, 52, 90, 94, 108, 117, 121, 146, 209, 229; **viii.** 41, 44, 53, 66, 119, 127, 133; derivation of name, **ii.** 178; Dynasties at, **i.** 134, 135, 136, 137, 140; highest rule at, **vi.** 87; the *mesniu* at, **i.** 45; priest-kings of, **vi.** 11; princes of, **ii.** 159, 169, 177; **iii.** 1, 182; the triad of, **ii.** 144; **iii.** 102; the Sixteen kings of, **ii.** 161; the Sixty kings of, **iii.** 81; rise of Thebes, **ii.** 177; sack of, **vi.** 196, 197; tomb robberies at, **v.** 196; revolts in, **vi.** 26; **viii.** 64, 68
Thebes, in Greece, **vii.** 129
Theb-neter, **vi.** 154, 177
Theb-neteret, **i.** 126
Theḥennu, **ii.** 131, 132; **iv.** 26, 54, 76; **v.** 99, 103, 107
Thekeleth, **vi.** 94
Thekeleth, a Libyan and not a Semitic name, **vi.** 61
Thekeleth I., reign of, **vi.** 79, 80
Thekeleth II., **vi.** 88-92
Thekhabes, **vii.** 114
Thekhsi, **iv.** 75
Themeḥ, **ii.** 113, 114, 132
Thenpu, **iv.** 38
Thent-Ȧmen, **vi.** 4, 14, 15
Thent-Ȧmen, wife of Nebseni, **vi.** 23
Thent-Kheta, **vii.** 15
Thent-mit, a dancing girl, **vi.** 17
Thent-remu, **vi.** 111
Thent-sepeḥ, **vi.** 64
Thent-ta-ā, **iii.** 189
Theodosius, **iv.** 61
Theodotus, governor of Coele Syria, **vii.** 232, 234
Theodotus of Samos, **viii.** 91
Theokles, **vi.** 227
Theologian, the, **ii.** 40
Theon, **i.** 150
Theopompos, **vii.** 106
Theramenes, **vii.** 154

Thert, **viii.** 149, 161
Thes-Bast-peru, **vi.** 81
Thes-Batet-peru, **vi.** 89, 94
Theses, **vii.** 212
Thesh, **i.** 170
Thesmanefer, **viii.** 152
Thessalion, **vii.** 110
Thestis, **vii.** 2
Thet, the sandal-bearer, **i.** 184, 189
Thet-sen-nefer, **viii.** 86
Thet-taui, Thet-tauit, } a palace fortress, **iii.** 4; **vi.** 107
Thi, concubine of Rameses III., **v.** 172-175
Thi, Queen of Ȧi, **iv.** 145, 146
Thi, tomb of, **ii.** 73, 74; offices of, **ii.** 74
Thi, the Great Queen, **iv.** 96, 99, 100, 111, 113, 114, 116, 118, 130-132; **iv.** 97 (illustration), 172, 201, 202; letter to from Tushratta, **iv.** 203
Th-I-em-ḥetep, **viii.** 77
Thighs, **i.** 49
Thinis, **vi.** 155, 179; Dynasties at, **i.** 131, 132; the Ten kings of, **i.** 164
Thmuis, **vii.** 23, 207
Thompson, R. C., on the Muṣri theory, **vi.** xxx.
Thoth, **ii.** 29; **iii.** 178, 183, 207; **iv.** 10, 22, 23, 24, 106; **v.** 3, 66, 163, 206; **vi.** 3; **vii.** 68, 238, 239; **viii.** 46, 72, 166; ape of, **i.** 203; gift of, **i.** 126
Thoth, month of, **i.** 148; **iv.** 18; **vi.** 106, 118
Thothmes I., **iii.** 35, 179, 190, 201, 207, 210, 211, 214, 219; **iv.** 2, 4, 12, 13, 15, 17, 22, 26, 27, 40; **vi.** 47, 185
Thothmes II., **iii.** 208, 209-211; reign of, 312 ff.; **iv.** 1, 2, 4, 29, 63, 64
Thothmes III., **i.** 151; date of his reign too high, **i.** 169; **iii.** 35, 205, 210-211, 219; **iv.** 1, 4, 13; reign of, **iv.** 29 ff., 70, 74, 77, 106, 114, 149, 163, 165, 168, 206; **v.** 26, 62, 109, 110, 122, 139, 141, 143, 166; **vi.** 2, 32, 34, 47, 53, 60, 76; **vii.** 117; **viii.** 124; adores his Sixty-one ancestors, **i.** 125; Annals of, **iv.** 31 ff.
Thothmes IV., **iv.** 60, 90,

110, 116, 188, 192, 202; **v.** 110; his Babylonian wife, **iv.** 134; his dream, **iv.** 85; he repairs the Sphinx, **ii.** 50; **iv.** 87 ff.
Thrace, **iii.** 24; **v.** 87; **vii.** 189, 190
Thracians, **v.** 79; **vii.** 129, 162, 234
Throne of gold of Nubia, **viii.** 158
Thuàa, mother of Thi, **iv.** 96, 98, 99
Thuàu, son of Ta-āa, **iii.** 173
Thucydides, **vii.** 80
Thuirsha, **iv.** 169; **v.** 163; **vi.** 36, 58
Thuku, **v.** 122; **vii.** 200
Thukut (Succoth), **v.** 122, 129; **vii.** 200, 201; gods restored to, **vii.** 202
Thummosis, son of Alisphragmuthosis, **iii.** 148, 167, 168
Thunrei, tomb of, **vi.** 54
Thuoris, **i.** 136, 142, 143
Thyrsus whipped by Antony, **viii.** 105
Tiamat, **i.** 63
Tiberius, **vii.** 240
Tiglath-Pileser I., **vi.** 40, 42
Tiglath-Pileser III., **vi.** 189
Tigris, **i.** 70; **ii.** 75; **iv.** 54; **vi.** 223; **vii.** 136
Tiii, **iv.** 96 (see Thi)
Tiles, glazed, **ii.** 9; porcelain, **vi.** 48
Timaus, **iii.** 143, 145
Timnath, **vi.** 138
Timsâḥ, Lake, **v.** 131, 132
Ṭir (Dôr), **vi.** 14-16
Tirhâḳâh, reign of, **vi.** 142-157, 158, 162, 164-168, 170, 192-194, 196, 208, 209, 210; **viii.** 66; as a traveller, **vi.** 157; his flight, **vi.** 153; slays Shabataka, **vi.** 134
Tissaphernes, **vii.** 96
Tishub, **iv.** 191, 192
Ṭiṭ, **v.** 99, 151; **vi.** 38
Tithoes, **i.** 165; **iii.** 55
Tithonus, **iv.** 105
Tiuwatti, **iv.** 224
Tlas, **i.** 131
Tlepolemus, **viii.** 5; becomes prime minister, **viii.** 10
Tnephachtus, **vi.** 102, 116
Tnephakhthos, **vi.** 118
Tôbi, **iv.** 18
Tomb of Alexander, **vii.** 158, 191

Tomb of Memnon, **v.** 191
Tomb of Osiris, **i.** 15 ff., 19; **vii.** 23
Tomb of Osymandyas, **v.** 64, 92 ff.; **vii.** 53
Tomb of the Colossus, **iii.** 23
Tomb of the Harper, **v.** 169
Tomb of the Metempsychosis, **v.** 192
Tombs deliberately set fire to, **i.** 14
Tombs of the kings at Thebes, **i.** 87, 111; **iv.** 45, 77, 175; **v.** 3; commission on robbery of, **v.** 200 ff.
Tombos, Island of, **iii.** 99, 205
Tools, flint, **i.** 84
Torr, Mr. Cecil, on predynastic boats, **i.** 71 ff; on Sothic Cycle, **i.** 149
Tortoise-shell, **vii.** 214
Tosentasis, **i.** 131
Tosertasis, **i.** 220
Tosorthros, **i.** 131, 218
Toukh, **i.** 12, 13
Touthmosis, **iv.** 78
Trade under Rameses III., **v.** 160; under Psammetichus I., **vi.** 208
Travels of an Egyptian, **vi.** 53
Treasure city, **v.** 125
Treaty between Rameses II. and Kheta-sar, **v.** 53
Trerus, **vi.** 157
Triballians, **vii.** 129
Tribes, the Twelve, **vii.** 198
Triparadeisus, **vii.** 182
Troglodytes, **ii.** 130; **viii.** 113
Troglodytica, **vii.** 214
Troia, **ii.** 100
Trojans, **v.** 89
Troodos, **iv.** 168
Troy, **v.** 89
Tryphaena, wife of Antiochus Grypus, **viii.** 43, 63
Tsab-nu-u-ti, **vi.** 154, 176
Tsa-'-nu, **vi.** 154, 176
Tsi-ḥa-ȧ, **vi.** 155, 174
Tsi-'-nu, **vi.** 154, 176
Tuȧa, wife of Seti I., **v.** 5, 19, 20
Ṭuat, the, **vii.** 68
Tuba'lu, **vi.** 136
Tuhire, **v.** 45
Tuia, **iv.** 209
Tûkh, **i.** 12, 27
Tukulti-Ninib, **i.** 155, 156; **vi.** 40, 62

Tukulti-Ninib II., **vi.** 188
Tukulti-pal-e-sharra, **vi.** 62
Tullberg, Dr., **iii.** 154
Tulsha, **v.** 163
Tu'muna, **vi.** 135
Tunep, **iv.** 43; **v.** 30, 48
Tunip, **iv.** 38, 136, 206, 207, 209
Tunipa, **iv.** 38
Tunip-ipri, **iv.** 191
Ṭûra, quarries of, **ii.** 126; **iii.** 4, 45, 190-192; **iv.** 76, 101; **v.** 117; **vi.** 228; **vii.** 22, 94, 100, 104
Turanian Chaldeans, **i.** 39
Turbaṣa, **iv.** 234
Turdannu, **vi.** 126
Turin, Papyrus of, **i.** 114, 117 ff., 158, 216; **ii.** 122; **iii.** 80, 82, 100; **vi.** 54
Turisha, **v.** 99, 102
Turquoise mines, **v.** 160; ornament, **ii.** 27
Tursha, **v.** 163
Turtanu, **vi.** 191
Turtle, **i.** 160
Tushratta, **iv.** 88, 95, 96; 114, 115, 130, 131, 134, 140, 165, 166; his letter to Ȧmenḥetep III., **iv.** 193-195; illustration, **iv.** 194; his letter to Thi, **iv.** 203; his letters to Ȧmenḥetep IV., **iv.** 201 ff.; **v.** 53
Tut-ānkh-Ȧmen, **iv.** 112, 144, 145, 159; **vi.** 100
Tuthmosis, **i.** 136, 142
Twin of Apis, a title, **viii.** 36
Tylor, Mr. J. J., **i.** 197
Typhon, reign of, **i.** 164
Tyre, **iv.** 136, 138, 139, 215, 226; supplied with water by boat, 227, 228; **vi.** 137, 152; **vii.** 11, 13, 132; besieged by Alexander the Great, **vii.** 134-136; besieged by Antigonus, **vii.** 282
Tyre, Old, **vii.** 135
Tyreis, **i.** 220
Tyrians, **iv.** 215; **vii.** 2, 13, 134
Tyris, **i.** 131
Tyrus, **vii.** 5, 9

UAFTH - ṬĀT - SEMT - NEBT, **viii.** 152
Uaḥ-ȧb (Hophra), **vii.** 1
Uaḥ-ȧb-Rā, reign of, **vii.** 1-13
Uaḥ-ānkh (Ȧntef-āa IV.), **iii.** 166

Uaḥ-mert (Tanut-Ȧmen), **vi.** 158
Uaḳ, **ii.** 206
Uān, land of, **iv.** 47
Uaphris, **i.** 138, 144
Uarethȧ, **vi.** 15
Uarma, **v.** 172
Uasȧr (Osiris), **viii.** 45
Uasarken, a Libyan name, and not = the Semitic name Sargon, **vi.** 61, 62
Uashasha, **iv.** 169
Uasheshu, **v.** 150
Uast (Thebes), **ii.** 177
Uatchet, king, **ii.** 173; scarabs of, **iii.** 163
Uatchet, goddess, **i.** 168; **ii.** 21, 72, 95, 175, 193, 201, 204; **iii.** 73, 159; **iv.** 26, 70, 78, 92, 98, 118, 146; **v.** 22, 97, 137, 148, 186, 190, 194, 208, 214; **vi.** 12, 67, 123, 128, 134, 143, 204, 218, 226; **vii.** 1, 15, 73, 74, 93, 99, 107, 169, 171, 172, 189; **viii.** 18, 37, 46, 72, 146, 150, 151
Uatch-ka-Rā, **viii.** 145
Uatch-Kheperu (Amāsis I.), **iii.** 184
Uatchmes, **iii.** 209
Uatch-nār, **i.** 170
Uatch-nes, **i.** 120, 213
Uatch-taui (Unȧs), **ii.** 80
Uauaiu, **iii.** 6
Uauat, **ii.** 101, 114, 131, 132; **iii.** 4; **iv.** 41-44; **v.** 191
Ubi, **iv.** 224, 225
Ubienthes, **i.** 130
Ubudu, **vi.** 135
Ubulum, **vi.** 135
Uchoreus, **iii.** 51
Uenephes, **i.** 130, 193, 200
Uennephis, **i.** 143
Ugarit, **iv.** 139, 227
Ugariti, **vi.** 221
Uḥat (Oasis), **ii.** 113
Uḥat neb Khanfet, **ii.** 189
Ukhedu, a disease, **i.** 199
Ullaza, **iv.** 136, 206, 218, 219
Ulzu, **iv.** 226
Umbrella, royal, **viii.** 158
Ummanish, **vii.** 70
Umtali, **ii.** 133
Unȧ, the official, **i.** 152, 153; his life and works, **ii.** 99 ff., 110; he meets Ḥer-khuf, **ii.** 114, 120, 131; his honours, **ii.** 102
U-na-mu-nu, **vi.** 154 172
Unȧs, **i.** 120; reign of, **ii.**

80-89, 105, 112, 118; text of quoted, **i.** 103
Underworld (Amenti), **i.** 20
Un-nefer, **iii.** 99; **vii.** 210, 211; **viii.** 45
U-nu (Ȧnnu), **vi.** 167
Unu-Ȧmen, the travels of, **vi.** 13-18, 51, 53, 154-172
Ur (Pyramid of Khephren), **ii.** 48
Ur-Ȧmen, **v.** 201
Uraei of South and North, **vi.** 158
Urbi, **vi.** 139
Urbino, **vii.** 4
Urdamanie, **vi.** 161, 164, 165
Urfa, **iv.** 106
Ur-ḥekat, **viii.** 18
Uriage, **v.** 69
Ur-kherp-ḥem, **ii.** 66, 158; **vi.** 94
Ur-maa, **ii.** 158
Ur-maā-neferu-Rā, **v.** 53
Ur-maȧu, a title, **iv.** 122
Urt-ḥekau, **v.** 194
Urumilki, **vi.** 136
Urza, **iv.** 241
Usaphaes, **i.** 130
Usaphais, **i.** 130, 200; **vi.** 54
User-ȧb (Khephren), **ii.** 46
User-ȧb (Ȧspelta), **viii.** 146
Usercheres, **i.** 132; **ii.** 67
Userkaf, **i.** 120; **ii.** 67, 69
User-ka-Rā, **i.** 120
User-Maāt-Rā, **v.** 64, 92
Usert-kau (Ḥātshepset), **iv.** 1
Usertsen I., **ii.** 182, 191, 192; dances before Min, **i.** 196; **iii.** 3, 5; his letter, **iii.** 6-8, 10, 11; reign of, **iii.** 13 ff.; his buildings, etc., **iii.** 14-18 ff., 93, 109, 113; **iv.** 149; **v.** 76, 77, 205; **vi.** 47; Usertsen and Temple of the Sun-god, **iii.** 121
Usertsen II., reign of, **iii.** 24-33, 118; **iv.** 74
Usertsen III., **i.** 149, 150; reign of, **iii.** 33 ff.; canal of, **iii.** 35; his edict against Negroes, **iii.** 36 ff.; his forts at Semneh, **iii.** 40, 41, 46, 59, 112, 205
Usertsens, the, **iii.** 82; **iv.** 141
Usertsenusȧ, **iii.** 105
Uses, **i.** 141
Ushabti of Psammetichus I., **vi.** 205

Ushabtiu, **vi.** 49; **vii.** 124; **viii.** 136
Ushbarra, **iv.** 205
Usher, J., Archbishop, **i.** 4 ff.
Ushû wood, **ii.** 130; **vi.** 136
Usimare, **i.** 141
Usr-en-Rā, **i.** 120
Usr-Maāt-Rā (Piānkhi), **vi.** 116
Usr-Maāt-Rā-setep-en-Rā, **iii.** 158; **v.** 211
Usu, city of, **iv.** 227
Utcha-Ḥer-resenet, the *ḥā* prince of Saïs, **vii.** 44-47, 62
Utchats, the Two, **vii.** 68
Uthenti, **iv.** 54
Uvakhshtra, **vii.** 70
Uvaja, **vii.** 70

Vahyazdâta, **vii.** 70, 71
Vases, predynastic, **i.** 74 ff.
Vatican, **vii.** 44, 45, 62
Vattier, **ii.** 125
Veïsdates, **vii.** 70
Venetian Republic, **i.** 74; **vii.** 79
Venus, **vii.** 31
Vespasian, **viii.** 33
Victory, Image of, **vii.** 157
"Victory in Thebes," a horse's name, **v.** 42
Vines, **ii.** 102; **iii.** 8
Vineyard of Piānkhi-àluru, **viii.** 157
Vineyard tax, **viii.** 131
Viyakhna, **vii.** 56
Virey, **ii.** 148, 168
Vulcane, **ii.** 63; **v.** 82, 178; **vi.** 195, 201, 202, 213; **vii.** 29; Temple of, **v.** 80
Vulcan, **v.** 84, 90, 91; **vi.** 211
Vultures, **ii.** 12
Vultures, Stele of, **i.** 43; **ii.** 12
Vyse, **ii.** 51

Wâdî Ḥalfa, **i.** 28; **ii.** 121, 163; **iii.** 17, 40, 112, 188, 205; **iv.** 93; **v.** 141, 168; **vi.** 228; **vii.** 38, 50; **viii.** 142, 158
Wâdî Ḥammâmât, **i.** 44, 45, 48; **ii.** 77, 80, 95, 97, 110, 198, 205, 206, 207; **iii.** 4, 17, 34, 44, 59; **v.** 9, 160, 187; **vi.** 123, 226, 228; **vii.** 22, 42, 71, 75, 79, 108, 194
Wâdî Maghâra, **i.** 217; **ii.** 22 ff., 28, 68, 73, 77, 96,

115, 126; **iii.** 20, 44, 70, 113; **iv.** 19
Wâdî Sebû'â, **v.** 66, 70
Wâdî Ṭumîlât, **v.** 122, 128, 130, 131, 132; **vi.** 219; **vii.** 63
Wâdî 'Ulâḳi, **ii.** 207; **vii.** 243; **viii.** 143, 165; gold mines of, **v.** 66, 67
Waist cord, **i.** 50
Wall of Sesostris, **v.** 90
Water fowl, **i.** 81
Water of Neherna, **iv.** 38
Water stands upright like a wall, **ii.** 28
Wax figures, **v.** 173; **vi.** 56
Wax sailors, **vii.** 139
Wax ships, **vii.** 139
Weapons of flint, **i.** 84, 85; predynastic, **i.** 62
Weaving, **i.** 51
Wedge characters, development of, **i.** 41
Weissbach, **vii.** 55, 64
Well at Abydos, **iii.** 16
Well dug by Rameses II., **v.** 69
Well in Great Pyramid, **ii.** 37
Wells, desert, **viii.** 143
Wellhausen, **i.** 156
Westcar Papyrus, **i.** 220; **ii.** 26, 27, 28, 43, 67, 69, 71
Wheat, **iii.** 8; natural home of, **i.** 82
White, Mr. Silva, **vii.** 147, 148
White Crown, **i.** 167; **ii.** 88, 193, 194; **vi.** 158; **viii.** 18
White Fort, **vii.** 65
White Nile, **i.** 57
White village, **viii.** 100
White wall, city of, **iv.** 83
Widya, **iv.** 239
Wiedemann, Prof., **i.** 212; **ii.** 200, 201; **iii.** 13, 20, 80, 86, 100, 153; **vi.** 5, 151; **vii.** 3, 64
Wilbour, the late Mr. E. C., **i.** 217; **iii.** 34, 44
Wild animals in swamps, **i.** 60
Wild boar, **i.** 58
Wild bull, **i.** 58
Wilken, Dr., **viii.** 128, 131
Wilkin, excavations of, **i.** 21
Wilkinson, Sir G., **i.** 159; **vi.** 91
Winckler, **iii.** 168; **iv.** 131, 132; his Muṣri theory disproved, **vi.** (preface ix.-xxx.), 125

Wine, **iii.** 8
Wine jars in tomb of Osiris, **i.** 15
Wine tax, **viii.** 130
Winter season in Egypt, **i.** 82
Wolf, **i.** 58
Women, social position of, **ii.** 160
Writing, art of, **i.** 39; **ii.** 3; earliest examples, **ii.** 11; forms of, **ii.** 156; materials, **i.** 40
Wûstenfeld, **ii.** 39; **vii.** 136
Wyashdata, **iv.** 237

Xathrites, **vii.** 70
Xenophon, **vii.** 106
Xerxes I., **vii.** 71, 72-78, 80, 81, 84, 139, 143, 172, 173; vases of, **vii.** 76, 77
Xerxes II., **vii.** 82
Xerxes, a lawgiver, **vi.** 119
Xoïs, **iv.** 84; Dynasties at, **i.** 134; Seventy-six kings of, **iii.** 81, 122

Yabitiri, **iv.** 239
Yabni-ilu, **iv.** 240
Yadukku, **vi.** 135
Yahweh, **iv.** 120; **vi.** 222; **viii.** 29
Yaḥzibaya, **iv.** 241
Yâḳûṭ, **i.** 44; **ii.** 39; **vii.** 136, 203
Yama, **iv.** 241
Yaman, **vi.** 191
Yamilki, **iv.** 215
Yamnia, **v.** 103, 104
Yamyuta, **iv.** 241
Yam Sûph, **v.** 131
Yankhamu, **iv.** 164, 213, 216, 230, 232, 235, 240
Yapa-Adda, **iv.** 213, 217, 218, 221
Yapakhi, **iv.** 238
Yapti-Addu, **iv.** 234
Yarimuta, **iv.** 210, 217, 218, 219
Yasubigallai, **vi.** 135
Yatnan, **vi.** 191
Yatnana, **iv.** 168
Year, the Egyptian, **iv.** 18
Yehûd-hammelekh, **vi.** 71
Yibuliya, **iv.** 218
Yihliya, **iv.** 219
Yiktasu, **iv.** 241
Yishiari, **iv.** 202
"Ymer" quoted, **ii.** 136
Yud-hammelekh, **vi.** 71, 72

Zâbārâ, **v.** 10
Zabinas, **viii.** 43
Zabum, **iii.** 135

Zacher, **vii.** 175
Zakar-Baal, **vi.** 16
Zaḳâzîḳ, **v.** 128
Zaluḫḫi, **iv.** 222
Zaphnath-paaneah, **v.** 126
Zatana, letter from, **iv.** 228
Zâwîyat al 'Aryân, **ii.** 100
Zedekiah, **vii.** 9, 11, 12
Zenedotus, **vii.** 192
Zephathah, **vi.** 77
Zer, **i.** 181
Zerah the Ethiopian, **vi.** 77
Zet, **i.** 138; **vi.** 116, 117, 151
Zeus, reign of, **i.** 165; **viii.** 134; identified with Âmen, **ii.** 178; the Babylonian, **vii.** 155
Zilû, **iv.** 234
Zimbabwe, **ii.** 132
Zimrida, **iv.** 138, 139, 213; letters from to the king of Egypt, **iv.** 225-228, 234, 240
Zinsar, **iv.** 224
Ziph, **vi.** 69
Zirbashan, **iv.** 229
Zirdaiashda, **iv.** 228
Zishamini, **iv.** 241
Zitriyara, **iv.** 241
Zoan, **v.** 123-125; **vii.** 9
Zobah, **vi.** 70
Zodiac, **i.** 163
Zoilus, **viii.** 61
Zorah, **vi.** 69

THE END

For Product Safety Concerns and Information please contact our EU
representative GPSR@taylorandfrancis.com
Taylor & Francis Verlag GmbH, Kaufingerstraße 24, 80331 München, Germany

www.ingramcontent.com/pod-product-compliance
Lightning Source LLC
Chambersburg PA
CBHW060552230426
43670CB00011B/1788
9780415812542